KB083787

근
대
일
본
군
의

기
이
한

변
용

역설의
군대

역설의 군대　근대 일본군의 기이한 변용

초판인쇄 2019년 12월 25일 **초판발행** 2020년 1월 6일
지은이 도베 료이치 **옮긴이** 윤현명·이승혁 **펴낸이** 박성모 **펴낸곳** 소명출판 **출판등록** 제13-522호
주소 서울시 서초구 서초중앙로6길 15, 1층
전화 02-585-7840 **팩스** 02-585-7848 **전자우편** somyungbooks@daum.net **홈페이지** www.somyong.co.kr

값 20,000원 　ⓒ 소명출판, 2020
ISBN 979-11-5905-425-9　03910

근대 일본군의 기이한 변용 ——

역설의
군대

The Paradox of the Japanese Army

도베 료이치 지음
윤현명·이승혁 옮김

소명출판

차례

해체

1. 8월 15일

사단장 살해

1945년 8월 15일 오전 0시 30분, 육군성[1] 군사과의 이다 마사타카 중좌[2]와 육군성 군무과의 시자키 지로 중좌는 근위 제1사단장 모리 다케시 중장과 면담하고 있었다. 항복 저지를 위한 쿠데타에 근위사단의 궐기를 촉구하는 면담이었다. 그러나 모리 중장은 포츠담선언[3]을 수락하는 천황[4]의 '성단[5]'이 내려진

---

1 육군성(陸軍省). 오늘날 세계 각국의 정부에는 국방을 담당하는 내각의 부서로서 '국방부(國防部)'라는 하나의 기관이 존재하지만, 제2차 세계대전 이전까지만 해도 육군부(陸軍部)와 해군부(海軍部)가 각각 존재하는 경우가 많았다. 여기서 육군성은 육군부에 해당한다.
2 중좌(中佐). 중령에 해당.
3 1945년 7월 26일 독일의 포츠담에서 미국의 트루먼, 영국의 처칠, 중국의 장개석에 의해

이상 천황의 결정에 따르는 것이 군인, 특히 천황과 궁성宮城을 지키는 근위사단의 태도라고 설득했다. 이에 맞서 이다 중좌는 천황을 '현인신[6]으로 일군만민[7]을 이루는 국체[8]를 지키기 위해서는 본토결전을 통해 최후까지 싸워야 한다고 주장했다. 싸우지도 않고 항복하는 것이야말로 황실의 안태安泰를 구실로 목숨을 아까워하는 자기 보신에 불과하며, 더 이상 국민의 희생을 피해야 한다는 것도 수지타산에 급급한 한심한 태도라는 것이었다. 논쟁이 평행선을 달리자 모리 중장은 그들에게 사정을 잘 알았다고 하면서 메이지신궁[9]의 신전神前에 나아가 머리를 조아리며 결단을 기다리겠다고 말했다. 이 말에 만족한 이다 중좌와 그 일행은 사단장실에서 나왔고, 대신 그들의 동지인 군무과의 하타나카 겐지 소좌[10]와 몇 명의 소장파 장교들이 사단장실에 들어갔다. 그리고 얼마 안 있어 총성이 들렸다. 하타나카 소좌가 쏜 총에 모리 중장이 살해되고, 함께 있던 중장의 매부 시라이시 미치노리 중좌도 참살당했던 것이다.

선언되었다. 일본에 대한 항복 권고, 전후의 일본 처리 방침을 밝혔다는 점에서 중요하다. 일본이 포츠담선언을 수락한다는 것은 연합군에 대한 무조건 항복을 의미했다.

4   당시의 천황은 쇼와(昭和, 1901~1989) 천황이다. 재위 기간은 1926년부터 1989년까지로, 만주사변부터 중일전쟁과 태평양전쟁, 그리고 전후 경제성장기에 이르는 긴 기간 동안 천황의 자리에 있었다. 히로히토(裕仁) 천황이라고도 한다.

5   성단(聖斷). 천황의 결정을 크게 높여 부르는 표현이다. 일반적으로 태평양전쟁 말기 천황의 항복 결정을 가리킨다.

6   현인신(現人神). 일본어 발음으로는 '아라히토가미'이며 '인간의 모습을 한 신'이라는 뜻이다. 제2차 세계대전이 끝날 때까지 천황을 신격화하는 개념으로 통용되었다.

7   일군만민(一君萬民). 군주 아래 모든 백성이 평등하다는 뜻인데, 근대 일본에서는 천황을 정점으로 한 모든 신민(臣民)의 평등함이란 의미로 사용되었다. 일본의 근대는 통상 메이지유신 시기부터 제2차 세계대전까지를 가리킨다. 대략 1868년부터 1945년까지이다.

8   국체(國體). 국가 형태. 여기서는 천황을 정점으로 한 국가체제, 즉 천황제를 가리킨다.

9   메이지신궁(明治神宮). 메이지(明治) 천황 부부를 기리기 위해 설립된 신사(神社)이다. 도쿄도(東京都) 시부야구(澁谷區)에 위치하며 일본의 대표적인 신사로 다른 신사보다 격이 높고 중요하게 여겨지고 있다.

10   소령에 해당.

가짜 명령

근위 제1사단에서는 고가 히데마사[11] 소좌와 이시하라 데이키치 소좌가 궐기에 가담하고 있었다. 둘은 사단장이 살해되자 큰 충격을 받았다. 원래 쿠데타는 근위 제1사단이 사단장의 지휘하에 행동을 개시해 상급 사령부인 동부군을 움직이고, 이를 통해 육군 전체의 지지를 얻으려고 계획했기 때문이었다.

충격을 받긴 했지만 근위 제1사단의 참모이기도 했던 고가 소좌는 미리 준비한 대로 사단 명령서를 작성했고, 하타나카 소좌는 여기에 모리 사단장의 도장을 찍었다. 쿠데타는 처음의 계획과는 달리 사단장 살해와 가짜 명령으로 시작된 셈이다.

가짜 명령으로 궁성의 수비, 즉 외부로부터 황거[12]를 차단하라고 명령받은 부대는 근위보병 제2연대였다. 연대장 하가 도요지로 대좌[13]는 이것이 가짜 명령인 줄도 모르고 예하 부대를 배치했다. 하가 연대장은 이것이 천황 곁의 간신을 제거하는 전 육군의 쿠데타이며, 천황에게 한 번 더 '성단'을 촉구해 항복을 철회하기 위한 '의거'라고 믿고 있었다. 하타나카 소좌와 시자키 중좌가 대본영[14]에서 파견되었다며 설득한 결과였다.

---

11 고가 히데마사(古賀秀正). 수상을 역임하고 훗날 A급 전범이 된 도조 히데키(東條英機) 대장의 사위이기도 하다.
12 황거(皇居). 일본어 발음으로 '고쿄'라고 한다. 천황이 거처하는 곳을 가리킨다.
13 대좌(大佐). 대령에 해당.
14 대본영(大本營). 전시에 설치되는 천황 직속의 총사령부. 제2차 세계대전 이후 완전히 폐지됨.

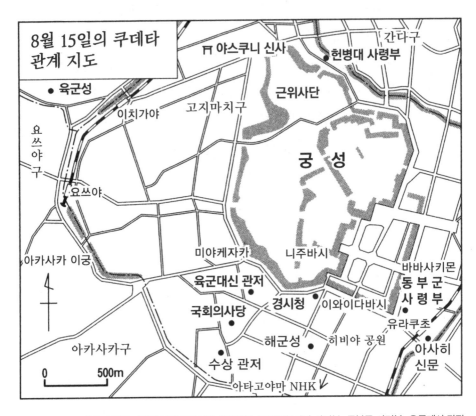

8월 15일의 쿠데타 관계 지도

● 육군성

이치가야

요쓰야구

요쓰야

아카사카 이궁

아카사카구

0 — 500m

ㅠ 야스쿠니 신사

고지마치구

미야케자카

육군대신 관저

국회의사당

해군성

수상 관저

아타고야마 NHK

근위사단

헌병대 사령부

간다구

궁 성

니주바시

경시청

이와이다바시

히비야 공원

바바사키몬

동부군 사령부

유라쿠초

아사히 신문

쿠데타의 주요 무대가 된 곳은 이치가야의 육군성과 참모본부, 근위 제1사단 사령부, 동부군 사령부, 육군대신 관저, 아타고야마의 NHK 등이다.

쿠데타 실패

애초에 육군 전체가 이 쿠데타에 동조할 가능성은 적었다. 사실 포츠담선언 이전까지만 해도 국체 수호 관철을 위한 쿠데타 계획이 육군 중앙부에 존재했었다. 그러나 천황의 '성단'이 내려지자 육군의 방침은 천황의 의사를 '삼가 받들어 지키는' 것으로 굳어졌다. 그 때문에 육군대신[15] 아나미 고레치카[16] 대장도, 참모총장[17] 우메즈 요시지로[18] 대장도 쿠데타에 반대했다. 그러자 이전의 쿠데타 계획에 관여했던 중견막료들도 거사를 단념하고 허탈감 속에서 항복을 준비하고 있었던 것이다. 거사를 강행한 것은 하타나카 소좌, 시자키 중좌를 중심으로 한 일부 소장파 장교에 불과했다.

근위 제1사단 사령부를 나온 다음, 이다 중좌는 동부군 사령부를 방문해 궐기를 촉구했다. 그러나 모리 중장이 살해당한 것을 알고 있는 동부군 참모장 다카시마 다쓰히코 소장은 이다 중좌의 말을 듣지 않았다. 동부군은 가짜 명령으로 출동한 부대를 '반란군'으로 간주하고 진압에 나섰다. 이에 이다 중좌 자신도 쿠데타의 실패를 인정하지 않을 수 없었다.

궁성으로 달려온 이다 중좌는 하타나카 소좌에게 동부군의 지지를 받을 수 없다는 것을 전하고 병력을 철수시킬 것을 권했다. 하타나카 소좌는 큰 충격을 받긴 했지만 그래도 포츠담선언을 수락하는 천황의 육성을 녹음한 음반을

---

15 육군성의 책임자로서 육군부 장관에 해당. 해군대신은 해군부 장관에 해당함.
16 아나미 고레치카(阿南惟幾, 1887~1945). 육군대신으로서 항복에 반대하며 본토결전을 주장했다. 항복 결정 후 8월 15일 새벽에 자결했다.
17 육군 총사령관을 의미한다.
18 우메즈 요시지로(梅津美治郎, 1882~1949). 최후의 참모총장으로 본토결전을 주장하다 패전을 맞이했다. 미주리 전함 갑판에서 군부를 대표해 항복문서에 서명한 인물로도 알려져 있다. 전후 A급 전범으로 기소되어 종신형을 선고받고 복역 중 사망했다.

찾는 것에 최후의 희망을 걸었다.

그 음반은 황거 어딘가에 숨겨져 있는데, 이를 입수하면 포츠담선언의 수락을 국민에게 알리는 것이 불가능하게 된다. 그렇게 시간을 번 뒤, 천황에게 결정을 바꾸라고 촉구한다는 것이 쿠데타 장교들의 한 가닥 희망이었다.

그러나 녹음 음반은 찾을 수 없었다. 그 후 근위사단을 향한 가짜 명령을 취소하는 동부군 명령이 내려지자 하가 연대장도 자신이 속았다는 것을 깨닫기 시작했다. 오전 5시가 지나자 동부군 사령관 다나카 시즈이치 대장이 궁성으로 진입해 반란군을 제압하고 사건은 단숨에 진정 국면으로 접어들었다. 이시하라 참모는 체포되었다.

자결

이다 중좌는 궁성에서 육군대신 관저로 왔다. 거기서 그는 아나미 육군대신의 자결을 입회인으로서 목격했다. 한편 하타나카 소좌는 하가 연대장에 의해 궁성에서 쫓겨나 NHK 방송국으로 오고 있었다. 거기서 그는 방송을 통해 자신들의 의견을 전 국민에게 전하게 해달라고 간청했지만, 이것이 받아들여질 리는 없었다.

그 후 하타나카 소좌와 시자키 중좌는 각각 말과 오토바이를 타고 궁성 주변을 돌며 '국체호지國體護持'(국체를 유지함)를 호소하는 격문을 뿌렸다. 그리고 11시 반경, 한여름의 태양이 내리쬐는 니주바시의 잔디밭에서 둘은 자결했다. 포츠담선언을 수락하는 천황의 육성이 방송된 것은 그 직후(정오)였다. 고가 참모는 사단장실의 모리 사단장의 관棺 앞에서 자결했고, 이다 중좌는 자결하려 했으나 실패했다.

8월 19일에는 체포되었던 이시하라 참모가 죽었다. 다른 봉기군의 귀순을 설득하러 가던 중 봉기군 측의 총탄에 맞은 것이다. 아이러니한 결말이었다. 쿠데타군의 항복과 그 뒤처리가 가닥을 잡아갈 즈음인 8월 24일 밤에는 다나카 동부군 사령관도 자결했다.

2. 시점

양면성

공교롭게도 8월 15일의 쿠데타에는 얼핏 모순처럼 느껴지는 구舊 일본군[19]의 양면성이 나타나 있다. 그중 하나가 광신주의fanaticism이다. 아무리 국가와 민족의 존엄성을 지킨다는 순수한 동기라고 해도 패전이 필연이 된 마당에 어떠한 희생도 돌아보지 않고 최후의 한 명까지 싸운다는 것은 광기에 불과하다. 또한, 천황을 '현인신'으로 받들어 모시면서도 천황에게 반대하면서까지 전쟁을 계속하려 했던 것도 광신주의라고 할 수 있다.

양면성의 다른 한 면은 그러한 광신적인 요소를 포함하고 있으면서도 조직으로서의 군은 그에 좌우되지 않고 오히려 그 움직임을 봉쇄했다는 점이

---

19   일본에서 '일본군'은 제2차 세계대전 이전의 일본군을 가리킨다. '자위대'는 정식 군대가 아니기 때문에 '일본군'과는 구분된다.

다. 물론 육군 중앙부의 일부가 '성단'이 내려지기 전에 쿠데타 계획에 동조했던 것처럼, 그 양면성은 때때로 교차되어 나타났다. 그러한 교차성은 군대의 혼란을 초래할 수 있다. 항복 결정 후 아나미 육군대신이 자결했던 것도 그러한 혼란을 막기 위한 것이었을지도 모른다. 하지만 천황의 '성단'이 내려지자 군대가 천황의 의사를 '삼가 받들어 지키는' 것을 방침으로 삼고 조직 논리에 따라 냉철하게 움직였다는 것은 중요하게 평가해야 한다. 군대의 방침이 결정되어 정식 지휘체계가 작동되자 가짜 명령이 취소되고 쿠데타는 분쇄되었다.

이러한 조직 논리는 8월 15일 이후의 군대 해체 과정에도 나타난다. 그렇게나 완강하게, 심지어 광신적으로 싸우던 군대가 의외로 순순히 항복하고, 무장도 해제하고, 결국 해체되었다. 패전 당시 일본은 육군 547만 명, 해군 242만 명의 병력을 보유하고 있었는데, 이 중 436만 명은 일본 본토에, 353만 명은 해외에 있었다. 그야말로 방대한 숫자였다(당시 일본의 인구는 약 7,200만 명이었음). 이 방대한 군인의 대부분이 천황의 명령에 순종하며 단시간 내에, 그것도 질서정연하게 해체되었던 것이다.

복원

물론 저항이 완전히 없었던 것은 아니다. 8월 15일의 쿠데타 이외에도 결사 항전을 외치는 움직임이 소규모일망정 산발적으로 발생했다.

가령 수도권에서는 미토水戸의 육군교도항공통신사단의 장교를 비롯한 3백 수십 명이 우에노의 야산에 틀어박혀 반란의 기세를 올리고 있었다. 근위

사단의 이시하라 참모가 귀순을 설득하러 가다가 죽임을 당한 것도 이때였다. 사이타마현 도요오카, 즉 현재의 이리마의 항공사관학교에서도 교관인 일부 청년 장교들이 불온한 움직임을 보이며 생도들을 선동하고 있었다. 예과[20] 사관학교의 생도들이 가와구치의 방송국을 점거하고 자신들을 대변하는 방송을 강요한 사건도 있었다. 다나카 동부군 사령관은 생도들에게 폭거를 자제하라고 설득한 뒤, 자결했다. 해군에서는 아쓰기 기지의 항공대 사령관 고조노 야스나 대좌가 패전에 불복해 항전을 주장하는 전보를 해군 전체에 보내는 한편, 기지를 근거지로 육군 중앙부에 대한 저항을 시도했다.

이상은 수도권에서 벌어진 일이다. 사실 패전 직후에는 비슷한 사건이 각지에서 벌어졌다. 특히 전선 기지前線基地에서는 혼란이 발생하고 항복을 거부하는 소동도 있었다. 그러나 중요한 것은 혼란과 소동이 발생했다는 점이 아니라 혼란과 소동이 연합국최고사령관 더글러스 맥아더(1880~1964)의 아쓰기 진주(8월 30일)까지 모두 끝이 났다는 점이다.

혼란은 해외 각지에서도 발생했다. 하지만 여기서도 혼란이 확대되지는 않았다. 일본 본토에서의 복원[21]은 실질적으로 1945년에 완료되었고 해외에서의 복원도 영국군 관리지역과 소련군 관리지역을 제외하고 그 이듬해에 완료되었다. 복원이 늦어진 경우가 있긴 했지만, 그것은 일본군의 혼란과 저항 때문이 아니라 어디까지나 관리국 측의 사정 때문이었다.

복원 작업과 함께 군대의 중앙기구도 차례로 폐지·해체되었다. 패전 후 약 1개월 후인 9월 13일에 대본영이 폐지되었고 10월 15일에는 육군의 참모

---

20 예과(豫科). 본과(本科) 이전의 예비 과정.
21 복원(復員). 전시에 동원했던 군인을 평시 상태로 돌리는 것. 태평양전쟁 후 일본 정부는 국내와 해외에 흩어져있는 수백만 명의 군인을 복원했는데, 이는 그 이듬해까지 계속된 방대한 작업이었다.

본부와 해군의 군령부[22]가, 또 11월 30일에는 육군성과 해군성이 폐지되었다. 그렇게나 강고하게 유지되던 일본군이 역사 속으로 사라진 것이다.

통수권

이처럼 군대의 무장 해제와 해체가 순조롭게 진행되는 것을 보고 시미즈 이쿠타로[23]는 이것은 천황이 통수권[24]을 갖고 있었던 덕분이라고 평했다. 사실 그 말에도 일리가 있다. 조직으로서의 군은 천황의 의사를 '삼가 받들어 지키는' 쪽으로 행동했다. 천황은 8월 17일에 육해군의 군인들에게 칙어[25]를 내리고 8월 25일에는 복원되는 군인들에게 고별의 칙유[26]를 발표했다. 또 군인 황족을 해외(동남아시아, 중국, 만주)로 파견해 종전終戰의 의지를 다시금 전달하게 했다. 천황의 통수대권이 군대를 향해 항복의 의지를 철저하게 관철시켰고, 이것이 일본군의 순순한 투항을 가능케 한 주요 원인이었다는 것은 의심할 여지가 없다.

하지만 이와 동시에 군부가 천황의 통수대권을 이용해 무리하게 정치에 간섭하며 자신들의 이익을 관철하려고 했던 것도 사실이다. 통수대권은 군의 광신주의에 부당한 권위와 권력을 부여하기도 했다. 사실 정부가 군부의 과격한 주장을 거부하기 어려웠던 것, 일본이 무모한 전쟁에 뛰어든 것, 패전이

22　군령부(軍令部). 해군 총사령부. 육군의 참모본부에 해당한다.
23　시미즈 이쿠타로(清水幾太郎, 1907~1988). 일본의 저명한 사회학자, 사상가.
24　통수권(統帥權). 통수대권(統帥大權)이라고도 한다. 제2차 세계대전 이전, 즉 근대 일본의 헌법은 군 통수권이 천황에게 속한다고 규정하고 있다.
25　칙어(勅語). 천황이 신민에게 발표하는 말.
26　칙유(勅諭). 칙어와 비슷하며 지도·훈시의 내용으로 이루어져 있다.

필연적임에도 항복 결정이 늦어진 것도 군부에 의해 남용된 통수권의 독립 때문이라고도 할 수 있다.

하지만 원래 통수권의 독립은 군의 정치적 영향력을 강화하려고 만들어진 것이 아니고, 군의 정치화·정치 관여를 노리고 만들어진 것은 더더욱 아니다. 오히려 통수권의 독립은 군의 정치적 중립성을 확보하고 정치 관여를 방지하기 위해 만들어진 측면이 있다.[27]

결국, 통수권의 독립은 군의 정치 관여 방지를 지향하며 만들어졌으면서도, 머지않아 정치 관여·정치 개입을 지탱해주는 제도로 변질되었고 종국에는 군대의 해체와 멸망을 촉진하는 역할을 하게 된다. 대단히 역설적인 흐름이다.

천황에 대한 충성

군대와 관련된 역설은 통수권의 독립뿐만이 아니다. 예를 들어 천황과의 관계도 그렇다. 8월 15일에 쿠데타를 감행했던 소장파 장교들은 천황을 '현인신'으로 우러르는 독특한 국체관념(국가관)을 가지고 있었다. 그들의 이론에 따르면 전쟁을 끝낸다는 '성단'은 천황의 본래 의지가 아닌, 천황을 둘러싼 간신들에 의해 왜곡된 것에 불과했다. 따라서 간신들을 제거하면 국체를 유지하려는 천황의 순수한 의지가 드러날 것이라고 생각했다.

---

27 하지만 여기에는 약간 유보해야 할 점이 있다. 왜냐하면 통수권의 독립은 군의 정치 관여를 금지하는 것보다 정치 세력이 군에 관여하는 것을 금지하는 것에 더 초점이 맞추어졌기 때문이다.

하지만 그들의 이론은 실제 천황의 의지와 정면으로 충돌하고 있었다. 결국 그들은 천황의 의지와는 반대로 행동했고, 정말로 천황의 의지를 충실히 따랐던 것은 천황의 명령에 따라 항복을 준비하던 군 수뇌부, 정부, 궁중 세력 등이었다.

요컨대 양쪽 다 천황에게 충성한다고 하지만 하타나카 소좌 등의 소장파 장교들이 생각하는 천황의 의지와 군 조직이 생각하는 천황의 의지는 근본적으로 달랐던 것이다. 이 역설은 8월 15일의 쿠데타 이전 약 10여 년 전의 2·26사건[28]에서도 나타난 패턴이다.

어쨌든 일본의 군인들(특히 장교들)이 천황에 대해 강하게, 심지어 광신적으로 충성했던 것은 의심할 여지가 없다. 그렇기 때문에 일본군은 종종 '국민의 군대'가 아닌 '천황의 군대'로 불린다. 심지어 '천황제 군대'와 같은 용어로 표현되기도 한다. 이러한 표현이 꼭 부적절한 것만은 아니다. 군인들의 충성은 명백히 천황에게 향했기 때문이다.

단, 천황에 대한 충성을 이유로 일본군을 무조건 전前근대적인 군대라고 생각해서는 안 된다. 일본의 천황은 다른 나라로 치면 '국왕'을 의미한다. 즉, 천황에 대한 충성은 국왕에 대한 충성과 같은 셈이다. 뒤에서도 말하겠지만 충성의 대상이 봉건 영주에서 중앙집권제 국가의 중심인 국왕으로 바뀌는 것은 상당히 근대적인 현상이다. 그렇게 근대적인 국왕에 대한 충성 앞에, 어느 사

---

28 1936년 2월 26일, 육군의 일부 청년 장교들이 일으킨 쿠데타이다. 1,483명의 병력을 이끌고 거사를 단행해 몇몇 주요 인물들을 죽이는 데 성공하기도 했다. 그러나 쿠데타는 계엄령이 선포된 가운데 2월 29일경에 거의 진압되었다. 쿠데타를 일으킨 청년 장교들은 천황 중심의 사상을 갖고 있었고, 천황 친정·국가 개조를 지향했으며 이를 위해 천황 주위의 '간신'들을 제거하려 했다. 한편, 당시 쇼와 천황은 쿠데타군을 '반란군'으로 간주하고 강경 진압을 지시했다.

이엔가 근대성과는 도무지 어울리지 않는 광신적인 천황 숭배(앞서 언급한 쿠데타 장교들과 같은)가 등장했다. 이 또한 역설적이라 할 수 있다.

'천황제 군대'

일본군에 관해서는 독특한 이미지가 있다. 그 이미지의 상당수는 패전 당시 궐기 장교들이 보여주었던 광신주의일 것이다. 일본군의 광신적인 행동은 수를 헤아릴 수 없을 만큼 많다. 그 대표적 예가 죽음을 전제로 출격했던 가미카제 특공대이다. 그 외에도 무모한 작전, 작전의 실패에도 불구하고 치명적인 타격을 받을 때까지 후퇴하지 않았던 다수의 사례, 비非전투원 살상과 강간, 포로 학대를 포함한 국제법 위반도 광신주의의 일부라 할 수 있다.

하지만 여기서 두 가지 정도 짚고 넘어가야 할 것이 있다.

첫째로 짚고 넘어가야 할 점은, 이러한 특징의 일본군을 '천황제 군대'라고 간단하게 정리하는 것이다. 확실히 정치체제와 이를 지탱하는 군대의 성격 사이에는 어떤 상관관계가 있을 것이다. 하지만 국왕에게 충성을 다짐하는 군대라고 해서 무조건 광신주의에 빠지는 것은 아니다.

그렇다면 "'천황제'라는 개념은 도대체 무엇을 의미하는가?'라는 물음이 생긴다. 물론 여기에서 '천황제'에 대한 복잡한 논쟁을 다룰 생각은 없다. 하지만 문제는 우리가 곧잘 일본의 '천황제'를 다른 나라에서 볼 수 없는 아주 특수한 체제라고 생각하는 것이다. 이것은 제2차 세계대전 이전의 일본인들이 천황제를 기반으로 한 자신들의 '국체(국가체제)'를 세계 어디에도 없는 특수한 체제라고 여겼던 것과 비슷하다.

'천황제 군대'라는 용어를 사용할 때도 마찬가지다. 많은 사람들은 '천황제 군대'와 관련해서 아주 특수한 체제를 지탱하는, 특수한 군대라는 것을 전제로 논의를 시작한다. 이것은 마치 세계 어디에도 없는 '국체'를 지탱하는, 비할 바 없는 '황군皇軍'이라는 사고방식과 너무나도 유사하다. 일본군을 모든 죄악의 근원으로 보는 것과 일본군을 아주 특별한 군대라며 이상적으로 보는 것, 둘 다 일본군을 특수하게만 바라본 나머지 다른 나라와의 비교를 거부한다는 점에서 비슷하다.

일본군은 특수한 군대였는지도 모른다. 그러나 그 이유를 특수한 '천황제'의 탓으로만 돌리기에는 무리가 있다. 세계 각국의 군대에는 군사 조직으로서의 공통점이 존재한다. 군주제의 군대에도 그 나름의 공통점이 있을 것이다. 일본군의 특수성을 논하려 한다면 먼저 그 공통점부터 파악한 다음에 논해야 할 것이다.

성장과 변용

둘째로 짚고 넘어가야 할 점은, 태평양전쟁 말기 일본군이 광신적인 성격을 띤 것은 사실이지만 과연 처음부터 일본군이 광신적이었는가? 하는 것이다. 광신적인 비합리성은 본래 일본군의 특징이었을까?

역사를 결과로만 보는 것은 금물이다. 모든 것이 필연으로만 보이기 때문이다. 일본군의 경우도 그렇다. 일본군이 탄생 시기부터 광신적이었을 것이라고 단정하는 것은 옳지 않다.

가령 1900년, 의화단운동[29]의 진압을 위해 파견되었던 일본군은 엄정한 군기軍紀로 높은 평가를 받았다. 청나라를 공격해 북경北京에 입성한 연합군이 극심한 약탈을 자행하는 와중에 일본군의 약탈 행위는 상대적으로 가장 적었다고 한다.[30] 또 러일전쟁에서는 전시국제법의 규정 이상으로 러시아군 포로를 대우하기도 했다.[31]

이러한 일본군의 모습은 쇼와기[32] 일본군의 모습과 상당히 다르다. 무언가가 바뀌었던 것이다. 군대가 근대화되고 확장됨에 따라 기본적인 부분에서 변용變容이 이루어졌다고 볼 수 있다.

무릇 군대라는 것은, 인간의 행위 가운데 가장 비합리적인 '전쟁'이라는 행위를 실천하기 위한 가장 합리적인 조직이다. 따라서 '전쟁'이라는 극도로 비합리적인 상황에 내몰려 개개의 군인이 종종 비합리적인 행위에 빠지는 것은 어쩔 수 없는 부분이다. 청일전쟁에서도, 러일전쟁에서도 일본군의 광신적인 행동이 완전히 없었다고는 볼 수 없다. 그러나 그런 경우의 광신적인 행동은 예외적인 경우에 불과하다. 그렇지만 쇼와기의 군대에서는 광신적인 행동이 예외가 아니라 일상과도 같았다.

---

29   청조(淸朝) 말기인 1900년에 벌어진 배외 운동으로 중국에 진출해 있던 열강의 세력을 몰아내자는 민중운동이었다. 민중의 봉기에 더해 청조의 가담으로 열강에 맞선 전쟁으로 발전했다. 이에 대해 서구 열강은 일본을 포함한 8개국의 연합군을 구성해 의화단운동을 진압하고 청조의 항복을 얻어냈다.

30   약탈, 폭행, 민간인 학살이 가장 심했던 것은 독일군이었고 미군과 일본군이 비교적 규율이 엄정했다고 한다. 하지만 문화재의 약탈은 일본군도 예외가 아니었다.

31   러시아는 국제적으로 일본과 동등한 또는 더욱 강한 상대였다. 서구화를 지향한 일본은 러시아를 포함한 서구 열강에 대해서는 인권을 존중하며 국제법을 지키려고 노력했다. 물론 이러한 노력은 조선, 중국, 대만 등의 아시아 국가에는 그다지 적용되지 않았다.

32   쇼와기(昭和期). 쇼와 천황의 연호이며 그 기간은 1926년부터 1989년까지이다. 그러나 일본군은 제2차 세계대전 이후 해체되었기 때문에 쇼와기의 일본군은 주로 1930 ~1940년대의 일본군을 지칭한다. 참고로 일본에서는 '히로히토 천황'을 '쇼와 천황'이라고 부른다. 이에 따라 본문에서도 쇼와 천황이라고 표기한다.

사실 오오카 쇼헤이(1909~1988)[33]의『들불』, 유키 쇼지(1927~1996)[34]의『나부끼는 군기 아래에』 등의 저작에서 적나라하게 묘사된 일본군은 태평양전쟁 말기에 패배를 거듭하면서 조직이 해체되어가는 모습이었고, 극한에 극한을 더한 상황을 겪고 있었다. 쉽게 말해 당시의 일본군은 최악의 상황에 놓인 최악의 군대였던 셈이다. 이러한 일본군의 모습을 극단적인 예외라고 치부만 해서는 안 될 것이다. 그와 비슷한 행동과 상황이 태평양전쟁 말기가 아닌 경우에도 종종 나타나기 때문이다. 또한 노마 히로시(1915~1991)의『진공지대』, 야마모토 시치헤이(1921~1991)의『한 하급 장교가 본 제국 육군』 등에서 나타난 것처럼 정도를 벗어난 내무반 생활과 '원수주의員數主義'는 극한의 전선前線뿐만 아니라 군대 내부에도 널리 퍼졌다. '원수주의'라는 것은 야마모토 시치헤이의 표현을 빌리자면 "내실이야 어떻든 외적인 것을 최우선으로 하며, 이를 위해 어떠한 수단도 불사하는" 태도를 의미한다. 본래 합리적이어야 할 군대가 무슨 이유에서인지 변질되어버린 것이다.

아마도 그 원인은 일본군의 근대화와 성장 과정에 있는 것이 아닐까? 근대화와 성장의 과정에서 군은 여러 가지 도전에 직면하게 되었고, 그 도전에 대응하는 사이 조금씩 변하게 된 것이 아닐까 생각한다. 근대화와 성장이 비합리성과 광신주의를 낳았다고 한다면 이것도 일본군의 역설이라 할 수 있다.

---

33 오오카 쇼헤이(大岡昇平). 현대 일본의 소설가·평론가. 태평양전쟁의 종군 체험을 바탕으로 한 전쟁문학으로 유명하다.
34 유키 쇼지(結城昌治). 현대 일본의 소설가. 스파이 소설로 유명하다.

본서의 목적

일본군은 여러 가지 면에서 역설적인 조직이었다. 특히 일본군이 근대화와 성장의 과정에서 변용되었다는 점은 흥미로운 사실이다. 군대가 근대화되고 성장해갈 때 그 변화는 군대 내부에서만 일어나지 않는다. 대부분의 경우, 군대의 근대화와 성장은 사회와의 접촉, 사회와의 관계를 통해 이루어진다. 따라서 사회로부터의 자극·영향은 일본군의 변용에 있어 중요한 의미가 있었음에 틀림이 없다.

이상의 관점에서 본서는 메이지기[35]의 창설기부터 군대의 근대화와 성장을 추적하고, 그것이 어떻게 일본군의 변용을 초래했는지 그 원인을 살펴볼 것이다. 그리고 실제로 일본군의 변용이 어떻게 일어났는지를 규명하고자 한다. 또 본서는 문제의 규명을 위해 군대뿐만 아니라 군대와 정치·사회와의 관계도 분석할 것이다.

한편 본문의 서술은 군대로서의 특징, 정치·사회와의 관계가 보다 선명하게 드러나는 육군에 초점을 맞출 것이다. 따라서 본문의 일본군은 대부분의 경우, 육군을 의미한다.

---

35 메이지기(明治期). 메이지(明治) 천황의 연호이며 그 기간은 1868년부터 1912년까지 이다.

제1장

탄생

1. 국군의 창설

8월 23일

8월 15일의 쿠데타가 일어나기 약 70년 전, 그때처럼 뜨거운 한여름 밤에 묘하게도 같은 근위병[1]의 일부가 반란을 일으키고 있었다. 반란을 일으킨 부대는 궁성의 북쪽, 다케바시에 주둔하는 근위포병대였다. 1878년 8월 23일 밤 11시경 세이난전쟁[2]의 논공행상 등에 불만을 품고 강소[3]를 계획하고 있었

---

[1] 근위병은 궁성의 경비, 의장, 천황의 호위를 담당했다. 1871년에 사쓰마(薩摩), 조슈 (長州), 도사(土佐) 세 곳의 번(藩)으로부터 차출·편성된 어친병(御親兵)이 이듬해에 근위병으로 바뀌고, 1891년에는 근위사단이 되었다. 태평양전쟁 중인 1943년에 근위 사단은 근위 제1사단과 제2사단으로 개편되었고 그 이듬해에는 제3사단이 신설되었 다. 패전 당시 궁성을 수비하고 있던 부대는 제1사단이었는데 그 사령부는 8월 15일 에 벌어진 쿠데타의 무대가 되었다.

다케바시 사건
관계지도

야스쿠니 신사   다야스몬
근위포병 병영
근위보병 병영
연병장
히라카와몬
요쓰야몬
고지마치
황 거
기쿄몬
한조몬
사카시타몬
오테몬 · 화족회관
육군성 ·   니주바시
임시 황거
(아카사카 이궁)
원로원
참모본부   사쿠라다몬

0   500m

8월 23일 밤, 반란을 일으킨 근위포병은 근위보병의 주둔지로 몰려간 다음, 아카사카에 있는 임시 황거로 향해 천황에게 직접
호소하려 했다.

---

2   1877년에 일어난 반란으로 사쓰마 지역(현재의 가고시마 일대)에서 사이고 다카모리
    (西鄕隆盛, 1827~1877)를 추대하며 봉기했다. 메이지 정부에 대한 최대, 최후의 국내
    저항으로 꼽힌다. 반란은 정부군에 의해 진압되었고 메이지유신의 주역으로 유신삼걸
    (維新三傑) 중 한 명인 사이고는 반란의 실패로 자결했다. 세이난전쟁을 마지막으로 일
    본 국내의 무력 저항은 종식되었고 메이지 정부는 중앙 정부로서 안정을 찾게 되었다.
3   강소(强訴). 일정한 절차를 밟지 않고 위정자에게 집단으로 몰려가 자신들의 주장을 호소
    하는 일.

24 역설의 군대

던 근위포병대의 군인들은 계획을 행동에 옮기고자 했다. 이를 눈치챈 대대장 우쓰노미야 시게토시 소좌가 달려와 폭동을 막으려 했지만, 오히려 흥분한 군인들에 의해 참살되었다. 마찬가지로 군인들을 제압하려 했던 당직사령인 대위도 참살되었다.

반란을 일으킨 것은 포병대대의 병사들뿐이었고 그 수는 200명을 웃도는 정도였다. 반란을 일으킨 근위포병은 근위보병연대 본부로 쇄도해, 미리 약속한 대로 근위보병에 반란의 동조를 요구했다. 그러나 위병衛兵의 사격으로 양측의 충돌이 시작되었고 근위보병 측의 소위 1명, 병사 1명이 사망했다. 또 포병 영내에서는 마구간이 불길에 타올랐으며 필두참의[4] 겸 대장경[5] 오쿠마 시게노부[6]의 저택에도 총탄이 날아들었다.

반란군의 상당수는 아카사카로 향했다. 수년 전 황거가 불탔기 때문에 당시 아카사카에는 임시 황거가 있었다. 반란군은 거기서 천황에게 직접 호소하려 한 것이다. 그러나 사전에 반란을 탐지한 정부는 이미 호위군을 배치해 두고 있었다. 황거 근처에 도착한 94명의 반란군과 호위군은 한동안 서로 대치하고 있었는데, 반란군 중 인망이 두터운 오쿠보 주하치가 총으로 자결하자, 반란군은 무기를 버리고 항복했다. 이때가 24일 오전 1시 반경이었다. 반란이 완전히 진압된 것은 오전 4시경이었다고 한다.

반란에 대한 처벌은 엄중했다. 사와치 히사에에 의하면 사형 55명을 포함

---

4 필두참의(筆頭參議). '참의'는 메이지 정부의 주요 결정에 관여하는 집단지도체제의 일원. 필두참의는 그 중의 유력자를 의미한다.
5 대장경(大藏卿). 경제와 재정을 책임지는 대장성의 장관. 오늘날의 재무부 장관에 해당한다.
6 오쿠마 시게노부(大隈重信, 1838~1922). 근대 일본의 정치가, 교육자. 와세다(早稻田)대학의 설립자로 유명하다. 메이지 정부 초기에는 권력의 중추부에 있었지만 1881년 권력에서 밀려났다. 이후 민권운동을 통해 정치에 참여했고 두 차례에 걸쳐 수상을 역임했다.

해 386명이 처벌되었다고 한다. 처벌받은 군인 중에는 다른 부대의 관련자도 있었다. 또 처벌받은 군인 중 압도적 다수가 병사였다(295명, 그중 53명이 사형).

처벌이 엄중했다는 것은 그만큼 메이지 정부의 충격이 컸다는 것을 말해준다. 근위병은 메이지 정부가 처음으로 보유한 직할 부대이며 가장 신뢰하던 부대였기 때문이다. 그중에서도 근위포병은 세이난전쟁 당시 반란군 측인 사쓰마군을 두려움에 떨게 하며, 최대의 공훈을 세운 부대였다고 한다.

메이지 정부가 받았던 충격만큼이나 다케바시 사건은 건군建軍 시기에 있어서 군대의 실체·군대를 둘러싼 상황을 잘 나타내준다. 즉, 이 사건은 당시의 군대가 어떤 문제를 갖고 있었고, 정치·사회와 어떤 관계를 맺고 있었는지를 선명하게 보여주는 것이다. 이 사건의 원인과 배경을 생각하기 전에 먼저 근위병이 만들어지기까지의 상황을 살펴보도록 하자.

직할군 창설의 시도

일본군 탄생을 생각할 때 중요한 것은 왕정복고를 내세운 메이지유신[7] 정부가 집권 초기에 자체 군사력을 갖고 있지 않았다는 사실이다. 도바·후시미 전투[8]를 기점으로 막부군을 제압했던 관군은 새롭게 출범한 정부의 군대가 아니었다. 그것은 막부[9] 타도에 가담한 각 번[10]의 연합군에 불과했다. 자체

7　메이지유신(明治維新). 좁게는 근세까지 일본을 지배하던 도쿠가와 막부(德川幕府)를 타도하고 새로운 근대 정부를 수립했던 과정이며, 넓게는 새로운 정부하에서 추진된 일련의 근대화까지를 포함한다. 근대 일본의 출발이 되었다는 점에서 중요한 의미를 갖는다.
8　메이지유신 당시 정부 측과 막부 측이 교토(京都) 부근의 도바(鳥羽)·후시미(伏見) 부근에서 벌인 전투. 정부군은 수적인 열세에도 불구하고 승리했고, 이로 인해 전세는 막부 측에 불리하게 되었다.

군대가 없기 때문에 신新정부는 안정된 정권과는 거리가 멀었다. 정권의 안전성을 확보하기 위해서는 자체 군사력을 가질 필요가 있었다.

신정부는 출범 후에 군사를 관할하는 중앙기구로서 해육군과海陸軍科를 설치했다. 그러나 이때에도 아직 실질적인 군대는 없었다. 보신전쟁[11] 때 향사[12]나 번에서 벗어난 낭인浪人들, 이른바 초야의 지사志士들이 조정朝廷 직할의 유격대로 행동했으나 이들 병사 대부분은 매우 자유분방해서 신정부의 통제에 반드시 따른 것은 아니었다. 그들은 종종 규율·통제에서 일탈해 치안을 어지럽히는 경우가 적지 않았다. 심지어 '부랑배'로서 단속의 대상이 되기도 했다. '친병親兵'이라 불렸던 이들 재야의 부대 중 일부는 결국 살아남아 훗날 정부 직할군으로 편입되기도 했다. 그러나 이들이 곧 직할군의 모태가 된 것은 아니었다.

1868년 윤 4월[13] 해육군과는 새로이 군방사무국이 되었다. 군방사무국은 육군 편제법을 정하고 수확량을 기준으로 각 번으로부터 병력을 차출하고자 했다. 그래서 1만 석당 10명(한동안은 3명)을 차출해 기내[14]의 경비를 맡게 했으며, 각 번에서 50명씩을 준비하게 했다. 이렇게 편성된 부대는 '징병'이라고 불렸는데(징병제를 통한 훗날의 징병과는 다름), 재야의 부대에서 편입된 부대와 합쳐

---

9   근대 이전까지 일본을 통치했던 도쿠가와 막부(德川幕府). 에도 막부(江戶幕府)라고도 하며 1603년부터 1867년까지 일본을 지배했던 무사 정권이다.

10   번(藩). 에도 시대의 행정 단위로서 각 영주가 지배하는 곳이었다. 오늘날의 현(縣)에 해당함.

11   보신전쟁(戊辰戰爭). 1868년과 1869년에 걸쳐 벌어진 신정부군과 구(舊) 막부 세력의 내전이다. 이 전쟁에서 신정부군이 승리함으로써 메이지 정부는 구 막부 세력을 일소하고 통일 정부를 수립할 수 있었다.

12   향사(鄕土). 에도 시대 때 무사 계급이면서 농촌에 거주하고 농업에 종사했던 계층. 전반적으로 하층 무사로 분류되었다.

13   태음력 기준. 1872년까지는 태음력을 썼다.

14   기내(畿內). 수도권.

져 2,000명 이상으로 불어났다. 그러나 병사들의 사기는 낮았고 질병으로 인한 교대 신청도 많았으며 풍기도 문란했다. 그래서 정부에서는 보신전쟁이 끝난 이듬해 봄에 부대를 해산시키며 각 번으로 귀향하라는 명령을 내렸다. 그렇게 정부 직할군을 만들려는 시도는 실패했다. 사실 각 번으로부터 차출된 병사들이 번에 대한 충성심에서 벗어나 정부 직할군이 될 수 있었을지도 의문이다.

메이지 원년인 1868년 10월, 정부 직할지인 효고현 지사 이토 히로부미[15]는 각 번의 번주[16]가 병권을 쥐고 있는 한 조정이 약할 수밖에 없다고 지적하면서 도호쿠 지방을 평정하고 돌아온 번 연합군을 조정의 상비군으로 삼아야 한다고 건의했다.[17] 지방 영주로부터 병권을 빼앗아 중앙 정부로 일원화해야 한다는 이토의 건의는 주목할 만하다. 하지만 그것을 실현하기에는 아직 장애가 너무 컸다.

공의여론의 내실

일원적 국군으로서의 중앙군, 즉 정부 직할군을 만드는 데 있어 최대의 장애물은 무엇이었을까? 두말할 것도 없이 서남西南의 웅번[18]을 포함해 유신에

---

15 이토 히로부미(伊藤博文, 1841~1909). 하급 무사 출신으로 막부 타도와 메이지 정부 수립에 참여했다. 오쿠보 도시미치, 기도 다카요시, 사이고 다카모리보다 연배가 낮다. 이들이 차례로 세상을 떠나자 정부를 주도하며 근대화에 힘썼다. 일본에서는 근대화의 선구자로, 한국에서는 침략의 원흉으로 유명하다. 한국의 안중근에 의해 1909년에 암살되었다.
16 번주(藩主). 번을 다스리는 지방 영주.
17 각 번의 연합군으로 이루어진 메이지 정부의 군대는 도쿠가와 막부의 항복을 받은 후에도 도호쿠 지방의 친 막부 세력과도 싸워야 했다. 친 막부 세력은 막부를 옹호하며 저항했으나 결국 정부군에 의해 진압되었다.

크게 공헌한 각 번이었다. 당시 신정부는 오쿠보 도시미치[19] · 기도 다카요시[20] 등 사쓰마, 조슈 출신이 이끌고 있었으나 그렇다고 사쓰마와 조슈가 신정부를 적극적으로 지지한 것은 아니었다.

당초에 신정부는 '천황친정天皇親政'과 '공의여론公議輿論'을 정통성의 원리로 삼아 각 번들의 연합을 결성하고 이를 기초로 정책을 추진하려 했다. 여기서 '여론'이란 우리가 생각하는 여론이 아니라 각 번의 주장을 의미한다. 따라서 '공의여론'을 구성하는 각 번이 정부 직할군의 창설에 합의하지 않는 한 실제로 직할군을 만들기는 어려웠다. 그러나 각 번의 입장에서 군사력의 일원화는 자신의 존재 기반을 무너뜨리는 것이었다. 따라서 정부의 정책에 강하게 반대할 것은 불을 보듯 뻔했다. 신정부는 반대를 무릅쓰고 개혁을 단행할 수 있는 군사력을 갖고 있지 못했다. 이것이 직할군 창설을 둘러싼 최대의 딜레마였다.

실례를 살펴보자. 1868년 윤 4월, 입법 기관으로 의정관이 설치되었다. 의정관에서는 군비 · 병제兵制에 관한 자문이 이루어지기도 했다. 의정관에서 각 번의 대표는 정부 직할군의 편성에는 반대하지 않았지만, 이를 조정의 호위 부대로 간주했다. 그리고 정부 직할군과 함께 각 번의 군대도 존재해야 한다고 보았다. 각 번은 중앙에서 통제하는 일원화된 상비군을 원하지 않았던

---

18 웅번(雄藩). 전국의 번 중 세력이 큰 번. 본문에 나오는 서남의 웅번은 주로 사쓰마(薩摩), 조슈(長州), 도사(土佐), 히젠(肥前)을 가리킨다. 사쓰마는 현재의 가고시마현(鹿兒島縣), 조슈는 야마구치(山口)현, 도사는 고치(高知)현, 히젠은 지금의 나가사키(長崎)와 사가(佐賀) 두 현에 해당한다.

19 오쿠보 도시미치(大久保利通, 1830~1878). 메이지유신을 주도한 유신 3걸(維新三傑) 중 한 명이다. 내무성을 설치하고 관료제 확립에 힘쓰는 등 초기 메이지 정부를 이끌었다. 정책적으로 사이고 다카모리와 대립했으며, 사이고가 세이난전쟁을 일으키자 이를 진압했다. 사이고가 죽은 이듬해인 1878년, 반대 세력에 의해 암살당했다.

20 기도 다카요시(木戶孝允, 1833~1877). 오쿠보 도시미치, 사이고 다카모리와 함께 막부 타도와 메이지 정부의 수립을 주도했다. 유신 3걸 중 한 명으로 꼽힌다.

것이다. 이러한 태도는 그 후에도 마찬가지였다. 판적봉환[21] 후인 1869년 7월, 새로운 입법 기관으로 집의원이 출범했다. 집의원의 의원들은 각 번의 대표였는데, 이들의 견해 또한 이전과 마찬가지였다. 신정부가 의지하고 있던 '공의여론'은 여전히 봉건제에서 벗어나지 못한 셈이다.

두 가지 구상

이 무렵, 정부 직할군 창설에 대한 구상은 크게 두 가지가 존재했다. 하나는 조슈의 오무라 마스지로(1825~1869)의 구상이고 다른 하나는 오쿠보 도시미치, 이와쿠라 도모미(1825~1883) 등의 구상이었다. 이들 사이에는 대립이 존재했다. 1869년 오무라는 재야 부대에서 엄선된 사람들로 조정 직할 부대를 만들어 급한 대로 병력을 마련하는 한편, 이듬해부터 징병을 단행해 3년 후에 상비군을 정비하고 5년 후에 이를 완성할 수 있다고 주장했다. 오무라는 각 번의 무사가 아닌 농민을 징병하려고 했던 것 같다. 그러나 오쿠보와 그의 동료들은 농민의 징병에 소극적이었으며 서남 웅번들이 보유한 병력으로 상비군을 만들고자 했다. 어쩌면 오쿠보와 그의 동료들은 여전히 신분제에 집착하고 있었는지도 모른다.[22] 또 당장 정권을 안정시킬 수 있는 병력이 필요하다고 생각했을 것이다. 더욱이 웅번들의 병력을 중앙 상비군으로 바꾸면

---

21 판적봉환(版籍奉還). 도쿠가와 막부를 무너뜨린 메이지 정부의 중앙집권화 정책 중 하나이다. 각 번의 토지와 인민에 대한 지배권을 천황에게 돌린다는 것으로 1869년과 1870년에 걸쳐 추진되었다. 형식적인 면이 강하지만 중앙집권화에 기여한 것은 사실이다.

22 에도 시대에는 무사 계급만 군인이 될 수 있었다. 즉 군 복무는 사무라이들만의 특권이자 의무였던 셈이다. 그 결과 농민이 군인의 역할을 제대로 수행할 수 없을 것이라는 통념이 광범위하게 퍼져 있었다.

'공의여론'을 앞세운 저항도 없을 거라고 판단했던 것 같다. 이에 대해 오무라는 그러한 방침은 졸속이며, 일을 서둘러서 고식적인 병제를 만드는 것은 유해무익하다고 비판했다. 이 무렵 오무라는 군무관(군방사무국의 후신)의 부지사를 거쳐 병부성[23]의 대보(차관)로 취임했다. 오사카에서 그는 병제 확립을 위한 기초 작업으로서 사관·하사관[24] 양성을 위한 병학료를 건설하는 등 육군을 위한 각종 시설을 설립해 나갔다. 하지만 이러한 오무라의 정책을 무사의 특권 폐지라고 여기는 사람도 있었다. 결국, 같은 해 9월 오무라는 교토의 숙소에서 수구파 사족士族(무사 계급)의 습격을 받아 중상을 입었고 2개월 후에 사망했다. 그렇게 병부성은 리더를 잃었고, 정부의 직할군 창설 계획도 지지부진하게 되었다.

야마가타의 등장

이후 정체된 정부의 직할군 창설 움직임에 다시금 활력을 불어넣은 사람이 바로 야마가타 아리토모[25]이다. 유럽 시찰에서 귀국한 야마가타는 1870년 8월, 병부소보兵部少輔에 취임했고, 이후 육군의 병제 확립에 지도적인 역할을 하게 된다. 조슈의 기병대奇兵隊[26] 출신인 야마가타는 오무라와 마찬가지로 신

---

23 병부성(兵部省). 오늘날의 국방부에 해당함.
24 한국에서는 최근까지도 하사관(下士官)이라는 표현을 그대로 썼다. 오늘날에는 부사관(副士官)으로 바뀌었다.
25 야마가타 아리토모(山縣有朋, 1838~1922). 근대 일본의 군인, 정치가. 이토 히로부미와 함께 막부 타도·메이지 정부 수립에 참여했고, 일본 육군의 건설에 결정적인 역할을 했다. 메이지와 다이쇼 시대에 걸쳐 군대와 정계에서 강대한 권력을 행사했다. 정치적으로 이토 히로부미의 라이벌이기도 했다.

분제에 얽매이지 않은 징병론자였다. 우선 같은 해 윤 10월, 야마가타는 오사카의 병학료에 각 번의 번사藩士(무사 계급)뿐만 아니라 일반 평민의 입학할 수 있도록 허가했다. 이는 평민도 군인이 될 수 있는 것은 물론, 군 간부가 될 수 있는 길을 열어주었다는 점에서 대단히 획기적이다.

이어서 같은 해 11월 신정부는 「징병규칙」을 제정했다. 그리고 부번현府藩縣에 사족, 평민을 막론하고 신체 건강하고 병역 임무를 견딜 수 있는 자를 뽑아 1만석 당 5명을 오사카의 병부성 출장소로 보내도록 명령했다. 여전히 번의 존재를 전제로 하고 있긴 하지만 그래도 신분제에서 탈피하려는 시도였다. 오사카에 모인 병사들에게는 군모, 군복 그리고 일본도를 대체하는 총이 지급되었다. 그다지 가혹한 병영 생활은 아니었던 것 같지만 의외로 탈주자가 많이 나왔다. 규율·규칙에 좌우되는 군대 생활은 당시 사람들의 생활 습관과 상당한 괴리가 있었을 것이다.

결국, 「징병규칙」에 의한 징병은 이듬해 여름경에 약 1,500명 정도가 모인 것을 끝으로 중단되었다. 단 한 번의 시행 후 중지된 것이다. 그 주요 원인은 당시 나타난 신정부와 각 번 사이의 긴장 상태였다. 그래서 긴장 상태를 완화하고 신정부의 정권 기반 강화를 위해 어친병御親兵이 창설되었다. 어친병이 창설됨에 따라 징병제는 일시적으로 미루어지게 된다.

---

26 여기서 말하는 '기병대'는 '기마병'이 아니라 '기이한 군대'를 의미한다. 개혁과 도쿠가와 막부 타도를 위해 지방 정부인 조슈번에서는 무사가 아닌 각계각층의 사람들을 모아 군대를 만들었는데 이를 '기이한 군대'라는 뜻의 '기병대(奇兵隊)'라고 한 것이다.

일본 육군을 건설한 야마가타 아리토모. 육군의 대부로서 야마가타가 일본 육군에 끼친 영향은 대단히 크다. 또 그는 육군에서의 권력을 토대로 세력을 확장했고, 그 결과 국정 전반에 커다란 영향력을 행사하게 되었다. 당시에도, 오늘날에도 상당히 근엄한 이미지 를 갖고 있다.

어친병

신정부와 각 번 사이에 긴장이 발생한 원인은 무엇이었을까? 그것은 신정부가 추진하는 중앙집권화와 근대화에 있었다. 당시 신정부는 정부 직할지에서 현지의 실정을 무시한 채 세금을 거두고 있었고, 이는 농민의 저항을 초래했다. 이러한 농민의 저항감은 사족의 불만과 합쳐질 수도 있었다.

사족의 불만은 이미 오무라 마스지로의 암살, 조슈번 부대들의 반란으로 표면화되고 있었다. 조슈번은 재정난을 경감시키고자 했고, 기병대를 포함한 여러 부대의 하극상 풍조를 싫어했다. 그래서 도쿠가와 막부 세력이 일소된 시점에서 부대를 해산하고 이들을 번병藩兵으로 재편성하려고 했다. 이에 약 2,000명의 부대원이 반발해 부대를 이탈하고 번청藩廳과 대립했다. 이 반란은 1870년 1월부터 2월까지 계속되었는데, 봉기 과정에서 농민이 가담하거나 반란이 각지로 퍼져나갈 가능성이 있었다.

게다가 사쓰마번의 사이고 다카모리[27]가 군대를 이끌고 상경한다는 소문마저 퍼졌다. 정부에 불만을 품은 사족들은 사이고의 상경에 큰 기대를 걸었다. 이미 사쓰마번에서는 사이고하에서 군제개혁이 이루어져, 번병 및 향사로 편성된 상비군이 4만 수천 명에 달하고 있었다. 강력한 병력을 보유하며 신정부의 정책·자세에 대해 불만을 숨기지 않는 사쓰마번의 동향은 신정부 입장에

---

27 사이고 다카모리(西郷隆盛, 1827~1877). 1603년 이래 이어진 도쿠가와 막부를 타도하고 메이지유신을 주도한 사쓰마(가고시마) 출신의 정치가·군인이다. 오쿠보 도시미치, 기도 다카요시와 함께 유신 3걸(維新三傑) 중 한 명이다. 메이지 정부 초기에는 근대화에 협조하며 군사적으로도 신정부에 크게 공헌했다. 조선 정벌을 주장하며 동료들과 대립하다가 귀향했다. 1877년 근거지인 가고시마의 봉기에서 지도자로 옹립돼 세이난전쟁을 시작하게 되었다. 그러나 전쟁에서 패한 후 자결로 생을 마감했다.

서 상당히 불편했다. 자칫하면 각 번에 불온한 영향을 줄 수 있었기 때문이다.

이러한 상황에서 신정부의 지도자들은 위기감을 느끼며 사이고를 정부로 끌어들이려 했다. 긴장 상태를 완화하고 정부의 권력 기반을 확고하기 하기 위함이었다. 이에 사이고는 군사력을 배경으로 정부로 들어간 다음, 타락했다고 생각한 정부의 태도를 바로잡고자 했다. 사이고의 제안과 양자의 타협책으로 생겨난 것이 바로 어친병이다. 어친병은 사쓰마, 조슈, 도사 이렇게 3개 번이 헌상한 병사들로 구성되었다. 1871년 2월에 설치된 어친병의 총병력은 수천 명에서 1만 명으로, 그중 절반 가까이가 사쓰마번의 병력이었다.

이 어친병이야말로 일본 육군의 실질적인 모태라 할 수 있다. 분명한 사실은 어친병이 국군國軍으로서 설치되었다는 것이다. 사이고가 어친병 설치를 제안했을 때, 야마가타는 어친병은 더 이상 번의 신하가 아니며 사쓰마번에서 차출한 장병일지라도 유사시에는 사쓰마 번주에게 활을 당길 각오가 있어야 한다고 주장했다. 이에 사이고는 당연하다고 대답했다고 한다.

그러나 어친병 중 사쓰마 출신의 대부분은 번의 군대란 의식을 떨쳐버릴 수가 없었다. 봉건 시대만큼 사쓰마 번주에게 충성을 다하지는 않았을지라도 말이다. 훗날에 밝혀진 것처럼, 대다수의 사쓰마 출신 장병은 번의 리더인 사이고 개인의 영향하에 있었으며 그에게 충성을 바치고 있었다.[28]

어친병은 정부가 직할하는 국군의 모태이며 근위병의 전신이었다. 하지만 이를 구성하고 있는 장병의 대부분은 여전히 봉건 의식에서 벗어나지 못했다. 오쿠보 도시미치, 이와쿠라 도모미 등 신정부 지도자의 입장에서 이것은 불가피한 선택이었을 것이다. 사쓰마번과의 긴장 관계를 풀고 정부를 강화하

---

28 당시 사이고 다카모리는 사쓰마의 정치적 지도자였다. 신분상으로는 번의 지방 영주(번주)에게 복종하는 위치였으나 실제로는 사쓰마 내에서 절대적인 영향력을 갖고 있었다.

기 위해서는 어떻게든 사이고를 끌어들여 그의 영향하에 있는 군사력에 의지해야 했다. 더욱이 그들은 사망한 오무라와 달리 신분제를 초월한 징병제에 대해 소극적이었다.

진대

어친병 설치와 병행해서 같은 해 4월, 지방 군사력으로서 진대鎭臺가 설치되었다. 처음에 2개의 진대가 설치되고, 이어서 폐번치현[29]이 이루어짐에 따라 8월에는 4개 진대로 바뀌었다. 진대병과 어친병을 합쳐서 당시 정부 직할군의 병력은 약 1만 5,000명에서 2만 명 정도였을 것이다. 진대를 설치한 직접적인 이유는 앞에서 언급했듯이 각지에서 농민 봉기가 발생하고 이것이 근대화에 불만을 품은 사족들에까지 파급되어 반정부 운동의 형태로 나타났기 때문이다. 즉, 정부는 중앙에 어친병을 두는 한편, 지방에 진대를 설치해 반정부 운동을 진압하고, 나아가 권위를 세워 사전에 봉기를 차단하고자 했다.

그럼 당시의 사정을 살펴보자. 예를 들어 1870년 11월, 전년도에 조슈번에서 반란을 일으킨 주모자 중 일부가 규슈의 히타현[30]으로 도망쳐 현청을 습격했다는 소문이 돌자, 그곳 농민들이 소문을 믿고 봉기를 일으켰다. 그 후 사태는 빠르게 진정되었으나 그 후에도 인근 지역에서는 농민들이 폭동을 일으켰

---

29   폐번치현(廢藩置縣). 메이지 정부의 중앙집권화를 달성한 정책이다. 메이지 정부는 1871년 7월(양력으로는 8월)에 전국의 번을 폐지하고 행정 구역을 부(府)와 현(縣)으로 일원화했다. 그 결과 봉건 시대의 주요 행정 구역이었던 '번'이 사라지고 근현대의 행정 구역인 '현'이 주요 행정 구역이 되었다. 또 각 번을 지배하던 지방 영주도 모두 해직되어 지사(知事)로 교체되었다.
30   히타(日田). 현재의 오이타(大分)현의 일부.

다. 또한 구루메번이 조슈번 반란의 주모자를 숨겨주고 있다는 불온한 소문이 돌기도 했다. 게다가 사쓰마번이 폭도 진압을 위한 출병 명령을 받았음에도 이에 따르지 않자 정부 당국자들은 사쓰마를 불신하게 되었다. 그래서 한때는 어친병을 위한 사쓰마의 병력 차출에 대해 정부와 사쓰마 간의 합의가 무산될 뻔하기도 했다.

이러한 일련의 사건들은 다음의 사실을 명백히 확인시켜 주었다. 즉, 각지의 폭동을 진압하기 위해서는 번병만으로는 부족하다는 것이다. 구루메번·사쓰마번의 움직임에서 나타난 것처럼 이미 번병을 움직이는 번 자체를 신용할 수 없었고, 번의 병사들도 반란에 동정적이었기 때문이다. 그렇게 메이지 정부는 정부 직할군을 지방의 요지에 주둔시켜야 한다는 것을 통감했다.

진대는 어친병과 함께 정부 직할군(국군)의 모태가 되었다. 물론 진대병도 어친병과 마찬가지로 일단은 각 번의 번병을 주력으로 편성되었다. 따라서 진대병 역시 봉건적 색채를 강하게 띠고 있었을 것이다. 그러나 어쨌든 국군의 기초는 만들어졌다. 다만 진대병 역시 아직은 근대적 군대와는 거리가 멀었다.

2. 봉건제의 극복 ─────────────────

폐번치현

어친병을 설치하고 진대를 설치한 뒤, 메이지 정부는 폐번치현을 단행했다 (1871.7). 그 결과 메이지 정부는 각 번의 연합체에서 중앙집권제로 바뀌었다. 번주(지방 영주)의 지배권도 부정되었다. 그렇게 메이지 정부는 봉건제의 한 축인 분권제를 극복했다.

폐번치현이 실현된 것은 그에 대한 저항을 억누를 수 있는 실력을 정부가 갖추고 있었기 때문이다. 그것이 어친병이다. 어친병의 병력은 많지 않았지만, 그 배후에는 사쓰마·조슈·도사라는 3개 번의 지지가 있었다. 게다가 각 번이 극도의 재정난으로 번 체제를 유지할 수 없게 된 것도 폐번치현에 유리하게 작용했다.

어찌 되었든 번주의 영지 지배권과 병권은 부정되었다. 폐번치현의 실시로 각 번병도 원칙적으로 폐지되고 병권은 중앙 정부로 일원화되었다. 다만 당분간은 옛 번병 출신이 어친병·진대병의 주력을 구성하고 있었다.

신분제의 부정

봉건제를 구성하는 한 축이 분권제라면, 또 다른 한 축은 신분제다. 봉건적 분권제가 폐번치현으로 해체되고 약 1년 반이 지나 신분제는 징병제를 통해 해체되게 된다.

1872년 11월에 나온 태정관[31]의 「징병고유徵兵告諭」는 무사를 가리켜 "방약무인하고 무위도식하며 심할 때는 사람을 죽이는데도 관官이 그 죄를 묻지 않는 자"라고 하면서 봉건적인 신분제를 강하게 비판했다. 그리고 사민평등[32]을 기초로 국민개병國民皆兵을 주장했다. 그 내용은 다음과 같다.

> 세습하고 무위도식하는 무사는 그 녹을 줄이고 도검을 거두며, 사민(四民)이 점차 자유의 권리를 얻게 하려고 한다. 이로 인해 상하를 균등하게 하고 인권을 하나로 하게 한다. 즉 병사와 농민을 일치시키는 기본이 된다. 이로 인해 무사는 종전의 무사가 아니고 백성은 종전의 백성이 아니며 모두 같은 황국(皇國)의 일반 백성일 뿐이다. 그러므로 나라에 보답하는 길도 원래 다르지 않다.

근대화를 추진하는 메이지 정부의 열의가 잘 나타나 있는 대목이다. 이렇게 일본은 근대화의 모델이 된 유럽 국가의 징병제를 도입하기 시작했다.

징병제의 목적

물론 징병제가 신분제의 부정, 사민평등의 이념으로만 추진된 것은 아니었다. 우선 징병제는 기존의 사족 병사들에 대한 불신의 산물이기도 했다. 메이지 정부의 입장에서 사족으로 구성된 근위병(1872년 3월부터 '어친병'으로 명칭 변

---

31 태정관(太政官). 오늘날의 내각에 해당.
32 사민평등(四民平等). 사(士), 농(農), 공(工), 상(商)의 평등.

경)과 진대병은 무척 다루기 어렵고 통제가 어려웠다. 예를 들어 봉건 체제하에서의 상하관계와 군대 내 지위는 반드시 일치하는 것이 아니었다. 이는 군의 계급 질서와 맞지 않았다. 병사 중에 200석, 300석 지기의 상급 무사가 있는가 하면, 사관 중에 14석, 15석 지기의 하급 무사도 있었다. 사관과 병사 사이에는 권위와 급여에서 큰 차이가 있었는데, 이에 불만을 가진 병사가 적지 않았고 상관을 상관이라고 생각하지 않는 부하도 있었다.

또한, 번에 대한 소속감이 불식된 것도 아니었기 때문에 일체감을 가지기는 더욱 어려웠다. 그래서 다른 번 출신 대장隊長의 지휘는 받고 싶지 않다는 태도를 노골적으로 드러냈다. 더욱이 막말(막부 말기)·유신이라는 혼란기에서 살아남고, 보신전쟁으로 실전 경험까지 겸비한 병사들은 상당히 거칠어서 통제가 무척이나 어려웠다. 사실 봉건제의 해체로 특권이 박탈된 사족들은 정부의 개혁에 비판적이었는데, 사족 출신 병사들도 예외가 아니었다.

다음으로 재정의 문제도 있었다. 만약 사족으로 군대를 편성한다면, 군 복무가 그들의 직업이 되기 때문에 그들의 급여만으로도 막대한 경비가 소요된다. 출범한 지 얼마 안 된 메이지 정부에게 이것은 견디기 힘든 부담이었다. 폐번치현으로 인해 메이지 정부는 그때까지 번의 무사에게 지급하던 가록家祿을 떠안았는데, 그 액수가 정부 세입의 30%에 달하고 있었다.[33] 반면, 징병제는 국민의 의무에 따른 병역이기 때문에 소액의 수당으로도 문제가 없었다. 더구나 필요한 기간만큼 훈련을 끝낸 병사를 예비역이라는 이름으로 확보해두면, 유사시에 상당한 병력을 동원할 수 있게 된다. 즉, 상비군을 줄여 경비

---

33 도쿠가와 막부(에도 막부) 시대에 각 번에 속한 무사 계급은 군인으로 복무하는 대가로 녹봉, 즉 가록을 받았다. 이것은 각 번에 있어서 커다란 부담이었는데, 폐번치현으로 메이지 정부가 그 부담을 떠안은 것이다.

육군의 계급표(보병의 경우)

대장 · 중장 · 소장	장관(將官)[34]
대좌 · 중좌 · 소좌	상장관(上長官) – (좌관급)
대위 · 중위 · 소위	사관(士官) – (위관급)
	준사관
조장(曹長)[35] · 군조(軍曹)[36] · 오장(伍長)[37]	하사(下士)
일등졸 · 이등졸	졸(卒)

「군제강령(軍制綱領)」(1875)을 토대로 작성.
1. 장교는 소위 이상을 말함.
2. 상장관과 사관의 구별은 1937년 이후 없어졌음.
3. 준사관으로서 1894년에 특무조장이 설치되었는데, 특무조장은 1936년에 준위로 바뀌었음.
4. 1931년에 하사를 하사관, 졸을 병(兵)으로 바꾸고, 일등졸을 일등병으로 부르게 되었다.
5. 1877년 일등졸 위에 상등졸(1885년 이후 상등병으로 명칭 변경)을 두고, 1941년에는 상등병 위에 병장(兵長)을 신설했다.

를 억제하고 예비군을 늘려 비상시의 동원에 대비한다는 것이다. 이것이 징병제의 포인트였다.

징병제에 대한 저항

징병제에 대해서는 적지 않은 저항이 있었다. 우선 당연히 사족이 저항했다. 사민평등에 기초한 징병제는 봉건 엘리트인 무사 계급으로부터 군무軍務라는 독점적인 기능 · 직업과 그에 따른 각종 특권을 박탈했다.

당시 각 번으로부터 녹을 받는 사족은 전국에 40만 명 남짓으로, 가족까지 합치면 200만 명 정도였다. 근위병과 진대병으로 복무하는 사족을 다 합쳐도

---

34 현재의 장군에 해당.
35 우리나라의 상사에 해당함.
36 우리나라의 중사에 해당함.
37 우리나라의 하사에 해당함.

최초의 징병검사(『開国文化八十年史』)

수만 명에 불과했기 때문에 번병(무사)에서 벗어난 사족의 대다수는 다른 직업을 찾아야 했다. 폐번치현 이후 정부가 각 번을 대신해서 가록을 지급하고 있었기 때문에 한동안은 생활이 곤란하지 않겠지만, 징병제 실시가 사족에게 경제적 타격을 주는 것은 사실이었다. 이후 메이지 정부는 금록공채증서를 발행·수여하면서 가록의 지급을 중단했다.

경제적 타격보다 더욱 심각한 것은 정신적인 타격이었다. 일단 「징병고유」가 무사를 "방약무인하고 무위도식"하는 무리라고 부른 것이 사족들의 격렬한 반발을 초래했다. 여기에 1876년의 폐도령廢刀令 공포로 무사의 정신적 상징인 칼 휴대가 금지되자 사족들의 반발은 더욱 커졌다. 이러한 조치는 훗날 불평 사족의 반란이 일어나는 한 원인이 된다.

징병제에 대한 반대론은 정부군 내에도 존재했다. 사쓰마 출신의 육군 소장 기리노 도시아키는 거리낌 없이 "서민·백성 등을 모아 인형人形을 만드는 것이다. 그게 무슨 유익이 되는가?"라고 말했다. 기리노는 서민·백성은 전투에 견딜 수 없으므로 그들은 전력이 될 수 없다고 주장했다. 이것은 사족병(사족 출신 병사), 특히 자부심 높은 근위병들이 공유하는 생각이었다.

혈세 소동

사민평등의 기치 아래 국가에 대한 군사적 공헌이라는 '권리'를 부여받은 평민들도 징병제에 저항했다. 더구나 「징병고유」에서 병역을 '혈세血稅'라고 표현한 것 때문에 사람들의 오해까지 겹쳤다. 사람들의 오해를 불렀던 다음의 문장을 보자.

무릇 천지간에는 사물 하나하나에 세금이 없는 곳이 없다. 세금을 가지고 나라를 위해 사용한다. 그래서 사람은 본래 마음을 다해 나라에 보답해야만 한다. 서양인은 이를 칭하여 혈세라고 한다. 그 살아있는 피로 나라에 보답한다는 것이다.

표현이 좀 어려웠던 것일까? 여기서 등장하는 '혈세'는 황당무계한 유언비어를 만들어 냈다. 예를 들어 '혈세'란 정말로 징병된 장병의 생피를 뽑아서 외국인에게 판다더라, 이것으로 포도주를 만들고 모포나 군복·군모를 빨갛게 물들인다는 식의 유언비어가 퍼졌다. 정부 측에서는 당황하여 「징병고유」를 간단하고 쉽게 고쳐서 새로 고시했지만, 이것은 오히려 역효과를 낳았다.

이런 상황에서는 종종 오해, 유언비어에 편승해 반항·폭동을 선동하는 자들이 나타나는 법이다. 물론 폭동의 저류에는 정부의 근대화 정책에 대한 불만이 있었다고 봐야 한다. 혈세 소동 중 중요한 것을 소개하면 다음과 같다.

1873년 5월 하순, 호조현[38]에서 '혈세'를 이용한 선동으로 수만 명의 농민이 봉기해서 6일 동안 주야로 폭동이 발생했다. 이때 부호의 저택, 학교, 피차별민의 부락이 불타고, 관리, 교원 등이 살해되었다고 한다. 파괴, 소실된 가옥은 약 400채를 헤아렸고 십수 명의 사상자가 나왔다. 폭동의 원인은 징병, 학제學制(주민의 부담에 의한 소학교 건설), 강제적인 단발령, '에다'[39] 호칭의 폐지 등에 대한 반발이었다. 이때 처벌받은 사람은 참수형 십수 명, 도형[40]·징역 수백 명, 벌금형은 2만 6,000명이 넘었다.

호조현의 폭동은 이웃 돗토리현으로도 퍼졌다. 6월 중순, 낯선 사람을 목

---

38 호조(北條). 현재의 오카야마(岡山)현의 일부.
39 에다(穢多). 당시 차별받았던 천민의 일부. 주로 가축의 도살, 가죽 가공 등에 종사했다. 민중들은 이들의 호칭을 폐지하고 차별을 철폐하는 것에 반발했다.
40 도형(徒刑). 노역형.

격한 농부가 이 사람을 징병 모집인으로 오해해 "피를 짜내러 왔다!"라고 소리친 것을 계기로 농민 2만 2,000명이 봉기했다. 폭동은 5일간 이어졌다. 농민들이 제출한 탄원서에는 징병 폐지 이외에도 소학교 폐지, 태양력 폐지 등이 포함되어 있었다. 6월 하순에는 묘도현[41] 역시 혈세 때문에 흥분한 농민 수만 명이 봉기해, 사형 수 명을 포함해 1만 7,000명이 유죄를 선고받았다.

이러한 예에서 알 수 있듯, 국민이 정부의 근대화 정책을 늘 환영만 한 것은 아니었다. 오히려 개혁으로 인한 부담에 반발하기도 했다.

징병 기피

'혈세'에 대해 오해하지 않은 평민들도 징병을 환영하지는 않았다. 그들은 국가에 공헌할 권리를 획득했다는 의미를 이해할 수 없었다. 오로지 병역이라는 의무만 무겁게 느꼈다. 예로부터 외적의 방어는 무사의 일이지 서민이 관여할 사항은 아니라고 생각했기 때문이다. 게다가 병영 생활의 규율과 혹독함에 대한 공포도 있었다. 또 일시적이라고 해도 징병으로 인해 일손을 잃는 것을 두려워했다.

이러한 면에서 볼 때 육군 소장 야마다 아키요시(1844~1892)가 주장하는 징병 실시 시기상조론도 일리가 있었다. 야마다는 징병제의 실시보다 보통교육을 충실하게 하는 것이 우선되어야 한다고 주장했다. 즉, 교육을 충실하게 해서 징병제의 의의를 국민에게 이해시키자는 것이다. 그리고 야마다는 국민교

---

41   묘도(名東). 현재의 가가와(香川)현의 일부.

육에 군사 훈련을 넣어 징병 기간을 줄이자고 주장했다. 징병 기간이 단축되면 입대 가정의 고통도 경감되기 때문이다.

그러나 당시의 당국자들은 이것이 현실적이지 못하다고 판단했던 것 같다. 정부로서는 통제가 어려운 근위병, 진대병을 가능한 한 빨리 사족병에서 일반 징집병으로 바꿀 필요가 있었다. 게다가 근대화 정책에 대한 불평 사족, 일부 농민의 반항이 예상되었기 때문에 교체를 더욱 서둘러야 했다.

이러한 상황에서 야마가타 아리토모가 징병제 추진을 주도했다. 사실 야마가타도 징병제가 가난한 가정에 대한 큰 부담이라고 느끼고 있었다. 그래서 경제적으로 여유 있는 사람부터 병사로 뽑고자 했다. 하지만 1873년 1월에 공포된 징병령에서 대인료代人料를 상납하는 사람은 징병에서 제외되었다. 야마가타의 의도가 거꾸로 반영된 셈이다. 부유층에 대한 병역 면제는 서민층의 위화감을 부추기고 징병제에 대한 반감을 고조시켰다. 그리고 이는 사람들이 병역을 기피하는 요인이 되었다.

징병령은 면제자를 광범위하게 규정하고 있었다. 그 대상은 대인료를 상납한 사람 외에, 체격 불량자, 육해군의 장교 생도, 관리, 소정의 학교 학생 및 유학생, 호주戶主 및 그 상속인, 부형父兄의 병 등을 이유로 일가를 부양해야 하는 자, 형제가 징집돼 현역에 복무 중인 자, 범죄자 등이다. 이러한 규정은 징병 기피를 위해 크게 악용되었다. 가령 둘째 아들, 셋째 아들이 분가해서 호주가 되기도 했고, 남의 집 양자가 되어 병역을 면제를 받으려는 사람도 있었다. 후자를 가리켜 이른바 '징병 양자', '군대 양자'라고 한다. 후에 정우회[42] 총재가 되는 스즈키 기사부로(1867~1940), 조각가 다카무라 고운,[43] 와세다대학 교

---

42 정우회(政友會). 1900년에 이토 히로부미가 창당했다. 제2차 세계대전 이전 일본 최대의 정당 중 하나이다.

수로 사회민중당 초대 당수(중앙집행위원장)가 되는 아베 이소(1865~1949) 등이 모두 징병 양자였다. 더구나 초창기의 징병령은 오키나와·홋카이도에는 적용되지 않았기 때문에 이곳으로 호적을 옮겨 징집을 피하는 사람도 있었다. 나쓰메 소세키[44]가 홋카이도로 호적을 옮긴 것도 그런 예라고 한다. 『징병둔법(徵兵遁法)』과 같은 징병 기피 방법을 담은 책도 출판되었다.

사람들이 징병제를 싫어했던 것은 의심할 여지가 없다. 나중에 만들어진 "징병과 징역은 글자 하나 차이, 허리에 삽, 쇠사슬"이라는 문구가 이를 잘 나타내준다. 당시에는 호적법이 제대로 정비되어 있지 않았기 때문에 이를 이용한 징병 기피자가 상당히 많았다. 1876년에는 만 20세인 징병 대상자(장정) 약 30만 명 중 82%가 면제로 분류되었는데 이 비율은 1878년에 89%로 올랐다. 당연히 이 중에는 징병 기피자가 상당수 포함되어 있었을 것이다.

징병제의 성격

근대 일본의 징병제는 종종 진정한 의미의 국민개병제가 아니었다고 비판받는다. 일부 특권층의 병역 면제를 인정해 주고, 병역이 실제 부담 계층인 평민·농민에게 있어 한낱 부역에 지나지 않았다는 것이다. 확실히 초기 일본의 징병제가 호주 및 상속인, 관리, 학생, 대인료 상납자에게 병역을 면제해 주는 바람에 일부 국민이 병역을 피했다는 점은 부정할 수 없다. 그러나 거기

---

43 다카무라 고운(高村光雲, 1852~1934). 메이지 시대, 다이쇼(大正) 시대의 조각가. 근대 일본을 대표하는 조각가로 꼽힌다.
44 나쓰메 소세키(夏目漱石, 1867~1916). 근대 일본을 대표하는 소설가.

에는 그 나름의 이유가 있었다.

일단 호주 및 상속인에게 병역을 면제시켜준 것은 사회의 안정성 유지를 위했기 때문이다. 쉽게 말해서 '이에家' 제도를 유지하기 위해서다. 징병제에서 '이에' 제도를 배려한 것은 일본뿐만이 아니다. 프랑스의 1832년 징병법도 그랬다. 일본은 이를 모델로 삼았다. 단 프랑스의 징병법은 '이에' 제도를 배려했어도, 호주 및 상속인에게 일률적으로 병역을 면제시켜주지는 않았다. 일본의 경우는 그만큼 '이에' 제도 유지에 있어서 호주의 역할을 중요시했던 것 같다. 혹시 호주와 상속인의 병역 면제가 없었으면 징병제에 대한 저항은 더욱 강했을 것이다. 관리·학생의 병역 면제는 그들의 지식, 능력을 근대화 사업에서 발휘하도록 하기 위함이었다. 그것이 근대화 추진에 효율적이었기 때문이다. 특권을 부여하려는 의도가 아니라 다른 분야에서 국가에 공헌하도록 요구한 셈이다.

그런데 대인료 상납을 통한 부유층의 병역 면제는 그 이유를 설명하기 어렵다. 국고의 세입을 늘리기 위해서라는 설도 있으나 근거가 별로 없다. 대인료 규정은 프랑스의 1832년 징병법에 있었기 때문에 그대로 답습한 것 같다. 하지만 프랑스는 1872년(일본의 징병령 제정 전년도)에 대인료 상납제를 폐지했다. 여러 가지 이유가 있긴 했어도 어쨌든 병역 면제 규정이 불공평하다는 생각을 고조시킨 것은 사실이다. 참고로 대인료(270엔)를 내고 병역이 면제된 사람은 그다지 많지 않았다. 1879년까지 1년에 30명 이하라는 것을 감안하면 말이다.

정리하자면, 일본의 징병제는 완벽하지 않았지만 그래도 특정 계층·신분에게만 병역을 부담시킨 것이 아니다. 따라서 국민개병제라고 말할 수 있다. 물론 사람들은 병역을 부역으로 받아들였다. 애당초 그들에겐 '국민'이라는 관념조차 희박했기에 병역은 위로부터의 강제일 뿐이었다.

그렇다면 이와 같은 징병제로 성립된 군대는 '국민군'이었을까? 대답은 '아니오'이다. 특히 국민이 무장할 권리를 전제로 한 것이라고 하면 더더욱 그렇다. 실제로 메이지 정부는 국민이 무장할 수 있는 권리를 인정하지 않았다. 무장할 권리는커녕 한동안 참정권조차 인정하지 않았다. 그러므로 국민의 측면에서 징병제를 보면 권리는 주어지지 않고 의무만 강제된 것이다.

서구 각국이 인정하고 있었던 국민의 무장권이라는 것은 원래 국민의 저항권에서 유래한다. 이것은 대부분 민병이라는 형태로 구체화되었다. 그러나 새로운 국가 만들기에 몰두하는 한편, 각지의 농민·사족의 반란에 시달리고 있었던 메이지 정부의 입장에서는 국민의 저항권만큼 생소한 개념도 없었을 것이다. 저항권은 고사하고 참정권을 인정할 여유조차 없었으니 말이다. 그런 상황 속에서 메이지 정부는 중앙집권 국가로서 정부 직속의 자기 군대를 가질 필요가 있었다.

한편, 유럽에서는 시간이 지남에 따라 18세기 말에 이상화된 민병·시민군이 국가 방위에 충분치 못하다고 평가받았다. 그래서 19세기 후반에는 국군의 주체가 국왕의 군대에서 파생된 상비군으로 바뀌었다. 물론 상비군은 징병제를 통해 유지되었다. 이것이 바로 일본이 모방하고자 했던 유럽 군주국 모델, 즉 징병제를 통해 유지되는 상비군이었다.

정병주의

징병령은 그 후에도 몇 차례 개정되었다. 특히 초기의 개정은 병역 면제 조항을 제한하고, 징병 기피를 방지하는 데 주안점을 두었다. 또 서민들이 불공평하다고 느끼는 감정을 배려해 10년 후에는 대인료 상납을 통한 병역 면제도 폐지했다.

확실히 병역면제자가 많은 것은 심상치 않은 문제였다. 지역에 따라서 소수이기는 하지만 결원도 생겨났다. 원래는 징병검사 합격자 중에서 추첨을 통해 현역병을 선발하게 되어있었지만 1879년에는 추첨할 인원이 충분치 않아 합격 기준에 못 미치는 체격의 소유자도 선발해야 했다.

단, 도쿄대학의 가토 요코[45] 교수가 지적하듯이 실제로 징집되는 현역병은 그렇게 많지 않았다. 이 점도 주목할 만한데, 현역병 입대자는 세이난전쟁(1877) 후까지 매년 1만 명 전후였다. 왜 1만 명 전후의 현역병만 선발했을까? 그 이유는 간단하다. 앞에서 언급했듯이 예산상의 제약 때문이었다. 메이지 정부는 정병주의精兵主義를 채택했다. 소수의 현역병을 선발한 다음, 장기 교육(1927년까지 현역 기간은 3년, 다만 보병의 경우에는 1907년부터 복무 기간은 2년)을 통해 정병으로 육성시킨다는 것이다. 이렇게 해서 재정 부담을 가볍게 하는 한편, 예비역 기간을 길게 하면 유사시에 충분한 병력(현역과 예비역)을 동원할 수 있게 된다.

하지만 이 방식에는 단점이 있다. 현역 복무 기간이 길어지면 소수의 선발된 장병은 그만큼 고통스럽다. 특히 군대 입대 때문에 일손을 잃은 가정은 더욱 형편이 어려워진다. 이런 이유에서 징병제에 대한 혐오, 증오가 나타나기도 했다.

45　가토 요코(加藤陽子). 일본의 대표적인 일본 근현대사 전공 교수. 세부 전공은 군사사, 외교사이다.

사족병의 활약

정병주의의 또 다른 단점은 인원 부족이었다. 정부에서는 징병제 도입을 고려해서 1873년 1월 진대 수를 4개에서 6개로 늘렸는데, 그래도 병력은 3만 명 전후(근위병 포함)에 불과했다.

야마가타 아리토모는 징병을 통해 서서히 사족병을 교체하고자 했다. 앞에서 언급한 것처럼 통제가 어려웠기 때문이다. 1875년 2월 육군성은 사족병을 차례로 제대시킨다는 방침을 밝혔고 이것은 1883년에 완료되었다. 따라서 징병제가 도입되어도 한동안은 사족병이 활약하게 되었다.

실제로 각지에서 소동이 일어나면 진압을 위해 달려온 진대병 중에서 사족병의 활약이 두드러졌다. 그뿐만이 아니다. 종종 진대병의 도착이 늦어지거나 혹은 파견된 진대병만으로 부족한 경우에는 현지에서 사족병의 모집이 이루어지고 그들이 진압에 커다란 역할을 하곤 했다.

가령 혈세 소동의 진압 때도 그랬다. 앞에서 소개한 호조현의 혈세 소동에서는 옛 쓰야마 번사 300여 명이 모집돼 진대병과 함께 진압에 나섰다. 돗토리현의 혈세 소동에서도 사족 50명이 모집에 응했다.

1874년 2월, 에토 신페이(1834~1874)가 사가佐賀에서 반란을 일으켰을 때는 근위병과 도쿄・오사카・히로시마・구마모토의 진대병 외에도 약 4천 수백 명의 사족병이 모집되었다. 같은 해의 대만 출병에서는 구마모토 진대의 장병 외에, 가고시마에서 모집된 약 300명의 사족병이 출정했다. 1876년 12월, 미에三重현에서 주변 여러 현으로 퍼진 농민 폭동에서는 봉기한 농민의 수가 수만 명에 달해, 나고야 진대・오사카 진대・오쓰 분영의 진대병・경찰력만으로 부족한 나머지 1,200명 정도의 사족병이 모집되었다. 그 밖에도 농민 봉기, 불평 사족의 반란을 진압하는 데 사족병이 동원된 예는 적지 않았다.

확실히 봉기와 반란을 진압할 근위병·진대병의 수가 부족하긴 했다. 징집된 병사들의 능력이 뒤떨어졌다고는 볼 수 없지만 그래도 이런저런 방식으로 모집된 사족병에 의지할 수밖에 없었다. 그 결과 징집된 병사들에 대한 평가는 좋지 않았다. 이들은 구마모토 진대에서 "쓰레기 같은 진대병"이라고 불리기까지 했다. 이쯤 되면 징병제 자체에 대한 회의감이 퍼져도 이상하지 않다. 하지만 이러한 생각은 세이난전쟁으로 바뀌게 된다.

세이난전쟁

1877년의 세이난전쟁은 메이지 정부에 대한 최대의 저항이었다. 좀 과장해서 말하면, 당시의 일본은 내란 상태였다고 볼 수 있다.

내란 당시 메이지 정부는 가까스로 직할군 창설을 마무리지을 수 있었다. 그러나 한편으로는 직할군 창설을 포함한 급진적인 정책이 내란을 유발한 면도 있다. 사실 이 직할군은 너무나도 소규모였는데 그 이유는 재정의 부족 그리고 다가오는 내란의 심각성을 예상하지 못했기 때문인 것 같다. 예비역 동원을 통해 충분한 병력을 조달하기 위해서는 아직 더 많은 시간이 필요했다.

세이난전쟁에서 사이고 다카모리의 군대는 약 3만 명이었다. 이에 대해 정부군은 육해군을 합쳐 약 5만 수천 명의 병력을 동원했는데, 그중 절반 남짓이 진대병과 근위병이고 나머지는 순사를 포함한 사족병이었다. 역시 징집된 병사만으로는 부족했던 것이다.

정부는 사족병을 직접 모집하는 것을 되도록 피했다. 정규 병사는 징집병

극적으로 활약하다가 비극적인 죽음을 맞은 사이고 다카모리의 인기는 오늘날에
도 매우 높다.

으로 편성하고 이와 병행해서 사족을 순사로 채용한 다음, 순사로 이루어진 부대를 임시로 조직해 전장으로 파견했다. 징병제를 유지하기 위한 고육지책이었다.

사이고 다카모리가 이끄는 봉기군은 주로 사쓰마 출신의 사족병이었다. 이에 맞서 정부의 징집병은 잘 싸웠다. 물론 서전에서 불안한 면모를 보이긴 했다. 사이고의 군대에 정면으로 맞섰던 구마모토 진대 사령장관[46] 다니 다테키(1837~1911)가 농성을 결정한 이유 중 하나도 야전에서 진대병이 사이고군에 대항할 수 없다고 판단했기 때문이라고 한다. 사이고군의 발도대拔刀隊에 정부군이 시달린 사례도 적지 않다. 그러나 결과적으로 사이고군이 '백성·서민'이라고 무시한 징집병은 충분한 훈련을 받고 우수한 무기를 사용하면 사족병과 대등하게 싸울 수 있다는 것을 증명해 보였다. 그렇게 징병제·징집병에 대한 의구심은 일거에 해소되었다.

그중에서도 특히 큰 공을 세운 쪽은 근위병, 그중에서도 근위포병이었다. 근위포병에 대해 사이고군에서는 "빨간 모자(근위병)와 대포(근위포병)만 없으면 화려한 에도로 들어갈 수 있다", "근위 대포와 사족병만 없으면 화려한 에도로 달려갈 수 있다"라고 하면서 근위포병의 강인함을 칭찬했다고 한다. 그런데 다름 아닌 이 근위포병이 나중에 반란을 일으켰다.

---

46   사령장관(司令長官). 사령관에 해당함.

다케바시 사건

왜 근위포병은 반란을 일으켰을까? 당시 반란군 측에서 볼 때 그 이유 중 하나는 세이난전쟁의 논공행상에 대한 불만이었다. 그들은 논공행상이 장교에게만 이루어진 것에 반발했는데, 실제로 논공행상은 상위 계급부터 이루어졌을 뿐 하사관이나 병졸(당시에는 하사·졸이라는 호칭이 쓰였으나, 번잡함을 피하기 위해 여기서는 하사관·병졸 및 병사라는 용어로 통일한다)에 대한 논공행상이 전혀 없었던 것은 아니다. 단지 논공행상이 늦어지고 있을 뿐이었다. 세이난전쟁에서 가장 큰 공을 세웠다고 자부하던 근위포병들에 있어 논공행상의 지연은 커다란 불만이었을 것이다.

또 하나의 불만은 급여 삭감이었다. 세이난전쟁의 출정비로 인해 1877년 12월 정부는 각 부처 예산을 일률적으로 5분의 1을 삭감했다. 이로 인해 이듬해인 1878년 5월 육군성은 장병의 봉급을 깎았다.

병졸의 경우, 봉급은 20분의 1이 감액되었으나 보병에게는 감액이 적용되지 않았다. 각 병과 중에 보병의 급여가 가장 낮았기 때문이다. 또 근위병 소속이 진대병보다 급여가 약간 높았기 때문에 줄어든 봉급의 액수로만 치면 근위포병 쪽이 가장 컸다. 세이난전쟁에서 큰 공훈을 세웠다고 자부하고 있던 근위포병은 정부의 조치를 이해할 수 없었다.

하지만 논공행상과 봉급에 불만이 있다는 이유만으로 병사들이 반란을 일으킬까? 어쩌면 그 외의 원인도 크게 작용했을 수도 있다. 특히 사와치 히사에가 강조했던 병역에 대한 반발도 잠재적 이유로서 중요하게 생각해야 한다.

사실 징병제 초기에는 징집병들이 각각의 진대로 입대할 뿐 근위대로 들어오지는 않았다. 자부심이 높고 징병제에 반감을 나타내는 근위대 소속 사족병을 정부가 배려했기 때문일 것이다. 1875년 1월이 되어서야 비로소 근위대에도 징집병 출신이 들어오게 되는데, 이는 정한론[47] 논쟁에서 진 사이고 다카모리가 야인이 된 이후이다. 사이고가 정부를 떠남에 따라 사쓰마 출신의 근위대 장병이 대거 가고시마로 돌아갔기 때문에 이를 보충하기 위함이었다. 그래서 정부에서는 진대병 중에서 "강건하고 품행이 바른 자"를 선발해 5년간 더 근위대에 근무하게 했다.

근위병으로 뽑히는 것은 명예로운 측면이 있었다. 또한, 앞에서 말한 것처럼 급여도 오르고, 예비역(당시 용어로는 후비군後備軍)에서 면제된다는 규정까지 있었다. 하지만 이런 조건이 병사들에게 있어 후한 대우·은전恩典으로 받아들여졌는지는 의문이다. 오히려 군 복무가 크게 연장되어 고통이 늘었다고 생각했을 것이다. 급여가 올랐다고 해도 원래 병사의 급여 자체가 많지 않았기 때문에 별 매력이 없었다. 게다가 기대한 논공행상은 이루어지지 않고, 재정 절약으로 급여가 삭감되고, 나아가 경비 절약을 위해 병영의 일상에서도 갖가지 절약을 강요받았다. 반란의 저류에는 이러한 상황이 있었다.

근위포병이 자신들의 궐기를 반란이라기보다 강소(집단으로 호소함)라고 생각했던 것에도 주목할 필요가 있다. 막말 이후의 혼란기에 성장한 그들에게 농민들이 행했던 '강소'라는 집단행동은 그리 낯선 것이 아니었다. 게다가 그들은 세이난전쟁에서 과거의 지배 계급, 즉 사족으로 이루어진 사쓰마군을 패배시켰다. 최신 무기를 다루는 포병으로서 일반 장교에 못지 않는 일을 한 것이다. 그만큼 그들은 자신감에 넘치고 상관 혹은 군 중앙부에 대해서도 도

---

47 정한론(征韓論). 조선을 정벌하자는 주장으로 메이지 정부 초기에 나타났다. 사이고 다카모리 일파가 강하게 주장했으나 받아들여지지 않았다. 이후 사이고와 그 일파는 메이지 정부를 떠나 고향 가고시마로 돌아갔고, 세이난전쟁 이전까지 그곳에서 세력을 키웠다.

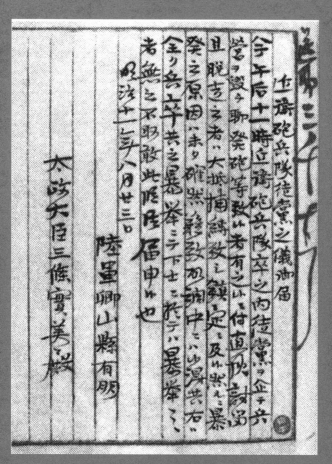

야마가타 아리토모의 「다케바시 사건 보고서」(국립공문서관 소장)

전적인 병사들이었던 것 같다.

당시의 병영 생활은 오늘날 우리가 생각하는 것 이상으로 자유로웠다고 한다. 특히 그해 여름은 더웠기 때문에 오후에는 훈련을 쉬고 병영 밖으로 외출도 가능했다. 그러므로 병사들은 병영 밖에서 모여 강소 계획을 추진할 수 있었다.

훗날의 내무반과 비교하면 이 시기의 병영 생활은 지나치게 규칙적이지도 않았고 부조리가 횡행하는 장소도 아니었다. 하지만 지나친 자유는 자칫하면 군기 이완, 통제 완화로 이어질 수 있다. 꼭 근위포병이 아니라도 당시에는 군 복무 중에 나쁜 행동을 배워서, 제대한 후에 가업을 게을리하고 가족들을 걱정시키면서 주위의 빈축을 산 예가 있었다. 그래서 이런 점을 우려한 부모들이 징병 기피를 부추기는 경우가 있었다고 한다. 육군경[48] 야마가타 아리토모는 사건이 발생하기 전에 보낸 편지에서 근위병들의 불만을 알고, "개혁을 하지 않으면 장래에 군기 유지가 매우 어려울 것이라고 깊이 느끼고 있습니다"라고 밝혔다. 그리고 다케바시 사건은 야마가타에게 다시금 군기 확립의 중요성을 통감하게 했다.

---

48   육군경(陸軍卿). 육군부 장관에 해당.

3. 군기의 확립 ─────────────

군기와 봉건 의식

사실 다케바시 사건 발생 약 3개월 전에는 메이지 정부를 이끌고 있던 오쿠보 도시미치가 암살되었다. 메이지 정부의 입장에서는 세이난전쟁, 오쿠보 도시미치의 암살, 다케바시 사건 순으로 악재가 이어진 셈이다. 잇따라 벌어지는 불상사로 정부는 크게 흔들렸다. 최대의 내란인 세이난전쟁을 극복하긴 했지만, 안정된 기반을 마련하기에는 여전히 부족했다. 특히 권력을 밑에서 지탱해주어야 할 군대가 동요하는 것을 보고 메이지 정부의 지도층은 큰 충격을 받았다. 그들은 군대가 동요하고 있는 원인을 군기 확립의 부재에서 찾았다. 군기 확립의 부재는 다케바시 사건에서 처음 나타난 것이 아니다. 앞에서 여러 번 지적한 것처럼, 사족병, 특히 군위대 내의 사족병들은 근대적인 군기에 잘 적응하지 못했다. 그리고 다케바시 사건은 사족병을 대체하는 징집병의 군기에도 문제가 있음을 보여주었다.

군기가 확립되지 않은 예를 세이난전쟁 이전부터 짚어보도록 하자. 가장 두드러진 예는 정한론 논쟁을 둘러싼 근위병의 움직임이다. 당시 정부 수뇌부는 정한론을 둘러싸고 심하게 대립하고 있었다. 그때 사쓰마 출신의 육군 소장 기리노 도시아키와 시노하라 구니모토는 군대에서 정한론을 설파하고 다녔다. 또 사이고 다카모리가 재야로 내려가자 사쓰마 출신 근위병들은 두 차례에 걸친 천황의 만류에도 대거 사표를 내고 가고시마로 돌아갔다. 이를 보고 기도 다카요시는 "군인이 정부의 뜻에 대해 시비를 논하고, 나아가 진퇴를 모의하는 등 나라가 나라다운 모습을 갖추지 못했으니 실로 개탄을 금할 수 없다"라고 평했다. 이것이야말로 군인이 정치적 문제에 직접 관여하고, 스스로 정치화된 전형적인 사례이다.

나아가 그 여파로 1873년 12월, 구마모토 진대의 병사 중 일부가 폭동을 일으켜 병영을 파괴·방화하는 사건이 발생했다. 비슷한 시기에 더욱 놀라운 일도 벌어졌다. 구마모토 진대의 가고시마 분영에서 화재가 발생했고, 그곳에 주둔한 사족병들이 폭동을 일으켜 멋대로 부대를 해산하고는 귀향해 버린 것이다. 그들은 사이고 다카모리의 휘하로 달려갔다. 전대미문의 어처구니없는 사건이었다.

이러한 사건을 통해 우리는 당시 군인들이 여전히 봉건적인 의리와 소속감을 중요시했다는 사실을 엿볼 수 있다. 사이고가 정부를 떠나자 그를 따라 사쓰마 출신 장병들이 가고시마로 돌아갔다는 사실은 그들의 충성심이 아직도 국가가 아닌 번(혹은 번의 지도자)을 향하고 있었음을 보여준다. 제도로서의 봉건적 분권제는 해체되었지만, 그렇다고 거기에 따른 의식까지 사라진 것은 아니었다.

군인들이 정치 문제에 관여하고, 극단적으로는 폭동을 통해 자신들의 정치적 주장을 표현한 것은 그들이 가진 봉건적인 엘리트 의식에 따른 행동이었다. 일본의 봉건제하에서 무사는 단순한 군사 엘리트가 아니었다. 그들은 군사뿐만 아니라, 정치와 행정까지 담당하는 지배 엘리트였던 것이다. 그러한 이유로 그들은 메이지 시대에 들어서도 정치 문제를 언급했다. 정치 문제에 관심을 가지고, 정치 문제에 대해 발언하며 정치적 주장을 위해 행동하는 것이 엘리트로서의 당연한 모습이라고 생각했다. 봉건적 신분제는 해체되었지만, 신분제에 입각한 엘리트 의식은 여전히 남아 있었던 셈이다. 이러한 의식은 어쩌면 징집병 출신의 근위대 병사에게도 영향을 끼쳤는지도 모른다.

「독법」

위와 같은 봉건 의식은 군대 질서, 즉 군사 조직의 근간을 뒤흔들 정도로 위험하다. 메이지 정부도 이 점을 잘 알고 있었다. 그래서 조속한 군기 확립의 필요성을 통감했다.

예를 들어 1872년 1월, 병부성은 군인이 지켜야 할 규범으로 「독법讀法 8개조」를 제정했다. 「독법」은 충성을 기본으로 삼고 상관에 대한 경례와 복종, 동년배에 대한 온화함을 설명하면서 도당徒黨, 탈주, 약탈, 도박, 강매, 금전 사담, 싸움, 방탕, 주정, 사기, 나태, 겁약 등을 금지하고, 혹시 그런 행동을 한 경우에는 형벌을 부과한다고 밝히고 있다. 특히 도당을 만드는 것, 무기를 가진 채 탈주하는 것을 엄격하게 처벌했다. 「독법」에 쓰어있는 금지 사항은 그러한 행위가 빈번했다는 것을 말해준다. 군대에서는 입대 선서식을 하는 병사에게 「독법」을 들려준 다음, 서명과 날인을 시키고 서약을 하게 했다. 「독법」의 사항은 몇 차례 수정되었으나 그러한 '의식'은 1934년까지 계속되었다.

「독법」 제정 직후에는 해육군형률이 공포되어 엄격한 형벌이 정해졌다. 항명 및 도당 죄에 대한 형벌은 특히 준엄했다. 하지만 군인 범죄는 꾸준히 증가했다. 당시의 통계에 의하면 군인 범죄자는 1874년에 약 70명, 1875년에는 약 530명, 1876년에는 약 1,080명이었다. 승진하면 병역 기간이 길어지기 때문에 고의로 죄를 저지르는 징집병도 있었다고 한다. 어쨌든 직업으로서 복무하던 사족병을 대신해 징집병이 늘어나면서 범죄도 늘어난 것이다. 이러한 사태에 대처하기 위해 정부는 다케바시 사건을 가장 엄중한 항명 및 도당의 죄로 엄격하게 다스렸다.

군기 확립의 이유에는 세이난전쟁의 교훈도 있었다. 정부군은 수적으로 열세인 사이고군이 장기간 완강하게 저항한 것은 그 강인한 정신력에 있다고 판단했다. 무기나 훈련의 측면에서는 정부군이 우위에 있지만, 정신력의 측면에서는 사족병으로 이루어진 사이고군이 뛰어났다는 것이다.

그런데 군기를 확립해 가기 위해서는 몇 가지 모순이 존재했다. 먼저, 사족의 봉건 의식을 부정해야 했다. 그리고 동시에 사족에 뒤지지 않는 정신력을 징집된 장병들에게 심어주어야 했다. 그래서 강인하면서도 통제된 군대를 만들어야 했다. 그러나 국민개병이란 이념하에 징집된 병사들은 그다지 병역을 환영하지 않았다. 더욱이 막말·유신의 혼란기를 거치면서 군인들의 질서는 크게 흐트러져 있었다. 따라서 그러한 군인들을 상관의 명령에 복종시키고 강인한 정신력의 소유자로 만들며, 나아가 사회적으로 존경받는 존재로 만드는 것이 군기 확립의 목표였을 것이다. 물론 목표를 달성하기란 쉽지 않았다.

세이난전쟁이 끝나서 큰 사태가 해결되었다고 생각한 야마가타 아리토모는 새롭게 군기 확립에 착수했다. 그래서 자문역인 니시 아마네(1829~1897)에게 군인의 행동 규범을 기초하도록 지시했다. 그리고 니시가 군인의 행동 규범을 거의 완성했을 무렵, 다케바시 사건이 일어났다.

「군인훈계」

니시가 기초한 행동 규범은 다케바시 사건 약 2개월 후인 1878년 10월 중순, 야마가타 육군경의 이름으로 인쇄·공포되었다. 이것이 「군인훈계軍人訓戒」이다. 당시에도 육군의 법제와 규칙은 존재했었다. 그러나 이것들은 외형적인 것일 뿐 정신적으로는 여전히 미숙했다. 따라서 앞으로는 외형적인 것과 함께 정신적인 것을 발달시켜야 했다. 이것이 「군인훈계」를 만든 취지였다.

「군인훈계」가 군인 정신을 형성하기 위한 것으로 내세운 것은 충실, 용감, 복종 이렇게 세 가지였다. 여기에 군인의 행동 규범을 상당히 구체적으로 열거했다. 예를 들어 「군인훈계」는 '성상聖上'(천황)에 대한 공경, 군대 내 계급 질서의 준수, 문관에 대한 경의, 평민에 대한 정중한 응대, 경찰관과의 협력 그리고 부하에 대한 대우, 동료와의 교제 등 여러 가지를 규정했다.

주목할 만한 것은 복종과 정치 관여 금지를 규정한 부분이다. 우선 복종에 관해서는 다음과 같이 서술하고 있다. "상관의 명령은 아무리 부조리하다고 생각되어도 이를 따라야 한다. 명령이 부조리하다고 생각되는 경우, 일단 이에 복종한 다음에 정당한 절차를 밟아 항의할 수 있다. 단 이렇게 항의하는 경우, 도당을 조직하는 것은 절대로 금지한다."

일본 육군은 위와 같은 복종의 규정을 프랑스군의 교범에서 받아들였다. 사토 도쿠타로에 의하면 이것은 19세기 초 나폴레옹 전쟁의 산물이었다. 나폴레옹 전쟁에서 전투 방식은 진지전에서 기동전으로 바뀌었고, 프랑스에서는 혁명 중에 국민개병제가 실시되었다. 따라서 한 번의 회전[49]에 투입되는 병력 규모가 그 전과 비교해 비약적으로 커졌다. 그래서 대군단 몇 개를 교묘하게 운용해서 이것을 적시에 집중시켜 적의 약점을 찌르는 것이 용병의 기본이 되었다. 이러한 작전을 위해서는 최고 사령관의 의지가 각 부대의 말단까지 철저하게 전달되어 전군이 그가 명령하는 대로, 말하자면 손발처럼 움직여야 한다. 그렇지 않으면, 적시 적소에 여러 개의 대군단을 집중시킬 수 없기 때문이다. 명령에 대한 절대복종은 여기서 유래되었다.

49　회전(會戰). 대규모 군대를 동원한 결전.

부조리하게 생각되는 명령이라도 일단 복종해야 한다는 규정은 일본 특유의 것이 아니다. 사실 명령에 대한 복종은 전투를 목적으로 하는 군사 조직의 본질이자 기본 원리다. 명령에 대해 일일이 타당성을 의심하고, 주저하며 망설인다면 전장에서의 작전은 실패한다. 더구나 몇 개의 대군단을 기동전으로 전개하는 경우에는 특히 그렇다. 복종은 강인하면서도 순종하는 군대를 만드는 근간이 된다. 문제는 그 복종의 근거였다. 봉건 시대에는 신분제가 있어서 무사의 경우, '은혜'에 대해 '봉공奉公'이라는 관념이 있었다. 그러나 근대적 국군을 만들기 위해 봉건 의식은 부정되어야 했다.

그런데 「군인훈계」에서는 "지금의 군인은 설령 세습되지 않아도 무사라고 해도 무방하다"라고 기술하고 있다. 「징병고유」에서의 신랄한 무사 비판과는 달리 무사도 정신을 긍정적으로 평가하고 있는 셈이다. 이미 징병으로 입대한 병사들이 사족병을 대체하고 있기 때문에 봉건 의식을 부정할 필요가 없고 오히려 봉건적인 무사도를 내세워 복종의 근거로 삼으려는 듯하다.

그러나 근대의 군사 조직과 계급 질서하에서 상관에게 복종하는 것과 봉건제와 신분 및 문벌하에서 상위 계급자에게 복종하는 것은 결코 같은 것이 아니었다. 그래서 「군인훈계」가 무사도를 내세우며 강조한 정신적인 요소는 충용忠勇, 즉 충성심과 용감성이지 복종의 직접적인 근거는 아니었다. 요컨대 「군인훈계」에서 복종의 근거는 아직 정해지지 않았다. 그렇다면 과연 무엇을 근거로 군인에게 절대복종을 요구할 것인가?

이 무렵, 군인의 불복종 행위는 정한론 논쟁에 대한 근위병의 행동, 다케바시 사건이 보여주듯 정치 행동이라는 형태로 나타나고 있었다. 그래서 당시에는 불복종과 정치 행동 혹은 복종과 정치 관여 금지 사이에 서로 연관성이 있다고 생각했을 것이다.

정치 관여 금지에 대해 「군인훈계」는 "정치의 시비를 따지고 헌법을 사적으로 해석하며, 관청 등에서 포고한 여러 규칙을 비판하는 식의 거동은 군인의 본분에 어긋나는 것"이라고 규정하고 있다. 또한, 「군인훈계」는 군인 한 사람이 정치 행동을 하면 다른 사람 역시 모두 모방해서 결국에는 상층부를 경멸하게 되는 단서가 되기 때문에 그 폐해를 가늠할 수 없다고 한 다음, 군인으로서 정치에 대해 진지하게 생각하는 바가 있으면 온당한 방법으로 그 뜻을 이루는 것도 어렵지 않다고 제안하고 있다. 그리고 이어서 "그런데도 조잘조잘 멋대로 논변하고, 걸핏하면 시사時事에 강개慷慨해서 민권 등을 주창하며 본분이 아닌 일을 스스로 맡고, 무관으로서 초야의 선비처럼 함부로 논의하며 서생의 미친 행태를 흉내 내어 스스로를 과장한다"라고 비난하고 있다. 그러면서 이런 일은 본래 있어서는 안 되는 일이고, 군에서 정한 절차를 거치지 않고 건의하는 것도 허용할 수 없다고 밝히고 있다. 물론 군인의 소관과 상관없는 관헌에게 건의하는 것도 엄격히 금지되었을 것이다. 여기에 더해 「군인훈계」는 신문이나 잡지에 익명으로 투서를 보내서 시사를 논하는 것도 본분에 어긋나는 일이라고 하면서, 무릇 군인은 군적軍籍에 들어갈 때 이미 천황을 받들고 조정에 충성할 것을 맹세한 사람이기 때문에 그 초심을 조금이라도 부끄럽게 해서는 안 된다고 지적하고 있다.

여기서 주의할 것은 「군인훈계」가 금하고 있는 행동이 실제로 있었다는 점이다. 앞에서 언급한 것처럼 사족 출신 장교의 경우, 봉건적 엘리트 의식에서 정치적 언동을 하는 사람이 존재했다. 또 군의 상층부에서는 민권론[50]의 영향이 사족 출신 장교뿐만 아니라 징병 출신의 하사관·병사에게도 미칠 것을

---

50 메이지유신 이후 일본에서는 서구 민주주의의 영향을 받아 자유민권운동이 퍼져나갔다. 민권론은 자유민권운동의 정치사상이다.

우려했다. 다케바시 사건과 관련해서 당시 육군재판소는 폭동 원인의 하나로 "징병제를 논의하고 민권론의 영향을 받는 등"이라고 지적했다.

왜 군인은 정치에 관여하면 안 되는 것일까? 그 이유를 「군인훈계」에서는 군인의 본분에 어긋나기 때문이라고 설명한다. 즉, 군인이 된 사람은 천황과 조정에 충실해야 하고, 상관을 공경하며 그 명령을 따라야 하기 때문이라는 것이다. 결국, 「군인훈계」는 정치 관여는 군인의 본분에 반하는 것이고, 군인의 직분은 오직 군사이며 더 이상 봉건 시대의 정치 엘리트가 아니라는 점을 분명히 했다.

정치 관여

그런데 「군인훈계」가 나온 뒤에도 군인이 정치에 관여하는 일은 사라지지 않았다. 오히려 자유민권운동[51]이 기세를 떨침에 따라 그 영향으로 자유 민권에 공감을 표시하는 군인도 나타났다. 그러한 행동은 특히 1880년에 들어서 더욱 두드러졌다.

예를 들어 오사카 진대의 한 오장伍長은, 고향인 가나가와현의 현민에게 국회의 개설을 위해 전력을 다하라는 격문을 만든 다음, 이를 현령에게 보내서 관내에 공포하도록 요구했다고 한다. 또 도쿄 진대의 어느 오장은 정부가 국회 개설의 청원을 받아들이지 않는다고 항의하며 궁내성[52] 앞에서 죽음을 무

---

51 국민의 자유와 권리를 주장한 정치 운동으로, 메이지 시대 초기에 널리 전개되었다.
    서구의 의회민주주의에 입각해 메이지유신을 주도한 집권 세력을 비판했으며, 정부에
    대해 국회 개설을 강하게 요구했다.
52 궁내성(宮內省). 황실에 대한 사무를 처리하는 부서. 육군성, 해군성, 대장성 등과 나

릅쓰고 간하려고 했다.

정부는 자유민권운동의 영향을 우려해 1880년 4월 집회 조례를 반포했다. 조례는 군인, 경찰관, 교원, 학생이 정치를 논의하는 집회·결사에 참가하는 것을 금지했다. 그럼에도 군인이 정치에 관여하는 사건은 끊이지 않았다. 앞에서 언급한 사건도 집회조례가 반포된 후에 발생한 것이다.

군인의 정치 관여 사례 중 가장 유명한 것은 1881년 9월 육군 중장 도리오 고야타, 육군 중장 다니 다테키, 육군 중장 미우라 고로,[53] 육군 소장 소가 스케노리라는 4명의 장군이 정부의 개척사 국유물 불하[54]에 항의하는 상소문을 천황에게 보낸 사건이다. 일명 '4장군 상소 사건'이라 불리는 이 사건은 이른바 '메이지 14년의 정변'[55]의 일환으로 벌어졌다. 이 정변으로 즉각적인 국회 개설開設을 주장하던 오쿠마 시게노부가 정권에서 배제되고, 국유물의 불하 계획도 철회되었다. 정치 참여를 넓히기 위한 국회 개설 요구도 커졌는데, 그 결과 1890년에 국회를 개설한다는 칙유勅諭도 발표되었다.

장군 4명의 행위가 무사적 윤리관에서 나왔다는 것은 두말할 필요가 없다. 그러나 이것이 군인의 정치 관여라는 점은 명백하다. 이 무렵, 오사카 진대의

란히 성(省)이다. 전후 궁내청(宮內廳)으로 바뀌었다.

53 미우라 고로(三浦梧樓, 1846~1926). 일본의 군인, 정치인. 야마가타 아리토모로 대표되는 육군 주류와 대립하다가 예편했다. 이후 조선 공사로 부임해 명성황후를 시해한 것으로 유명하다.

54 1881년, 메이지 정부의 지도급 인사이자 홋카이도 개척사 장관 구로다 기요타카(黑田清隆)는 개척사의 관유물을 헐값에 불하하려고 했다. 그러나 이같은 정부의 조치는 특혜 시비를 불러일으키며 언론의 격렬한 비난을 받았다. 결국, 정부는 불하 계획을 취소했다.

55 메이지 14년, 즉 1881년에 일어났다. 당시 메이지 정부 내에서는 국가체제를 둘러싸고 독일식과 영국식이 대립하고 있었다. 이때 이토 히로부미를 필두로 한 주류 세력은 독일식 헌법과 국가체제를 지지하며 영국식 헌법과 의원내각제, 즉각적인 국회 개설을 주장하던 오쿠마 시게노부 등을 정부에서 추방했다. 이것을 '메이지 14년의 정변'이라고 한다.

한 오장은 국회 개설을 건의하기 위해 탈영했고, 히로시마 진대의 병사 몇 명도 개척사 국유물 불하에 반발해 탈영했다. 이들은 모두 국회를 개설한다는 칙유를 듣고 돌아와서 자수했다고 한다.

「군인칙유」

이러한 사태에 대처하기 위해 1882년 1월에 공포된 것이 「군인칙유軍人勅諭」이다. 「군인칙유」는 아직 충분히 확립되지 않은 군기가 자유민권운동의 확산으로 동요하고 있다는 판단하에 만들어졌다. 초안은 야마가타 아리토모의 지시로 2년 전에 니시 아마네가 작성했었다. 그리고 이를 토대로 이노우에 고와시, 후쿠치 겐이치로가 수정해서 최종안을 완성했다. 주목할 만한 것은 1880년에 초안을 작성하기 시작했다는 점이다. 물론, 작성 계기는 자유민권운동이 군대에 미칠 영향에 대한 우려였다. 특히 도리오 고야타 등의 일명 '4장군 상소 사건'이 우려를 더욱 심화시켰다.

「군인훈계」와 더불어 「군인칙유」도 니시 아마네에 의해 초안이 작성되는데, 동일인이 작성한 것인 만큼 여기에 사용된 논리도 거의 같았다. 단, 표현상의 스타일은 상당한 차이가 있었다. 즉, 「군인훈계」는 약간 난해한 표현을 사용했지만, 「군인칙유」는 구어체를 많이 썼다. 전자는 주로 장교를 대상으로 한 것이었는 데 반해, 후자는 일반 병사도 이해할 수 있도록 배려한 것이었다.

「군인칙유」의 최대 특징은 국군이 천황의 군대라고 강조하고 있다는 점이다. "우리나라의 군대는 대대로 천황이 통솔해 오셨다"라고 한 후 역사를 풀어가면서 "그런고로 짐은 그대들을 팔다리처럼 의지하고, 그대들은 짐을 머리로서 우러르면 그 친숙함은 특히 깊어질 것이다"라며 천황과 군인 간의 특수 관계를 강조했다.

「군인훈계」의 경우, 행동 규범(혹은 군인 정신)의 기본 요소로서 충실, 용감, 복종 3개를 언급했는 데 반해, 「군인칙유」는 충절, 예의, 무용, 신의, 검소 5개를 열거했다. 「군인칙유」는 「군인훈계」의 '복종'을 '예의' 항목에서 다루고 있다. 여기에는 "하급자는 상관의 명령을 받들 것이며 그것은 실은 짐의 명령을 직접 받는 것임을 명심하라"라는 유명한 문구가 나온다. 이렇게 해서 복종의 근거는 천황에 대한 충성이 되었다.

그렇게 군대 내의 봉건적 신분제는 완전히 해체되었다. 이제는 상관의 신분이 높아서 복종한다는 개념도 사라졌다. 사이고와 근위병의 예에서 보듯이 상관 개인의 인격에 복종한다는 것도 바람직하지 못한 것으로 간주되었다. 상관이 어떤 인물일지라도 그가 명령권을 가지고 있는 한 그 명령에 복종해야 했고, 병역을 못마땅해하는 징집된 병사들도 여기에 따라야만 했다. 아직 '국민'이라는 의식이 자리 잡지 못했지만 말이다.

그렇게 되면, 천황의 권위가 복종을 요구하는 근거가 된다. 천황에게 충성을 맹세하고 천황의 명령에 복종한다는 명분이 상관에게 절대복종하는 근거가 되는 것이다. 당시의 천황은 '국가', '국민'이라는 새로운 관념을 나타내는 상징이었다. 따라서 「군인칙유」는 천황이라는 상징을 이용해 근대적 국군의 군기를 아래로부터 지탱해주는 복종 원리로 보아야 한다.

이것은 군인의 정치 관여 금지와도 통하는 면이 있다. 「군인칙유」에서 정치 관여 금지는 충절 항목에 들어가 있다. 즉, "군인은 충절을 다한다는 것을 본분으로 삼아야 한다"로 시작하는데, 마지막에는 "여론에 휘둘리지 말고 정치에 상관하지 않고, 오직 한 가지 자신의 본분인 충절을 지킬 것이며, 의義는 태산보다

무겁고 죽음은 깃털보다 가볍다는 것을 각오해야 한다"라는 구절이 나온다.

여기서 충절(충성)의 대상은 국가일 뿐, 천황이라고 명시되어 있지 않다는 점에 주목하는 의견도 있다. 그러나 국가와 천황의 구별은 별로 중요하지 않다. 앞에서 언급한 것처럼 천황은 '국가' 통합의 상징이다. 그러므로 국가에 대한 충성은 천황에 대한 충성과 거의 같은 의미로 받아들여지기 마련이다. 참고로 칙유는 반복해서 국군이 천황의 군대라고 밝히고 있다.

국가(혹은 천황)에 대한 충성을 강조한 것에는 두 가지 의미가 있다. 첫째는 번(혹은 번주)에 대한 충성이 아니라, 국가(혹은 천황)에 대한 충성을 강조하고 있다는 점이다. 충성의 대상을 이전의 봉건 영주에서 천황이라는 국가 통합의 상징으로 바꾸고, 이를 통해 군대가 국군임을 새롭게 선포한 것이라고 할 수 있다. 이런 의미에서 천황에 대한 충성은 근대적인 메시지를 포함한다.

둘째는 군인의 정치 관여 금지가 천황에 대한 충성에서 유래한다는 점이다. 즉, 천황에게 충성을 맹세했기 때문에 군인은 천황이 인정한 정부 정책을 따르고 그 시비를 논하지 않으며, 또한 주위의 정부 비판에도 영향받지 않고 국가를 위해 헌신한다는 논리이다. 「군인칙유」 작성에 관여한 바 있는 이노우에 고와시는 자신이 기초한 의견서에서 다음과 같이 논했는데, 그 논리는 완성된 「군인칙유」에도 적용되었다.

천자(天子)[56]는 병마의 원수(元帥)이고 군인은 왕실의 심복이다. 따라서 군인 된 자에겐 오로지 나라를 사랑하고 군주에게 충성하는 것이 의(義)라고 할 만하다. 당을 만들고 정사를 논의할 권리는 없다.

---

56 '하늘의 아들'이라는 뜻으로 보통 중국의 황제를 가리키는 말이다. 여기서는 일본 천황을 의미한다.

「군인칙유」 작성에 참여한 또 한 명의 인물 후쿠치 겐이치로는 보다 명확하게 칙유의 취지를 다음과 같이 해설했다.

조야에서 어떠한 정치 논쟁이 행해지더라도, 정치가 어떠한 당의 손에서 나오더라도, 그 정부가 우리 천황 폐하의 정부로서 그 정치가 천황 폐하가 맡기신 재상에게서 나온다면, 군인은 그 정부의 명령에 복종하고, 밤과 낮·추위와 더위에 상관없이 우리 천황 폐하에 대한 본분으로서 충절을 다하는 것이 중요하다.

쉽게 말해, 천황에 대한 충성을 내세우면서 군인은 정치에 관여하면 안 된다고 하고 있다. 「군인칙유」의 근대적인 측면을 잘 나타내주는 대목이다.

후쿠자와의 제실론

여기서 무척 흥미로운 것은 후쿠자와 유키치[57]가 「군인칙유」와 유사한 논리를 주장했다는 점이다. 1882년에 쓴 『제실론帝室論』에서 후쿠자와는 곧 개설하는 국회에 대해 논하면서 다음과 같은 위험성을 지적했다.

여기서 무서운 것은 군대가 어느 한쪽 정당에 가담하는 것이다. 설사 전국에서 다수를 차지하는 정당이라도 1개 소대의 병력이면 이를 해산시키고 의원을 포박하

---

57 후쿠자와 유키치(福澤諭吉, 1835~1901). 근대 일본을 대표하는 사상가이며 게이오 기주쿠(慶應義塾)대학의 설립자이다. 서구화의 일환인 문명개화에 찬성했고 새로운 세대가 학문에 힘쓸 것을 강조했다. 그리고 이러한 사회적 활력을 바탕으로 부국강병, 일본의 대외진출을 주장하기도 했다. 일본의 서구화를 사상적으로 뒷받침한 인물이다.

기란 간단하다. 우리나라의 군인 중에는 정치사상을 가진 자가 적지 않으며, 각 정당에 대해 좋고 나쁨, 친소(親疎)의 정이 있다. 정당이 이런 점을 이용하려 한다면 국회는 의원들의 토론장이 아닌 군인들의 전장이 될 것이다.

후쿠자와가 지적한 것은 바로 군의 노골적인 정치 개입이 갖는 위험성이었다. 군인 중에 "정치사상을 가진 자"가 적지 않다는 것은 아직 군인들에게 사족 엘리트 의식이 짙게 남아 있다는 것을 의미한다. 후쿠자와가 느낀 것이 바로 이런 점이었다. 그러면 군의 정치 개입을 배제하고 의회 정치의 건전한 발전을 도모하기 위해서는 어떻게 하면 좋을까? 후쿠자와는 여기서 제실(황실)의 존재 의의를 언급한다.

일이 이렇게 되면 이제 군인의 마음을 사로잡아 그 움직임을 제어해야 하고, 그러기 위해서는 반드시 제실에 의지해야 한다. 제실은 정치 사회에서 멀리 떨어져 밖에 있다. 군인은 오직 제실을 목적으로 움직일 뿐이다. 제실은 치우침도 없고, 당도 없어서 어느 한 정당을 버리지도 않고 도와주지도 않는다. 군인도 역시 마찬가지다. 대저 지금의 군인은 육군경·해군경의 명령에 따라 나아가고 물러나지만, 육군경·해군경은 그 형태를 지배하고 그 외면의 진퇴를 다스릴 뿐이다. 내부의 정신을 다스리며 그 마음을 사로잡는 인력(引力)은 오직 제실의 중심에 있다는 점을 알아야 한다. (…중략…) 제실은 오직 존엄하고 신성하며, 정부는 전쟁과 강화 두 개를 제실에 상주한다. 그중 최상의 하나를 친히 결재하시는 것을 실제로 보면 군인도 비로소 안심하고 각자가 정신적으로 제실과 직접 이어지게 된다. 제실을 위해 나아가고 물러나며 제실을 위해 생사를 건다는 각오를 한 다음에야, 비로소 적진을 향해 목숨을 던질 수 있을 것이다.

후쿠자와는 정치를 초월한(정치 사회 밖에 있는) 천황에게 충성을 바침으로써 군인이 정치에 개입하지 않고, 비정치적인 존재가 된다고 주장했다. 천황에게 충성을 바치기 때문에 군인은 천황이 인정한 정부의 방침을 따르고, 전쟁터에서 목숨을 걸고 국가를 위해서 싸움할 수 있다는 것이다. 여기에 사용된 논리는 「군인칙유」의 논리와 일맥상통하다.

칙유의 절대화

「군인칙유」가 철두철미하게 근대적이었다는 것은 아니다. 「군인칙유」의 가치관은 분명히 전통적 가치관이었다. 하지만 그 전통적인 가치와 전통적인 상징을 일부 바꿔서 해석하고, 이를 통해 근대적인 메시지를 전하려고 했다는 점이 중요하다. 후쿠자와의 논리와 칙유의 논리가 같은 이유도 여기에 있었다.

이러한 「군인칙유」의 모습은 오랫동안 통용되어 온 「군인칙유」의 이미지와 상당히 다르다. 오랫동안 통용되어 온 「군인칙유」의 이미지는, 군인들이 천황을 신격화하며 칙유를 이른바 성전聖典처럼 절대시했다, 는 것이다.

아마도 이러한 이미지는 '천황'이라는 단어가 나왔을 때 똑바로 서거나 억지로 칙어를 암송시킨 다음, 글자 하나 혹은 한 구절이라도 틀리면 부조리한 사적 제재[58]를 가하던 군대의 풍경 때문에 생겨났을 것이다. 하지만 이것은 「군인칙유」가 공포되었던 당시가 아니라 어느 정도 시간이 흐른 뒤의 풍경이다.

「군인칙유」는 본래 천황의 신격화도, 칙유 자체의 절대화를 의도한 것은

58　사적으로 행해지는 기압과 기타 가혹 행위.

「군인칙유」. 노기 마레스케(乃木希典, 1849~1912)가 필사한 것(『開国文化八十年史』).

아니었다. 하지만 칙유의 말(혹은 표현)이 훗날 오해를 불러일으키거나, 확대 해석되었던 것은 사실이다. 또한, 복종의 근거로 천황에 대한 충성을 내세우고, 천황에 대한 충성을 군인의 정치 관여 금지・정치적 중립성의 근거로 삼은 것도 이 시점에서는 어쩔 수 없었던 측면이 있다. 사실 「군인칙유」가 작성되었을 때는 그 이후에 발생할 사회적 변화와 그에 따른 대응은 고려되지 않았다. 훗날 진행된 「군인칙유」의 신격화・절대화는 칙유의 논리가 사회적 변화를 따라잡을 수 없었던 것에 일부 원인이 있다. 여기에 대해서는 나중에 다시 검토하기로 한다.

정치 관여 금지 규정

「군인칙유」가 공포된 전후로 군인의 정치 관여는 법률적, 명시적으로 금지되었다. 예를 들어 1881년 12월 해육군형률을 대신해서 제정된 육군형법과 해군형법은 "군인이 정사政事에 관한 사항을 상서・건의하거나 혹은 강연・논설하고, 문서로 이를 광고하는 자는 1개월 이상 3년 이하의 경금고輕禁錮에 처한다"라고 규정했다. '4장군 상소 사건'이 일어났을 때는 이를 처벌할 규정이 없었으나 해당 형법이 제정된 이후에는 그러한 행위가 처벌 대상이 되었다. 이어서 이듬해 2월에 개정된 부현회규칙은 현역 군인은 선거권과 피선거권을 갖지 못한다고 규정했다. 1889년 2월의 중의원의원선거법도 군인의 선거권과 피선거권을 부정했다. 1890년 7월에는 집회조례를 대신해 집회 및 정사법이 제정되었는데, 여기서도 집회조례와 마찬가지로 군인의 정치 집회 참석, 정치 결사 가입을 금지했다. 이 법은 1900년 3월에 폐지되고 치안경찰법으로 대체되었는데, 여기에도 비슷한 규정이 포함되었다.

이렇게 해서, 군인의 정치 관여는 「군인훈계」, 「군인칙유」를 통해 내면에서 억압되는 것은 물론, 법적인 조치로도 이중삼중으로 엄격히 금지되었다. 그리고 또 하나, 군인의 정치 관여 금지를 보증하기 위해 만들어진 제도가 있었다. 그것이 바로 통수권의 독립이다.

통수권의 독립

통수권의 독립이란, 작전과 용병用兵을 담당하는 군령기관[59]이 정부로부터 분리・독립해서 천황의 직접 지휘하에 들어가는 제도를 의미한다. 그 시초는 1878년 12월 참모본부가 태정관(정부)으로부터 독립해 천황 직속으로 편성된 것이다. 1878년은 다케바시 사건이 일어난 해이다. 그 수년 후에 공포된 「군인칙유」에서는 "병마兵馬의 대권은 짐이 통괄하고 직무별로 신하에게 맡기나, 그 대강은 짐이 친히 주관하며 구태여 신하에게 맡기지 않는다"라며 천황이 직접 군대를 통솔한다고 표현했다.

1885년 12월, 태정관 제도가 폐지되고 내각제도가 출범했을 때, 내각의 직권 규정은 통수 사항이 내각총리대신의 관할에 속하지 않음을 분명히 했다. 즉, 내각총리대신(수상)은 군대의 명령권을 갖지 못한다는 뜻이다. 이어서 1889년 2월에 공포된 헌법은 천황의 통수 대권을 명확히 규정하는 한편, 통수권 독립을 명시적으로 인정한 조문도 없고 그렇다고 그것을 부정하는 조문

---

59   군령기관(軍令機關). 군대의 명령권을 갖는 중앙기구. '통수부(統帥部)', '통수기관'이
     라고도 부른다. 당시 일본의 군령기관은 육군의 참모본부, 해군의 군령부였다.

도 없었다. 그러므로 1889년 2월에 공포된 대일본제국헌법은 사실상 통수권의 독립을 확인해주고 있다고 볼 수 있다.

그렇다면 도대체 무엇 때문에 통수권이 독립되었는가? 바꾸어 말하면, 군령기관(통수기관)을 정부로부터 독립시킨 이유는 무엇이었을까? 일반적으로는 그 이유를 세이난전쟁에서의 경험과 독일식 군제를 도입한 것 때문이라고 한다. 참모본부 설치를 추진한 가쓰라 타로(1848~1913)의 의견서와 회상을 토대로 한 분석이다. 그 분석은 대략 다음과 같다.

세이난전쟁에서 정부군은 정신적인 면에서 사이고군에 뒤떨어졌고 전략면에서도 결함이 두드러졌다. 예를 들어 세이난전쟁에서 정토참군征討參軍이었던 야마가타 아리토모와 구로다 기요타카 사이에 작전을 둘러싼 대립이 생겼다. 그러나 이 두 사람을 통제해야 할 정토총독 아리스가와노미야 다루히토 친왕은 무관이 아니었기 때문에 효과적으로 양쪽을 연계시킬 수 없었다. 그래서 야마가타가 이끄는 부대와 구로다가 이끄는 부대를 각자 따로 싸우게 했다. 그 외에 일원화되지 않은 전략 때문에 고전한 사례도 여러 번 있었다. 그 결과 세이난전쟁 이후에 전략 지도와 작전 지도의 결함을 개선해야 한다는 분위기가 생겨났다. 이러한 상황에서 1878년 7월, 가쓰라 타로가 두 번째 독일 주재(3년간)를 마치고 귀국했고, 그의 건의로 군정軍政과 군령軍令을 분리하는 독일식의 이원적 군제로 바뀌어 갔다. 즉, 군정(군사 행정) 사항은 육군경(훗날의 육군대신)이 담당하고, 군령(작전·용병) 사항은 육군경과 대등한 지위의 참모본부장(훗날의 참모총장)이 담당하는 제도로 바뀌었다는 것이다.

하지만 정말로 이유는 그것뿐이었을까? 여기에는 정치적인 이유도 있었다. 첫째, 제2의 사이고 다카모리가 출현하는 것을 막자는 것이었다. 정한론 논쟁 당시 사이고는 필두참의이자 근위도독(근위병 사령관), 나아가 육군의 유일한 대장이었다. 결국, 그는 정치세력의 지도자이면서 군사 분야의 최고위직(사실상의 최고 사령관)이었던 셈이다. 그래서 정한론을 둘러싼 정치 논쟁이 직접 군대로 파급되었고, 그가 하야할 때는 근위병을 포함한 상비군이 크게 동요했다.

제2의 사이고의 출현을 막는다는 것은 특정 인물이 정부 지도자이면서 동시에 군의 최고 사령관이 되는 것을 막자는 것이었다. 이른바 정권과 병권과의 분리이다. 이를 위해 메이지 정부의 지도자들은 정치와 군사를 기능적으로 철저히 분리하고, 각 기능을 담당하는 기관도 각각 떨어뜨려 놓는 것이 효과적이라고 판단했다. 단, 초대 참모본부장은 참의 겸 육군경이었던 야마가타 아리토모가 취임했다. 참의는 그대로 유지하고 육군경에서 참모본부장으로 자리를 옮긴 것이다. 그리고 나중에는 참의 겸 육군경이었던 오야마 이와오[60]가 잠시 참모본부장을 겸임하기도 했다. 참의, 즉 정치 지도자가 육군의 최고 사령관을 겸한 것이다. 그러나 이것은 과도기적인 조치로, 그 후 내각제도가 채택된 뒤에는 수상 혹은 각료가 참모본부의 장으로 취임하는 일은 거의 없어졌다. 유일한 예외는 태평양전쟁 당시 도조 히데키[61] 수상이 육상陸相(육군대신)과 참모총장을 겸임한 일이다.

둘째, 정권과 병권의 분리 즉, 군대를 정치에서 분리해 그 정치적 중립성을

---

60 오야마 이와오(大山巌, 1842~1916). 일본의 육군 군인이자 정치가. 군인으로서 메이지 정부의 수립과 안정에 크게 기여하고, 야마가타 아리토모와 함께 육군의 주류를 이루며 독일식 육군 개혁에 힘썼다. 청일전쟁, 러일전쟁에서도 지휘관으로 활약했다. 이토 히로부미, 야마가타 아리토모, 구로다 기요타카 등과 함께 메이지 정부의 지도그룹을 이룬 인물이다.

61 도조 히데키(東條英機, 1884~1948). 일본의 육군 군인이자 정치가. 태평양전쟁 이전부터 육군대신으로서 대미 강경책을 주장했고, 수상이 되어 미국과의 전쟁을 결정했다. 태평양전쟁을 이끌며 독재적 권력을 행사했다. 제2차 세계대전 후 전범으로 기소되어 사형당했다.

확보하자는 것이다. 이것은 당시 고조되고 있었던 자유민권운동에 대한 예방 조치이기도 했다. 쉽게 말해서, 설령 자유민권파가 정권에 참여해도, 그 정치적 영향력이 군령 사항을 통해 군대에 직접 미치지 못하도록 제도적으로 예방한 것이다. 이것도 통수권을 독립시킨 이유 중 하나이다. 사실 참모본부 설치 수개월 전에 발생한 다케바시 사건에는 민권파의 영향도 작용했다. 이런 점에서 볼 때, 통수권의 독립은 자유민권운동 확산에 대한 예방 조치이기도 있다.

셋째, 군령기관을 천황 직속으로 함으로써 천황에 대한 군인의 충성을 강화하자는 것이다. 「군인훈계」・「군인칙유」의 작성과 공포를 주도한 야마가타 아리토모는 가쓰라 타로의 방책을 받아들여 통수권의 독립을 추진했다. 그 이유는 아마도 두 사람의 정책이 공통된 생각과 의도를 포함했기 때문이 아닐까? 앞서 언급한 후쿠자와 유키치의 생각도 비슷한 듯하다. 후쿠자와도 이미 제도화된 통수권의 독립을 비판하지 않고 이를 용인했다.

그렇게 생각해 볼 때, 「군인훈계」・「군인칙유」는 군인의 도덕(혹은 군인 정신)이라는 측면에서 천황 및 국가에 대한 충성을 확보하기 위한 것이었고, 통수권의 독립은 국가 기구와 제도적인 측면에서 천황 및 국가에 대한 충성을 확보하기 위한 것이었다고 볼 수 있다. 요컨대 통수권의 독립은 군의 정치 개입을 의도하고 만들어진 제도가 아니었다. 오히려 이것은 군의 정치적 중립성을 담보하고 군의 정치 관여 금지를 보증하기 위한 것이었다.

그러나 이후의 역사는 우메타니 노보루 씨가 지적했던 것처럼 "제도는 처음 만들어진 때의 의도를 훨씬 초월해서 작용한다"라는 쪽으로 전개된다.

제2장

성장

1. 전문직으로의 길 ──────────────

우가키 가즈시게의 괴문서

1913년 초여름, 육군성 군사과장 우가키 가즈시게(1868~1956) 대좌는 「육해군 대신 문제에 관하여」라는 괴문서를 배포해 물의를 일으켰다. 그리고 지방으로 좌천됐다. 당시는 다이쇼 데모크라시[1] 시대였는데, 자유주의·민주주의 사조를 배경으로 군부대신현역무관제[2]에 대한 정당과 여론의 비판이 높

---

1 근대 일본에서 자유주의·민주주의가 발달했던 시기. 대략 러일전쟁 이후부터 1920년대 후반까지이다. 이 시기에 참정권의 확대, 정당과 의회의 강화가 이루어지고, 자유주의·민주주의가 사조가 크게 유행했다. 다이쇼(大正)는 당시에 재위했던 다이쇼(大正, 재위 1912~1926) 천황의 연호이다. 자유주의·민주주의 시대가 다이쇼 시대와 많이 겹치기 때문에 이 시기를 다이쇼 데모크라시라고 부른다.
2 군부대신현역무관제(軍部大臣現役武官制). 군부대신은 육군성의 육군대신, 해군성의

아지고 있었다. 이때 야마모토 곤베에(1852~1933) 내각은 최소한 예비역과 후비역[3] 장성은 군부대신에 취임할 수 있도록 제도를 개정한다는 방침을 세웠다. 그러나 우가키 대좌는 이 제도 개혁을 격렬히 비난했다. 그는 상사에게 보고하지 않고, 무단으로 서명이 없는 의견서를 평소 알고 지내던 신문 기자에게 넘겼다. 그리고 인쇄를 부탁한 다음, 인쇄된 문서를 여러 방면으로 배포했다. 우가키는 제도 개혁 반대에 대해 네 가지 이유를 내세웠다. 즉, 예비역·후비역 군인을 군부대신으로 임명하게 되면 ① 군인으로서 가장 피해야 할 당파적 사조를 조장한다, ② 군사상의 발전을 저해한다, ③ 명령·복종 관계를 파괴한다, ④ 신성한 통수권의 작용作用을 저해한다는 것이다.

이 시점에서 이미 통수권의 독립이 군의 기득권 옹호를 위한 논리로 사용되고 있다는 것이 흥미롭다. 우가키의 행위는 정부 방침을 비판하는 괴문서를 뿌렸다는 점에서 군인의 정치 관여 금지를 위반한 것이다. 그러나 이는 통수권의 독립 옹호라는 논리로 합리화됐다.

하지만 보다 주목해야 할 것은 군부대신현역무관제 옹호를 위해 쓰인 논거, 특히 ①과 ②의 내용이다. 여기에는 군인(장교)이 전문직이라는 의식이 뚜렷이 나타난다. 군인이 전문직이라는 의식은 군인(혹은 군대)이 성장한 증거

해군대신이고, 군부대신현역무관제는 육군대신과 해군대신은 현역 군인(그중에서도 대장 또는 중장)만 취임이 가능하다는 제도이다. 군부대신은 오늘날의 국방부 장관에 해당하는데, 현대 민주주의 국가에서는 보통 군인이 아닌 민간인을 국방부 장관에 임명한다. 군대의 문민통제를 관철하기 위함이다. 한국의 경우에는 예비역 군인을 임명하는 경우가 많다. 군대를 전역했다는 점에서 예비역도 민간인에 속하긴 하지만 군 출신을 임명한다는 점에서 다른 현대 민주주의 국가와 구분된다. 한편, 근대 일본에서는 여러 가지 우여곡절에도 불구하고, 군부대신현역무관제가 통용되었다. 설령 제도가 바뀌어도 실질적으로는 현역 군인이 군부대신으로 취임했기 때문이다. 근대 일본의 정치적 특질을 잘 보여주는 제도이다.

3   후비역(後備役). 근대 일본에서는 현역에서 제대하면 예비역으로 편입되고, 예비역 기간이 끝나면 다시 후비역으로 편입되었다.

라고 볼 수 있다. 이는 메이지유신 이후 군인(혹은 군대)이 충분히 근대화되었다는 것을 증명한다.

당파적 사조의 예방

①과 ②의 논리 및 세부내용을 살펴보자. ①에 대해 우가키는 다음과 같이 주장하고 있다.

군대는 국가에 충성을 맹세하고, 군무(軍務) 이외의 일을 돌아보지 않으며 초연하게 여론 밖에 있어야 한다. 만약 현역 군인이 정치에 간섭하거나 여론에 참견하는 것을 용인하면 머지않아 당파를 만들어 실력으로 자기 의사를 관철하려고 할 것이다. 그리고 나아가 군대를 정치에 끌어들여 국가를 지켜야 할 군대가 정쟁의 도구가 될 것이다. 이것이야말로 군인칙유와 육·해군 형법이 군인의 정치 관여를 유해·위험한 것으로 보고 금지한 이유이다. 그런데 예비역·후비역 군인은 자유롭게 정당에 가입할 수 있다. 그 때문에 그들을 군부대신에 취임 할 수 있게 하면, 정권 쟁탈에 열광하는 당파적인 인물이 군의 수뇌부가 될 가능성이 있다. 그렇게 되면 그 당파적 사조가 군부대신을 시작으로 부하에게도 미칠 수밖에 없다. 그 결과 군은 당리당략으로 조종되고 민의에 영합하며 군인 정신도 문란해질 것이다.

우가키의 주장에서 중요한 것은 군인의 정치 관여 금지를 다시금 강조하고 있다는 점이다. 물론 오늘날의 관점에서 보면, 예비역·후비역 군인을 군부대신(국방부 장관에 해당함)에 임명하면 안 된다는 그의 주장은 궤변에 불과하다. 미국, 영국의 사례에서 볼 수 있듯이 예비역·후비역 군인(혹은 민간인 출신)이 군부대신이 된다고 해도, 꼭 군대가 당파적으로 변하는 것은 아니다. 반대로 근대 일본의 사례에서 증명된 것처럼, 현역 군인이 군부대신이 된다고 하더라도 군 전체가 정치적으로 변할 가능성은 여전히 존재한다. 게다가 우가키는 정치 관여 금지를 강력하게 주장하면서, 스스로는 정부 방침을 비판하는 문서를 배포해 정치에 관여하고 있다. 그야말로 모순의 극치이다. 단, 정치에 관여하지 않는 것이 바람직한 군인의 태도라고 하는 부분은 중요하다. 그에게 사족 엘리트 의식이 짙게 남아있었다면 그런 식의 논리를 사용하지 않았을 것이다. 당파를 지양하고, 정치 관여를 거부하는 것은 근대적 군인의 미덕이다.

전문적 기능의 강조

다음으로 ②의 논리 및 그 세부내용을 살펴보자. 우가키는 다음과 같이 말하고 있다.

대저 군무의 범위는 대단히 복잡다단하기 때문에 그 외의 일반 행정과 비교해 전문적 지식을 필요로 하는 경우가 많다. 따라서 군무의 수행에는 용병에 관한 탁월한 식견, 군사 과학에 대한 뛰어난 안목이 필요하다. 게다가 군사 과학과 그 응용은 급속히 발전하고 있으며 이것을 충분히 이해하고 파악해야 한다. 그러므로 군정(軍政)을 담당하는 자는 하루하루 직접 군무에 종사해서 군사에 관한 각종 지식과 경험을 가진, 군사의 실제에 정통한 현역 군인이 아니면 안 된다. 예비역·후비역 군인은 그 연령과 능력을 생각해볼 때, 필요한 식견과 안목을 갖추지 못했다고 생각할 수밖에 없다.

이 주장 역시 예비역·후비역 군인에 대한 편견이 강하게 들어간 잘못된 주장이라고 할 수 있다. 단, 우가키는 군사가 특별한 전문적 능력과 지식이 필요한 독특한 분야이고, 군인이 그러한 특별한 전문적 기능을 가진 전문직이라는 것을 강하게 내세우고 있다. 이 점은 주목할 만하다.

제2차 세계대전 후 정군관계론이라는 학문 분야를 개척한 새뮤얼 헌팅턴[4]은 군인(장교)을 의사나 변호사와 같은 전문직이라고 규정했다. 그에 따르면 전문직이 되기 위해서는 몇 가지 조건이 필요한데, 그중 한 가지 요건이 전문적 기능이다. 전문적 기능이란 장기간에 걸친 교육과 경험을 통해서만 획득할 수 있는 지적·체계적 학식과 기능이며, 이것은 전문적인 고등교육·연구 기관에서 학습과 연구를 통해 획득되는 것이다. 가령, 의사는 의과대학의 교육과 의료 현장의 경험을 통해서, 변호사는 법학대학원 및 사법연수원의 교육과 법조계의 실무를 통해서 전문적 기능을 획득한다. 군인의 경우도 비슷하다. 군인은 군사학교의 교육과 군무를 통해 전문적 기능(헌팅턴에 의하면 '폭력의 관리')을 체득하게 된다.

물론 우가키가 이 정도로 명확하게 군인이 전문직이라고 주장한 것은 아니었다. 하지만 그가 예비역·후비역 군인의 군부대신 임용을 반대하기 위해 사용한 논리는, 군무가 고도로 전문화된 기능적 영역이며 이것을 수행하기

---

4   새뮤얼 헌팅턴(Samuel Phillips Huntington, 1927~2008). 미국의 정치학자로 정치·군사 관계를 학문적 분야로 개척했다. 그의 저서 『군인과 국가』는 그 선구적 연구물이다. 이후 국제정치 분야에서도 커다란 명성을 얻어 세계적인 학자가 되었다. 『문명의 충돌』의 저자로도 유명하다.

위해서는 고도의 교육과 경험을 가진 현역 군인뿐이라는 것이었다. 군인의 전문직화는 명백히 근대화에 부합하는 것이다. 그러므로 우가키는 전문화된 군인, 근대화된 군인의 의식을 대변한 셈이다.

우가키의 군부대신현역무관제 옹호 주장은 궤변이고 육군의 기득권 옹호의 성격이 짙다. 여기에 사용된 논리도 근대화·전문화된 군인의 자기주장에 불과하다. 근대화·전문화되고 오만함까지 더해진 자기주장이었던 셈이다. 근대화가 오만함을 낳게 되는 것은 나중에 설명하기로 하고, 일단 여기서는 우가키의 주장이 군인 일반·군대의 근대화를 반영했다는 점을 밝혀둔다.

우가키와 같은 근대화된 군인을 키우기 위해 가장 중요한 것은 육군의 장교 양성 기관과 그곳에서의 사관 교육이다. 우가키가 육군사관학교 1기생인 것은 우연이 아니다. 사관 양성·교육 시스템의 성장과 발전은 군의 근대화를 확인하는 중요한 단서가 된다.

병학료와 프랑스식 교육

육군 장교 육성의 기초가 된 것은 오무라 마스지로가 오사카에 설립한 병학료이다. 원래 본격적인 군 간부를 양성하는 기관은 1868년 8월 교토에 설치된 병학교(훗날의 병학소)가 그 시초이다. 이것은 이듬해 7월 오사카로 이전된 후, 병학료로 바뀌었다. 앞에서 언급한 것처럼 오무라의 정책 방향은 신분제를 탈피한 국군의 창설, 국민개병제 실현을 목표로 한 국군 간부의 양성이었다.

오사카 병학료에서는 각 번에 생도를 보내도록 요구하고, 앞에서 언급한 것처럼 평민의 입학도 허락했다. 그럼에도 실제로 입학한 사람은 대부분 사족이었다. 1870년 4월 병학료 안에는 청년 학사學舍와 유년 학사가 설치됐다. 전자는 부족한 장교를 속성으로 육성하는 것을 목표로 했고, 후자는 요코하마어학소(막부가 설립한 불어학소佛語學所의 후신)의 학생을 전학시켜 미래의 간부로서 교육을 받게 했다. 또 하사관 양성 기관으로서 병학료 안에 교도대가 세워졌다. 한편, 해군사관의 양성은 1870년 1월부터 도쿄의 매립지에 해군조련소에서 시작됐다. 이것이 해군병학료, 나중에는 해군병학교로 바뀌게 된다.

오사카의 병학료를 재편한 육군병학료는 1872년 2월에 도쿄로 이전되었고, 이것은 훗날 육군사관학교, 육군유년학교, 교도단으로 분화된다. 한편, 도쿠가와 가문이 설립한 누마즈병학교는 병학료로 이관되고, 그 재학생은 교도단으로 편입됐다. 그렇게 육군 간부교육 시스템은 정비되고, 체계화됐다.

병학료의 교육은 전적으로 프랑스식으로 진행되었다. 1870년 10월, 병부성이 해군 병제는 영국식, 육군 병제는 프랑스식을 채택한다고 포고했기 때문이다.

왜 프랑스식을 채택했을까? 때마침 이때쯤, 프로이센·프랑스전쟁이 일어나 프랑스가 결정적으로 패했다. 그런데도 왜 패전국 프랑스를 모델로 했을까? 더구나 병부성의 실질적 리더였던 야마가타 아리토모는 병제兵制 조사를 위한 유럽 출장에서 프로이센(독일) 육군의 우수성을 확인했을 텐데도 말이다.

그렇다면 초기의 병제부터 차근차근 살펴보자. 메이지 정부 초기에는 어친병도, 진대도 없었다. 각 번은 번병을 거느리고 있었고 막말(도쿠가와 막부 말기) 이래, 각각 유럽 각국을 모델로 군제 개혁을 추진하고 있었다. 그 모델은 프랑스, 네덜란드, 영국, 프로이센 등 제각각이었다. 정부는 이와 같은 혼란을 개선하고, 가까운 장래에 국군을 건설하기 위해 병제의 통일을 추진했다. 해군을 영국식으로 통일하는 것에 대해서는 저항이 적었으나, 육군을 프랑스식으로 통일하는 것에 대해서는 약간의 저항이 있었다. 사쓰마번이 영국식을 고집하며 좀처럼 정부의 방침에 따르지 않았기 때문이다.

육군이 병제를 프랑스식으로 통일한 것에 대해, 연구자들은 여러 가지 이유를 지적하고 있다. 아마 결정적이었던 것은 막말 이래의 경험 축적과 어학 문제일 것이다. 즉, 막부가 프랑스로부터 군사고문단을 초빙해서 교육을 단행했고, 요코하마의 불어학소도 설치했기 때문이다. 당시 일본에는 소수일망정 프랑스어를 구사하는 사람이 있었고, 그들을 통해 프랑스 병제를 배울 수 있었다. 이에 반해 독일어를 구사할 수 있는 사람은 거의 없었다. 따라서 독일 병제의 도입은 불가능했다.

육군의 문명개화

앞에서 언급한 것처럼 병학료의 유년 학사에는 요코하마어학소에서 온 학생과 프랑스인 교사가 있었다. 이 외에도 병학료에서는 이른바 고용 외국인으로서 프랑스인을 고용했다. 이렇게 해서 병학료에서는 유년 학사뿐만 아니라 청년 학사, 교도대에서도 철저한 프랑스식 교육이 진행되었다. 그렇게 병학료에서는 프랑스식 교육을 통해 가장 빠른 근대화(문명개화)가 시작됐다.

야규 에쓰코의 연구를 통해 구체적인 사례를 보도록 하자. 병학료에서는 칼 착용이 금지되고 거의 반강제적으로 단발이 장려되었다. 프랑스식 교육을 위해 각 번에서 파견된 사족병(정규 학생은 아님)도 있었는데, 이들 중 일부는 칼 착용 금지에 분개해 소동을 일으키는 바람에 고향으로 돌려 보내졌다. 식사는 양식이 제공되었다(해군조련소의 경우, 양식 접시에 담긴 밥을 보고 무사를 개, 고양 같이 취급하냐며 분개하는 학생도 있었다고 한다).

군모·군복이 만들어졌고, 돌아다닐 때는 반드시 모자를 쓰고 돌아다녀야 하고 비가 와도 우산을 쓰면 안 된다는 규칙도 정해졌다. 구두에 익숙하지 않은 사람도 많았던 것 같은데, 이것은 훗날의 징집병도 마찬가지였다. 일요일을 휴일로 한 것도 병학료가 처음이었다.

야규가 소개한 것 중, 가장 흥미로운 것은 서양의 '시간'이란 관념의 도입이다. 에도 시대(도쿠가와 막부 시대) 때는 '분' 혹은 '초'와 같은 작은 단위의 시간 인식이 없었다. 그러나 병학료에서는 종종 '분'을 기준으로 한 규율을 강제했다. 서양식 시간관념과 이를 기초로 한 규율은 근대의 군사 행동에서 필수적이었다. 이후 서양식 시간관념과 규율은 징병제를 통해 일반 병사들에게도 침투하게 된다. 더 나아가 이것은 공장·사무실에서의 노동이나 근무 형태에도 영향을 미치게 된다. 시간관념 외에도 육군이 문명개화를 선도한 것은 적지 않다. 무기를 생산하는 육군과 해군의 공창工廠이 근대 중공업 분야에서 차지한 역할은 유명하다.[5] 또한, 육군의 참모국(참모본부의 전신)은 처음으로 삼각 측량법을 이용해 지도를 제작했고, 군악대는 처음으로 서양 악기를 이용해 서양 음악을 연주했다. 이처럼 문화적인 부분까지도 군대가 주도하는 것에 대해 야규는, 개발도상국의 근대화에서 흔히 나타나는 패턴이라고 지적한다.

---

[5] 공창은 무기를 제조(혹은 수리)하는 국가 소속의 공장이다. 근대화 초기 일본의 무기는 주로 공창에서 만들어졌는데, 이는 중공업 분야의 초기 투자로서 공업의 발전을 선도했다.

유년학교

물론, 근대화를 추진하다 보니 종종 서양 문물을 무조건 따라하는 행동도 나타났다. 세이난전쟁 당시까지 육군은 쇼콘사[6] 참배를 프랑스어 구령을 사용하며 카톨릭식 예배로 진행했다고 한다. 좀 우스꽝스럽지만, 서양을 그대로 일본으로 옮기려고 했던 것 같다. 해군의 병학료에서는 영국 해군의 고용 외국인이 교육을 담당했는데, 그들의 조언에 따라 커리큘럼과 일정이 결정되었다. 그 때문에 빅토리아 여왕의 생일도 휴일이 됐다.

나중에 육군유년학교로 바뀌는 유년 학사에서도 프랑스식 교육이 철저하게 시행됐는데, 종종 그것이 지나친 경우도 있었다. 제1기생으로 1873년에 입학한 시바 고로(1860~1945, 훗날 대장으로 진급)에 따르면 교관은 교감 이하 모두 프랑스인이었으며, 교육도 모두 프랑스어로 진행됐다고 한다. 그리고 국어, 국사, 수신修身, 서예 같은 것은 전혀 없고, 지리 · 역사는 거의 프랑스의 지리 · 역사였다. 물론 대수代數 · 기하도 프랑스어로 가르쳤다. 훈련도 프랑스어로 이루어져 '차렷!', '앞으로 가!'와 같은 구령에도 프랑스어가 사용됐다. 프랑스어 소양이 없었던 시바는 수업을 따라갈 수 없어서 처음에는 무척 힘들었다고 한다.

이처럼 프랑스 군사고문단(1872년에 일본 정부의 요청으로 초빙됐던)은 프랑스식을 그대로 이식하는 교육을 추진했다. 하지만 지나치게 프랑스식이었기 때문에 1875년에는 교육 방식이 개선되어 일본어가 쓰이게 되었다. 물론, 국어 과목도 생겼다.

---

6   쇼콘사(招魂社). 야스쿠니신사(靖國神社)의 전신이다.

신전(神前)에서의 예식. 1868년 신전에서 이루어진 군
인의 정식 거수. 프랑스군이 가톨릭교회에서 행하는 예식
을 그대로 모방한 것이라고 한다. (『陸軍史談』)

육군이 유년학교를 설립한 이유 중의 하나는 일반 중등교육이 발달하지 않았기 때문이다. 그래서 간부후보생을 양성하기 위해 일반 중등교육 졸업자를 선발하는 것이 어려웠다. 졸업생 자체가 적었기 때문이다. 그 결과, 유년학교는 군사학의 기초로서 프랑스어와 일반 학문을 가르치는 군사학교로 출발했다. 처음에는 비용이 전부 관비로 충당되어 수업료, 식비 기타 생활비가 모두 무료였다. 그러므로 가난해서 교육 기회가 적고, 입신 출세·신분 상승의 욕구가 강한 소년에게 있어서 유년학교는 엘리트가 되기 위한 좋은 기회였다. 시바 고로도 그러한 소년 중 한 명이었다.

시바 고로는 '조적朝敵'인 아이즈会津 번 출신으로, 메이지유신 후 혹한의 땅(아오모리青森현 시모키타下北 반도)에서 필설로 다할 수 없는 고생을 경험했다.[7] 시바는 공명심에 불타서 상경했지만, 주거·식사를 남에게 의지할 수밖에 없는 상황이었다. 그러나 유년학교 모집 공고를 확인하고는 시험에 응시해 합격했다. 원래 시바는 군인이 되고 싶었던 것이 아니었다. 일단 유년학교에서 제공하는 교육과 출세의 기회에 매력을 느꼈을 것이다. 하지만 그보다도 좋았던 것은 식사 제공(게다가 양식)과 휴가 때 받는 용돈(식비)이었다.

이처럼 유년학교는 일반 중등교육제도가 제대로 확립되지 않은 시기에 무료로 그것과 동등 또는 그 이상의 교육을 제공해주는 독특한 교육 기관이었다. 그래서 시바와 같이 장래성이 있는 유능한 소년들을 모을 수 있었다. 1880년에는 전사한 장교의 자제를 제외하고는 국가 부담제가 폐지됐으나, 실

---

7   메이지유신의 주도 세력은 교토의 천황, 조정을 내세워 막부를 무너뜨린 다음, 정부를 세웠다. 따라서 막부를 옹호하며 메이지 정부에 맞선 아이즈는 조정의 적으로 규정되어 차별과 배제를 겪어야 했다. 아이즈뿐 아니라 아이즈와 함께 메이지 정부에 저항했던 도호쿠(東北) 지방의 번들도 같은 대우를 받았다. 이와 같은 차별은 메이지 초기를 지나면서 점차 완화되었다.

시바 고로. 의화단운동 당시 청국 공사관 소속 무관으로 활약했는데, 이 때문에 국제적으로도 알려졌다. 후에 육군 대장이 되었다.

제로는 그 후에도 학업 성적·가정의 자산 상황 등에 따라 반액 혹은 전액 면제가 인정되었다. 그리고 1896년부터는 비용 면제 대상이 사망한 장교나 관료의 자제로 한정되었다.

유년학교는 10대 전반의 소년을 받아들였는데, 교육 기간은 3년이었다. 교육의 중점은 어학과 일반 학문에 두었으며, 군사학·훈련 등 군사교육의 비중은 크지 않았다. 학교생활은 전원 기숙사 생활이었는데, 군대식의 단체 생활을 통해 규율·군인 정신의 함양을 꾀했다. 주목할 만한 것은 외국어 교육이었다. 초기에는 프랑스어만 있었으나, 그 후 독일어와 러시아어가 추가되어 3개 외국어 중에서 하나를 선택하게 되었다. 단, 영어교육은 포함되지 않았다.

청일전쟁 후인 1896년에는 도쿄를 포함한 전국 6개 도시에 지방 유년학교가 설립되었는데, 생도들은 이곳을 수료한 뒤에 중앙 유년학교로 진학해 2년간 교육을 받았다. 이때 즈음에는 입학 연령이 2년(만15세에서 13세로) 낮춰지고, 교육 기간은 모두 5년이 되었다. 지방 유년학교의 설립 취지에 따르면, 제도 변경의 이유는 "군인 정신은 하루아침에 기를 수 있는 것이 아니라 유소년·아동 때부터 다년간의 함양·훈도薰陶를 거쳐 비로소 제2의 천성이 되고 그 소양이 깊고 커진다. 그렇게 되어서야 마침내 그 정신을 일으킬 수 있다"라고 되어있다. 유년학교 출신자는 군인 중에서도 독특한 특징을 가졌다고 한다. 13세부터 군인 양성을 위한 특수 교육을 받았다는 것을 고려해보면 이는 당연하다. 비록 과목 자체가 군사학에 편중되지 않았다고 하더라도 말이다.

지방 유년학교의 정원은 한 개 학년에 50명, 6개의 학교를 모두 합치면 300명이었다. 이들은 초기에는 육군사관학교의 정원의 약 30%, 청일전쟁 후에는 거의 절반을 차지했다. 육군사관학교의 정원이 종종 크게 변하기 때문에 일률적으로 단정할 수는 없지만, 대략적인 수치는 그와 같다.

사관학교

앞에서 언급한 것처럼 처음으로 육군의 사관 양성을 담당한 곳이 병학료의 청년 학사였다. 이곳은 1872년 4월에 폐교될 때까지 프랑스식 교육을 받은 약 500명의 청년 장교를 양성했다. 정부군이 징병제 중심의 군대로 재편성됐을 때, 초급 간부의 대부분을 구성한 것도 그들이었다.

청년 학사가 폐교된 후에는 약 3년간 정규적인 사관 양성이 중단되었는데, 이는 유년학교 졸업생이 아직 배출되지 않았기 때문이다. 그 사이에는 1873년 10월 임시 사관학교가 설치되어 임시 조치의 형태로 사관을 양성했다. 즉, 교도단·각 부대에서 선발된 하사관을 대상으로 사관 교육을 실시하고, 무보직 장교를 대상으로 재교육을 실시했던 것이다. 임시 사관학교는 폐교될 때까지 2년 반 동안 500명 가까운 사관을 양성했다.

사실 각 번에 인원을 할당해서 생도를 보내도록 했던 청년 학사도, 임시 사관학교도 말하자면 과도기적인 기관이었다. 아직 사관을 양성하는 일반 교육 제도가 확립되지 않았기 때문에 충분한 인재를 공급받기는 어려웠다. 정규 교육 기관인 유년학교로부터 인재를 공급받으려면 시간이 좀 더 필요했다. 따라서 그 전까지는 청년 학사·임시 사관학교의 생도들(대부분 번병·사족 출신)을 프랑스식 교육을 통해 근대적 국군의 장교로 만들어야 했다. 세이난전쟁에 종군했던 소대장·중대장 중 대부분은 이와 같은 임시 조치로 속성 교육을 받은 장교였다.

사관학교가 정식으로 문을 열게 된 것은 1875년의 일이다. 이때 병학료가 폐지되었고, 사관학교는 유년학교와 함께 육군성 직할이 되었다. 1878년 이치가야다이市ヶ谷台에 건물이 완공된 이후, '이치가야市ヶ谷'는 육군 군인들 사

이에서 사관학교의 대명사가 되었다. 같은 해 7월의 첫 졸업식에는 천황이 행차하기도 했다. 이는 사관학교에 대한 국가적 기대를 짐작하게 한다. 이후, 졸업식의 천황 방문은 관례화되어 패전 때까지 계속되었다.

1887년에는 사관학교 제도가 크게 변했다. 육군대학교 교관으로 초빙된 독일 군인 야콥 멕켈 소령의 권유에 따라 교육이 프랑스식에서 독일식으로 전환됐기 때문이다.

기본적으로 사관학교 학생(사관생도라고 불림)은 유년학교에서 진학하는 형태로 입학했지만, 다른 방식으로도 입학했다. 가령 프랑스식에 따르면, 육군 내부 또는 외부에서 시험을 통해 선발·채용된 사람들이 그대로 입학했다. 이들은 이과·수학 중심의 교육을 받았다. 그런데 새롭게 바뀐 독일식에서는, 일반(대체로 중학교 졸업 정도)[8]에서 사관학교 입시를 통과해 채용된 사관후보생은 지정된 연대에서 1년간 부대배속 교육을 받은 후, 그 연대로부터의 파견이라는 형식을 취해 육군사관학교에 입학한 다음, 그곳에서 1년 반 동안 교육을 받게 되었다. 한편, 유년학교 졸업자는 반년간의 부대배속 교육을 거쳐 육군사관학교에 입학했다. 이것이 새롭게 채용된 독일식의 주요 특징이었다. 일반적으로 '육사 몇 기'라는 것은 독일식으로 바뀐 뒤에 입학한 사관학교 출신자를 가리킨다.

앞에서 언급한 것처럼 우가키 가즈시게는 육사 제1기였다. 우가키는 오카야마岡山에서 농민의 아들로 태어나 소학교[9]를 졸업하고 대체 교원教員이 되었다. 그리고 정식 교원 검정 시험을 거쳐 마을의 소학교 교장이 되었다. 하지

---

8   여기서 말하는 중학교는 오늘날의 중학교라기보다는 중학교와 고등학교를 합친 개념이다. 따라서 여기에 등장하는 중학교 졸업 정도는 오늘날의 고등학교 졸업과 비슷하다.
9   현재의 초등학교에 해당함.

만, 그 사이에 우가키는 군대의 훈련을 보고 군인에 매료되었다. 그래서 교원 생활로 모은 자금을 갖고 상경해 사관학교의 예비교인 세이조학교를 1년간 다녔다. 그리고 1887년 사관학교 입학시험에 합격했다. 그의 나이 스무 살 때의 일이다. 우가키와 같이 지방의 재능 있는 소년에게는 군인 엘리트의 길이 대단히 매력적이었을 것이다. 우가키의 동기생인 시라카와 요시노리,[10] 스즈키 소로쿠(1865~1940)도 소학교 교원 출신이었는데, 3명 모두 나중에 대장이 되었다. 시라카와와 스즈키는 교도단을 거쳐 사관학교에 들어왔다.

새롭게 바뀐 독일식은 부대배속 교육에 중점을 두었다. 사관학교 입학 전의 부대배속 교육에서 후보생은 병졸・하사관 근무를 체험하게 되었다(단, 병사와는 다른 특별대우를 받았음). 이 근무 체험은 나중에 지휘관으로서의 직무 수행에 도움이 될 것으로 기대되었다. 또 소위 임관도 사관학교 졸업 후, 반년간 견습 사관으로 부대에 배속되어 근무한 다음에 연대장교회의의 승인을 얻어 시행되었다. 여기에는 부대의 장교단에 사관후보생 교육의 일부를 담당시키고, 이를 통해 장교단으로서의 일체감・연대감을 강화하려는 목적이 있었다.

부대배속 교육 기간・사관학교 재학 기간은 나중에 변경되기도 하지만, 기본적으로 이 새로운 방식은 패전 때까지 변하지 않았다(1920년에 중앙 유년학교가 폐지되고 사관학교 예과가 설립되자, 유년학교 출신자와 일반 중학교 출신자가 모두 예과에 들어간 다음, 그 후에 부대배속 교육을 거쳐 본과로 진학하는 코스로 바뀌었다). 해군병학교의 경우, 부대배속 교육에 해당하는 것은 없었다. 해군뿐 아니라 다른 분야의 엘리트 양성에서도 부대배속 교육과 같은 방식은 채택되지 않았다. 따

---

10 시라카와 요시노리(白川義則, 1869~1932). 육군 대장, 육군대신을 역임했다. 1932년의 상해사변(上海事變) 당시 상해파견군 사령관으로 파견되었으나 같은 해, 홍구공원(虹口公園)에서 한국의 독립운동가 윤봉길의 폭탄에 의해 부상을 입고 사망했다.

라서 부대배속 교육은 육군의 독특한 간부 양성 방식이라고 할 수 있다.

이 새로운 독일 방식에 대해서는, 학과 중심에서 술과術科 중심으로 바뀌고, 폭넓은 일반교육 중심에서 군사에 치우친 기술교육으로 전환됐다는 비판이 있다. 또한, 그 결과 일반 상식이 부족하고 틀에 박힌 획일적인 장교가 만들어졌다는 지적도 있다. 그렇지만 독일식 이전의 교육 내용이 일반교육 중심이었는지는 의문이다. 프랑스식에서 군사학 이외에 일반 학문을 많이 가르친 것은 사실인 듯하다. 그러나 그 대부분은 군사과학의 기초인 이과와 수학교육이지 오늘날의 일반교육을 의미하지는 않는다.

독일식이 채택된 후에는 어학 이외의 대부분이 군사 관련 과목으로 편성됐다. 예를 들어 전술학, 전사戰史, 군제학, 무기학, 사격학, 축성학, 교통학, 지형학, 마학馬學, 위생학 등이 그렇다. 군사학의 기초인 일반 학문은 유년학교 교육으로 충분하다고 생각했던 것 같다. 군 수뇌부는 중학교 교육(특히 수학)의 수준에 대해 일시적으로는 불안감을 나타냈지만, 이것은 1900년경에 사라졌다. 내용이 충실해진 중학교 교육에 대해 신뢰를 표명한 것이다. 한편, 사관학교의 전 단계인 중앙 유년학교의 커리큘럼을 보면 이과와 수학 이외에 일반 학문(윤리, 국어 · 한문, 역사, 지리, 논리 등)도 가르치고 있었다.

따라서, 프랑스식에서 독일식으로 바뀌었기 때문에 사관 교육이 획일화되거나 장교의 상식이 부족하게 된 것은 아니었다. 획일화와 상식 결여는 프랑스식이냐 독일식이냐의 문제가 아니었다. 오히려 독일식으로의 변화가 전문화를 촉진했다고 보아야 한다. 그러나 군인의 전문적 기능을 중시하고, 이것을 군사학교에서 익히게 하려면, 획일화와 상식 부족은 불가피한 측면이 있다. 이는 군의 근대화 또는 전문직화에서 파생된 역기능의 하나였다. 또 어학에 대해서는 유년학교 출신자는 프랑스어, 독일어, 러시아어 중에서, 일반 중학교 출신자는 영어와 중국어 중에서 하나의 외국어를 선택해 학습하게 했다. 이와 같은 외국어 과목의 차이는 출신 학교의 차이에서 비롯된 기질의 차이와 함께 졸업 후의 진로에 다소간의 영향을 미친 것 같다.

동기생

사관학교는 육군 장교를 양성하는 유일의 정규 교육 기관으로 그 졸업생은 원칙적으로 전원 임관해서 육군에 봉직했다. 두말할 것도 없이 사관학교에서는 학비를 포함한 모든 경비가 무료였다. 단, 유년학교는 군인·관료의 유가족을 제외하면 유료였고, 일반 교육 기관인 중학교도 당연히 유료였다. 따라서 빈곤층의 자제가 육군 장교가 되는 것은 상당히 어려웠다. 그래도 중학교에서 고등학교, 고등학교에서 대학교로 진학하는 것과 비교하면, 군사학교 진학은 경제적 부담이 적은 편이었다. 히로타 데루유키가 지적하는 것처럼 군사학교에 진학해 장교가 되는 것은 비교적 염가의 엘리트 코스였다.

앞에서 언급한 것처럼 사관학교의 정원은 일정하지 않았다. 독일식으로 변경된 후의 졸업자 수를 보면, 청일전쟁 때까지는 많아야 200명 남짓이었으나 청일전쟁 후에는 600명을 넘었고, 러일전쟁으로 인한 대량 채용을 제외하면 다이쇼기 전반까지 500명에서 800명 사이를 유지했다. 이를 보면, 사관학교에서는 학년당 수백 명의 청소년이 뜻을 같이 하고, 전원 기숙사 생활을 하면서 사춘기를 보내는 셈이다. 따라서 동기생들 사이에는 강한 연대감이 생겨났다. 그러나 한편으로는, 졸업 후 전원이 육군 장교라는 같은 직업에 종사하기 때문에 엘리트 후보생으로서 경쟁의식도 갖게 된다. 다카하시 마사에에 따르면, 동기생이란 가장 친밀한 인생의 동지인 동시에 가장 치열한 경쟁 상대였다.

또한, 군사학교에 대해 특기할 점은 교관과 생도의 관계다. 특히 일상의 생활 지도를 감독하는 군인 교관과 생도(학생)와의 밀접한 관계는 졸업 후에도 계속 유지되어 인사·배속 등 여러 가지로 영향을 미쳤다. 그것은 사관학교뿐만 아니라 유년학교, 육군대학교에서도 마찬가지였다. 예를 들어 우가키 가즈시게는 육군대학교 시절의 교관인 오카 이치노스케가 육군성 차관일 때, 육군성 군사과장으로 발탁됐다. 그 후 앞에서 언급한 괴문서 사건으로 좌천된 뒤에는, 오카가 육군대신으로 취임하면서 다시 군사과장이 되었다. 이처럼 교관과 생도와의 인간관계가 졸업 후에도 중요하게 작용했기 때문에, 육군 엘리트의 세계란 상당히 좁고 폐쇄적이었다고 볼 수 있다.

육군대학교

육군 엘리트, 육군 장교의 전문화에서 무시할 수 없는 존재가 바로 육군대학교다. 1883년에 개교한 육군대학교는 참모 장교를 양성하기 위해 설치됐다. 유년학교와 사관학교는 육군성 관할이지만, 육군대학교는 참모본부 직할이었다. 그 이유는 설치 목적을 보면 알 수 있다.

정부는 세이난전쟁에서의 경험을 통해 참모 장교의 필요성을 통감하게 되었다. 앞서 언급했듯이 세이난전쟁의 전략·작전 지도에서 나타났던 문제점은 전후 참모본부가 독립하게 되는 직접적인 요인이 되었다. 참모장교의 필요성도 이와 비슷한 경우이다.

당시에는 전략적인 부대의 운용, 이른바 고등 통수高等統帥에 관한 이해가 충분하지 못했다. 전략적인 판단보다도 무사의 명예라든지 비겁함·미련함에 대한 혐오감 등이 우선시되었고, 비용과 희생을 필요 이상으로 크게 소모하는 경우가 많았다. 그러한 불필요한 비용과 희생을 막고, 보병뿐만 아니라 포병, 공병, 기병, 치중병[11] 등 여러 병과를 통합적으로 운용해 대부대를 지휘하기 위해서는 지휘관 개인의 탁월한 능력뿐만 아니라, 우수한 막료幕僚의 보좌가 반드시 필요하다. 그러한 문제의식이 바탕이 되어 육군대학교가 설치됐다.

초기의 육군대학교도 다른 군사학교와 마찬가지로 프랑스식 교육을 실시했다. 기술교육이 중시되어 사관학교의 고등과를 방불케 했다고 한다. 그러한 교육 내용은 1885년 멕켈 소령이 육군대학교 교관으로 초빙되면서 크게 달라졌다.

멕켈의 교육에서 획기적인 것은 그 교수법이었다. 그는 학생들에게 일정한 상황(상정)을 설정하고, 그 상정된 상황에서 부대를 어떻게 운용해야 하는지를 학생들에게 철저하게 논의하도록 해서 사고력과 판단력을 기르게 했다. 또한, 학생들을 인솔해 지방으로 가서 지도상의 교육뿐만 아니라 실제의 지형에 입각한 부대 운용도 가르쳤다(야외 전술·현지 전술). 그리고 마지막 학년이 되어 졸업하기 전에는 현지 전술을 확대해서 약 3주간에 걸친 참모연습여행[12]을 실시했다.

학과목으로는 전술과 전사를 중시했고, 사관학교와 같은 군사학의 상급 과정 외에 재정경제학, 공법, 국법, 역사학, 수학, 지리학 등과 같은 일반 학문도

---

11 치중병(輜重兵). 보급병.
12 여기서 '연습(演習)'은 군 병력이 움직이는 큰 훈련을 의미한다.

가르쳤다. 어학은 독일어, 프랑스어, 러시아어, 영어, 중국어란 5개 외국어 중 하나를 선택하는 제도였는데, 영어와 중국어가 추가된 것은 중학교를 거쳐 사관학교에 들어온 사람을 배려했기 때문이다.

입시 자격은 처음에는 30세 이하의 소위·중위였으나 그 후, 2년 이상의 부대 근무 경험을 가진 소위·중위로 소속 연대장의 추천을 받도록 바뀌었다. 그래서 근무했던 부대의 장교단 평가가 중요하게 됐다. 육군대학교는 육군의 최고 학부로서 이곳을 나오지 않으면 요직에 들어갈 수 없다는 인사 관행이 정착되었다. 그 결과 입학시험은 문자 그대로 '난관'이 되었고 합격률은 10% 정도였다고 한다.

재학 기간은 3년, 학생의 나이는 30세 전후였을 것이다. 사관학교와 마찬가지로 졸업식에는 천황이 행차해서 성적 우수자에게 망원경(나중에는 군도)을 하사했다. 학생 정원은 1887년 이후에는 한 학년당 20명, 청일전쟁 이후에는 한 학년당 50명으로 늘었다.

육군대학교 교육의 공과

육군대학교의 교육은 패전 후, 여러 가지로 비판받았다. 예를 들어, 멕켈이 도입한 교수법은 학생들에게 논쟁을 위한 논쟁을 만들어 논리에 치중하는 군인을 양성했다, 주어진 상황 속에서 사고하고 결단하는 훈련은 충분했지만 스스로 상황을 상정하는 독창적인 발상은 없었다, 또 교육 내용이 전술 중심이기 때문에 병참(보급·수송), 전쟁 지도를 과소평가했고, 결국 전술적 작전을 우선시하는 발상을 초래했다, 는 식이다.

다음과 같은 비판도 있다.

육군대학교는 처음에는 참모 양성이라는 목적을 내세웠고, 나아가 참모뿐만 아니라 고급 지휘관 양성을 교육 목적으로 했지만, 그 후에는 누구를 양성해야 할지에 대해 그 대상마저 희미해졌다. 그 때문에 교육 목적이 애매해지고 양성해야 할 인력이 참모인지, 고급 지휘관인지의 혼란도 종종 생겼다. 육군대학교 출신의 일개 막료가 지휘관처럼 행동하고, 원래 보좌해야 할 지휘관을 비판적인 시선으로 바라보는 막료가 등장한 것도 육군대학교의 교육 목적이 애매해진 것에 그 원인이 있다. 요컨대 하극상·막료 통수(幕僚統帥, 본래 지휘권이 없는 막료가 지휘관을 제치고 실질적으로 부대를 지휘하는 것) 현상이 일어난 원인의 일부는 육군대학교의 교육에 있었던 것이다.

'덴포센天保銭'의 문제도 비판의 대상이 되었다. '덴포센'이란 육군대학교 졸업을 나타내는 휘장으로, 모양이 에도 막부 시대의 덴포센 동전과 닮았기 때문에 그렇게 불렸다. 원래 이것은 참모장교임을 나타내는 것으로서 프랑스군의 관습을 받아들인 것이다. 그런데 나중에는 엘리트 중의 엘리트 군인임을 상징하게 되면서 콧대 높은 엘리트의 대명사가 됐다. 즉, 육군대학교 출신 엘리트가 참모본부와 육군성의 요직을 차지하고는 병사들의 훈련·교육에 힘을 기울이는 일선 부대의 장교들을 업신여기곤 했던 것이다.

육군대학교에 대한 위와 같은 비판은 모두 일리 있는 말이다. 그렇지만 교육 내용에 관한 비판을 별도로 한다면, 그 대부분은 육군대학교가 세워지고 상당한 세월이 지난 후의 상황이다. 교육 내용에 관한 것도 그렇다. 초기에는 교육 내용에 문제가 별로 없었겠지만, 그 후 환경 변화에 적응해서 충분히 발전하지 못했던 것이 문제라고 생각된다.

따라서, 우리는 육군대학교의 설치로 인해 유년학교 → 사관학교 → 대학교라는 육군의 간부교육 시스템이 제도로서 완성됐다는 것에 주목해야 한다. 어쨌든 군사 전문직의 양성 시스템이 갖추어진 것이다.

고도의 최신식 군사 지식을 추구하는 것은 육군대학교라는 장소에만 한정되지 않았다. 육군대학교에서 이루어진 멕켈과 학생 사이의 일문일답은 인쇄·출판되어 장교 전체에게 제공되었다. 또한, 멕켈은 군제에 관한 여러 가지 자문에 응하고, 나아가 일주일에 한 번 육군성과 참모본부에 근무하는 중견 장교들에게 과외 강의를 했다. 멕켈은 학생을 대상으로 한 현지 전술처럼 육군의 고관 및 고급 지휘관의 연수를 목적으로 참모연습여행을 실시했다. 그래서 그들의 전술·전략상의 능력 향상을 꾀했다. 교육에 대한 멕켈의 열의도 그렇지만, 새로운 지식을 탐욕스럽게 섭취했던 당시 장교들의 적극적인 자세도 주목할 만하다.

1887년에 개정된 육군대학교 조례는 육군대학교를 '고등병학'을 가르치는 곳으로 규정했다. 그리고 1901년의 개정에서는 "육군대학교는 재능을 가진 소장 사관을 선발해 고등용병에 관한 학술을 연마하도록 하고, 더불어 군사 연구에 필요한 제과諸科의 학식을 증진하는 곳이다"라고 규정했다. 이를 통해 육군대학교를 정점으로, 육군 조직 전체가 전문적 기능 연마에 크게 노력했다는 것을 알 수 있다.

병학 연구 단체

군인으로서 전문적 기능을 향상하려는 움직임은 군대 내에서만 머물지 않았다. 그들은 자발적으로 병학 연구 단체를 조직하고, 새로운 군사 지식을 배우려고 했다. 가령 월요회月曜會, 포공공동회砲工共同會, 기병 학회, 경리 학회, 수의학회 등이 대표적이었다. 이런 연구 단체의 주요 회원은 사관학교를 졸업한 젊은 장교였다. 메이지유신 전후의 내란에서 실전을 경험한 선배 장교들에 대해, 새로운 지식으로 무장한 젊은 장교들이 맞서려고 했다는 말도 있다. 멕켈의 방문은 그러한 경향에 더욱 박차를 가했다.

각종 연구 단체 중에 월요회의 경우, 1881년에 불과 11명으로 시작됐으나, 1884년에는 회원 수가 50명을 넘어섰고, 1887년에는 무려 1,700명에 가까운 회원을 거느리게 되었다. 당시 우수한 소장파 군인의 대부분은 월요회 회원이었다고 한다. 그러나 1889년 오야마 이와오 육군대신은 월요회의 해산을 명령했다. 그리고 그 밖의 병학 연구 단체와 함께 1877년에 창립된 장교 친목연구 단체 '가이코샤偕行社'에 흡수·통합시켰다. 이것이 이른바 월요회 사건이다. 도대체, 무슨 이유로 월요회는 해산되었을까? 장교 양성 시스템에만 주목하면 그 이유를 알 수 없다. 자, 그럼 여기서 육군 조직 전체로 눈을 돌려보자.

2. 국토방위 ──────────────────

해주육종

메이지유신은 대외적 위기를 계기로 시작된 것이다. 당시 막부는 흑선[13]의 내항으로 시작된 대외적 위기에 제대로 대처하지 못했고, 그 때문에 지배자로서의 정통성도 크게 흔들렸다. 그리고 이는 도막倒幕, 즉 도쿠가와 막부 타도 운동을 촉발하기에 이르렀다.

그렇다면 메이지 정부는 대외적 위기에 어떻게 대처했을까? 메이지 정부가 우선 해야 할 것은 해방海防 즉 해안 방어로서, 바다를 건너 몰려오는 서구 열강의 침략에 대비하는 것이었다. 이를 위해서는 우선 외적을 격퇴할 수 있는 해군을 건설해야 했다. 정부가 초기 입법 기관이었던 의정관(혹은 집의원)에 군비에 관한 자문을 구했을 때도, 대부분의 답변은 해군 건설이 급선무라는 것이었다.

각 번의 대표가 육군보다 해군 건설이 우선이라고 주장한 것에는 그 나름의 이유가 있었다. 이미 각 번에는 번병이 있었고 그것으로 육군 병력은 충분하다고 생각한 것이다. 이와 비교해 해군은 막부로부터 이어받은 함선과 각 번의 보유 함선을 다 합쳐도 미미한 세력이었다. 일단 함선 건조에는 막대한 비용이 들기 때문에 각 번이 각자 해군을 건설하는 것은 재정적으로 무리였다. 그래서 해군 건설이야말로 중앙 정부가 해야 할 과제라고 주장한 것이었

---

13 흑선(黑船). 검은 연기를 뿜는 서구의 증기선. 보통 서구의 함선을 가리킨다.

다. 그 결과, 정부 안팎에서는 해군 건설이 필요하다는 공통 인식이 형성됐다. 이 시기에는 '해육군海陸軍'이라는 단어가 많이 등장하는데, 이것은 해군을 우선시하는 당시의 생각을 잘 보여준다.

그럼에도 해군의 우선적인 건설은 실현되지 못했다. 우선 메이지 정부는 필요한 해군을 건설할 수 있는 경제력을 갖고 있지 못했다. 메이지 정부의 입장에서는 직할군을 만들고 농민의 폭동·사족의 반란을 진압하는 것만으로도 벅찼다. 가령 메이지 정부는 세이난전쟁에서 4,000만 엔 남짓의 전비를 지출했고(1876년도 세출은 6,000만 엔에 가까웠다), 그 때문에 재정은 점점 궁핍해졌다. 이처럼 해군을 우선시해야 한다는 생각이 있었음에도, 현실적으로는 국내의 치안 유지가 눈앞의 과제가 되었다. 그래서 실제로는 육군(국군으로서의 정부 직할군)이 먼저 건설됐다. 그리고 1872년에는 '해육군'이란 용어가 '육해군'으로 바뀌었다.

한편, 사람들은 막부 말기에는 곧 임박한 것처럼 보이던 서양의 침략이 곧바로 현실화되는 것은 아니라고 느끼게 되었다. 안보 상황을 나름 객관적으로 인식하게 된 셈이다. 그에 따라 해군 건설이 급선무라는 생각도 약해졌다. 또한, 정한론이 일어날 정도로 고조되었던 조선과의 긴장 관계도 1876년에 조일수호조규[14]가 체결됨에 따라 완화됐다. 이것 역시 긴급한 해군 건설의 필요성을 약하게 했다.

---

14 조일수호조규(朝日修好條規). 강화도조약이라고도 한다.

병권과 징세권

여기서 유신 이후 메이지 정부의 군사와 재정의 관계를 살펴보기로 하자. 메이지 정부의 첫해(1868) 세출의 경우, 보신전쟁 관련 군사비 비중이 커서 조세 수입만으로는 감당할 수 없었다. 그래서 불환지폐[15]를 발행해 겨우 적자 문제를 극복할 수 있었다. 당시 조세의 대부분은 지세[16]였는데, 정부가 거둘 수 있는 직할지는 구 막부령 그리고 보신전쟁 이후에 몰수한 각 번의 영지(주로 도호쿠 지방에 있음)에 불과했다. 수확량으로 계산하면 약 800만 석石[17] 남짓이었다. 전국 수확량의 약 4분의 1에 해당하는 양이었다. 유신 직후의 메이지 정부는 이 정도의 조세 수입만으로 전국을 통치해야 했던 것이다. 정부는 직할지에서 강압적으로 세금을 거두었는데, 이것은 종종 농민의 저항을 초래했다.

그 후 정부는 폐번치현으로 병권과 징세권을 일원화했으며, 이를 통해 근대 국가의 기반인 중앙집권화를 이룰 수 있었다. 그 결과 조세 수입이 늘어났으나 그만큼 통치 지역도 넓어지고 경비도 늘어났다. 앞에서 말했듯이 구 사족층에 지불되는 가록은 정부의 재정에 커다란 부담이었다. 또 어친병과 진대를 설치함에 따라 군사비도 증가했다. 이후 정부는 세출 삭감을 위해 가록을 공채증서로 대체했고, 세입 안정을 위해 지세를 개정했다. 정부로서는 불가피한 조치였을 것이다.

사실 정부가 징병제하에서 적은 숫자의 현역병만을 선발한 이유 중 하나도 바로 재정 문제에 있었다. 게다가 메이지 정부는 외국에서 무기·군함을 도

---

15 19세기에는 세계적으로 금본위제가 통용되었다. 그래서 금으로 교환할 수 있는 태환지폐가 중시되었고 금으로 교환해주지 않는 불환(不換)지폐는 상대적으로 경시되었다.
16 지세(地稅). 지조(地租)라고도 함
17 곡식의 양으로 섬에 해당함.

〈표 1〉 군사비 추이(1868~1875)　　　　　　　　　　　　　　　　　　　　　　　　　(단위 : 100만 엔)

	제1기 1867.12~ 1868.12	제2기 1869.1~ 1869.9	제3기 1869.10~ 1870.9	제4기 1870.10~ 1871.9	제5기 1871.10~ 1872.12	제6기 1873.1~ 1873.12	제7기 1874.1~ 1874.12	제8기 1875.1~ 1875.6
세입 합계	33.09	34.44	20.96	22.14	50.45	85.51	73.45	86.32
조세	3.29	4.45	9.41	12.95	21.93	65.08	65.55	76.53
지폐 발행	24.04	23.96	5.36	2.15	17.83	-	-	-
세출 합계	30.51	20.88	20.11	20.24	57.73	62.68	82.27	66.13
행정비	3.30	5.25	7.45	6.66	13.69	17.69	17.55	10.13
봉록	0.55	1.76	2.74	4.23	16.12	18.18	26.61	27.10
군사비	4.74	3.96	2.95	3.35	9.57	9.77	13.65	12.26
세출에서 차지하는 군사비 비중 (백분율)	15.54	18.97	14.67	16.55	16.58	15.59	16.59	18.54

군사비가 세출의 10%대를 차지하고 있다. 제4기 이후에 봉록이 군사비를 능가하는 것에 주목하자.

출전 : 井上光貞ほか編, 『日本歴史大系4 近代Ⅰ』(山川出版社)

입하고, 여러 가지 군사 시설을 건설해야 했다. 또 개혁에 저항하는 불평 사족·지조 개정에 반발하는 농민을 진압하기 위한 출정비도 늘어나고 있었다.

　1875년까지 군사비는 국가세출의 10%대를 점했다. 제2차 세계대전 이전의 일본(근대 일본)을 살펴볼 때, 가장 군사비 비율이 낮은 시기였다. 아무리 해군 건설이 급선무라고 지적해도, 부국강병의 목표를 내걸어도 그 실현은 불가능했다. 군사비 이외에도 정부의 과제가 산적해 있기 때문이었다.

　군사 예산의 중심은 육군의 건설이었다. 개혁에 따른 국내의 동요를 막고, 치안을 유지하기 위해서였다. 1873년에는 6개 진대가 설치됐지만, 세이난전쟁 이전에는 장교와 군사학교 생도를 제외한 육군 상비병력은 3만 명 남짓에 불과했다. 그래서 세이난전쟁에서 병력 부족을 겪기도 했다.

육군 병력 추이(1871~1877)

1871	14,249(명)
1872	17,096
1873	16,071
1874	31,626
1875	27,333
1876	33,602
1877	33,544

비고 : 정부 부처와 군사학교 내의 군
인 · 생도 그리고 군 장성은 제외됨.
　　출전 : 生田惇, 『日本陸軍史』(教育社)

현역 육군 군인 및 군속(軍屬)의 숫자(1875~1903)

1875	33,906(명)
1876	39,412
1877	40,859
1878	42,017
1879	43,116
1880	42,315
1881	43,382
1882	45,815
1883	47,065
1884	49,659
1885	54,011
1886	56,971
1887	64,306
1888	81,799
1889	81,178
1890	71,099
1891	71,183
1892	72,237
1893	73,963
1896[18]	123,913
1897	144,180
1898	132,666
1899	140,906
1900	137,654
1901	181,608
1902	187,516
1903	191,653

비고 : 1876~1882년 통계는 6월 말을 기
준으로 했으며, 그 외에는 12월 말을 기준
으로 했다. 1880~1887년 통계는 약 1만
명의 재향 현역병을 제외한 수치이다.
1900년 통계는 의화단운동으로 출병했던
1개 사단 병력을 제외한 수치이다.
　　　　　　　　　　　출전 : 永井和,
「人員統計を通じてみた明治期日本陸軍」,
　　　　　　　　　　『富山大学教養部紀要』

18　1894년과 1895년은 청일전쟁 기간이다. 전쟁이라는 특수한 상황이기 때문에 통계에
　　서 제외되었다.

외정이냐, 방위냐

이와 같은 군사비 추세는 기본적으로 1882년까지 변함이 없었다. 당시 심각한 인플레이션이 진행되었다는 것을 고려하면, 실질 군사비는 오히려 크게 줄어든 것 같다. 현역 장병의 수도 세이난전쟁 이후 조금씩 증가했으나 급격하게 늘지는 않았다. 세이난전쟁 이후, 사족의 대규모 무장 반란은 없어졌다. 지치부秩父 사건처럼 자유민권운동이 과격하게 변해 폭동이 발생하고, 이에 헌병·진대병이 출동하는 경우가 있었지만, 이러한 것들은 일시적이고 소규모에 지나지 않았다. 그 때문에 세이난전쟁 이후, 육군은 국내의 폭동·반란을 진압하는 치안 유지군에서 외적의 위협에 대비하는 국토 방위군으로 서서히 그 성격을 바꾸어 갔다.

하지만 이러한 경향은 1880년대 중반부터 변하기 시작했다. 가령 군사비는 1883년 이후 세출의 20%를 넘게 되었다. 그리고 1888년에는 진대제가 폐지되고 사단제가 채택되었다. 진대는 일정한 지역의 치안 경비를 주 임무로 하지만 사단은 기동성이 높다. 그래서 육군의 사단제 채택을 대륙 진출을 겨냥한 원정군으로의 개편이라고 해석하는 경우가 많다.[19] 당시의 대외 상황은 이러한 해석을 뒷받침해 주는 듯하다. 1882년 7월의 임오군란, 1884년 12월의 갑신정변을 계기로 한반도를 둘러싼 청나라와 일본의 대립이 격화되었는데, 1883년 이후 일본의 군사비는 현저히 증가했다. 따라서 "일본의 군사비 증액은 대륙에서의 작전을 위한 군비 증강을 의미한다"라는 결론에 도달하게 된다.

---

19 가령 일본 군사사 연구의 권위자인 야마다 아키라(山田朗)는 일본군의 사단 개편에 대해, 명백히 대륙에서의 전투를 염두에 둔 조직 개편이었다고 평가한다. 야마다 아키라, 윤현명 역, 『일본, 군비확장의 역사』, 어문학사, 2014, 25쪽.

하지만 이와 같은 견해는 청일전쟁의 발발에 따른 결과론적인 해석이다. 적어도 1880년대의 일본군에게는 대륙에서의 전투 수행 능력이 없었다. 청나라와 일본, 양국의 충돌 가능성이 군비 확장을 부추긴 것은 틀림없는 사실이다. 그러나 애초에 일본은 청일전쟁에 대해, 우세한 해군력의 청나라가 일본을 침공하는 전쟁이 될 것으로 보았다. 청나라 해군은 독일로부터 구입한 '정원'과 '진원'이라는 최신예 전함을 보유하고 있었고, 일본은 이에 대항하는 해군력을 건설해야 했다. 당시 멕켈이 지도한 참모연습여행에서는 주로 적의 상륙 부대에 대한 반격을 상정하고 있었다. 또한, 1890년 봄에 처음으로 실시된 '육해군연합대연습'은 적의 침공·상륙 부대에 대한 요격을 목적으로 한 '국토방위' 상황을 상정했다.

확실히 1883년 이후의 군사비 증액은 청나라를 가상적국으로 한 군비 확장이었다. 이 점은 특히 해군비에 잘 나타나 있다. 1883년도의 해군비는 전년도인 1882년보다 약 2배 정도로 늘어났다. 또 청나라와 일본의 대립은 해안 방어의 중요성을 다시금 상기시켰다. 1885년 4월에는 육해군 수뇌부를 중심으로 한 국방회의가 설치되었는데, 그 주된 목적은 군의 최고위급에서 해안 방어 등 국토방위에 관한 육해군의 통합·조정을 실현하는 것이었다. 그러나 국방회의는 아무런 활동을 하지 않은 채, 이듬해 12월에 폐지되었다.

육군의 군비 계획은 사단으로의 개편 그리고 이를 수반하는 부대 확충 이외에 해안 포대와 요새를 구축하는 것에 중점을 두었다. 일반 예산만으로는 포대 건설 경비를 마련할 수 없어서 1887년, 천황의 하사금을 바탕으로 전국의 부호들로부터 200만 엔 남짓의 헌금을 모았다고 한다.

군사비 추이 (1875~1893)　　　　　　　　　　일반회계 세출 결산액 (단위 : 1,000엔)

연도	세출 총액(A)	군사비(B)	군사비의 백분율(B/A)	육군비(C)	육군비의 백분율(C/A)	해군비(D)	해군비의 백분율(D/A)
1875	69,203	9,786	14.1	6,960	10.1	2,826	4.1
1876	59,309	10,330	17.4	6,905	11.6	3,425	5.8
1877	48,428	9,203	19.0	6,036	12.5	3,168	6.5
1878	60,941	9,230	15.2	6,409	10.5	2,821	4.6
1879	60,318	11,196	18.6	8,057	13.4	3,139	5.2
1880	63,141	11,973	19.0	8,557	13.6	3,416	5.4
1881	71,460	11,509	16.1	8,248	11.5	3,261	4.6
1882	73,481	12,171	16.6	8,761	11.9	3,410	4.6
1883	83,107	17,502	21.1	10,442	12.6	7,060	8.5
1884	76,663	17,346	22.6	10,979	14.3	6,367	8.3
1885	61,115	14,988	24.5	9,654	15.8	5,334	8.7
1886	83,224	20,693	24.9	11,802	14.2	8,891	10.7
1887	79,453	22,316	28.1	12,498	15.7	9,818	12.4
1888	81,504	22,705	27.9	12,895	15.8	9,810	12.0
1889	79,714	23,449	29.4	14,126	17.7	9,323	11.7
1890	82,125	25,688	31.3	15,533	18.9	10,155	12.4
1891	83,556	23,682	28.3	14,180	17.0	9,502	11.4
1892	76,735	23,468	30.6	14,635	19.1	8,833	11.5
1893	84,584	22,822	27.0	14,721	17.4	8,101	9.6

비고 : 수치는 모두 반올림했기 때문에 합계가 맞지 않는 경우가 있다.
1883년도 이후, 군사비는 세출의 20%를 넘어 군비 확장의 경향을 뚜렷이 드러내고 있다. 특히 해군비는 1882년도까지 육군비의 절반 이하였으나 1883년도부터 대폭 증가했다. 청나라를 가상적국(假想敵國)으로 정하고, 그 위협에 대비하기 위해 군비 증강을 꾀했다는 것을 알 수 있다.

출전 : 海軍歷史保存会 編, 『日本海軍史』 第7巻(第一法規出版)

사단제의 채택

이렇게 볼 때, 육군의 사단제 개편을 오로지 대륙에서의 작전을 위한 것이라고 해석하는 것에는 무리가 있다. 앞에서 언급했듯, 그러한 관점만으로는 설명할 수 없는 내용이 있기 때문이다. 예를 들어 구와타 에쓰는, 사단제의 채택은 1878년 말 참모본부 · 감군본부[20]가 설치된 이래 진행되어왔던 유사즉응체제有事卽應體制의 완성이라고 지적한다.

감군본부를 설치할 당시의 편제는, 유사시에 진대가 여단이 되고 진대 사령장관[21]이 여단 사령장관이 되며 2개 여단으로 사단을 구성해, 동부 · 중부 · 서부의 각 감군부장이 사단 사령장관이 된다는 것이었다. 그래서 평시의 6개 진대는 유사시 6개 여단(3개 사단)으로 바뀌게 되어있었다. 그 전에는 유사시의 편제 및 사령관은 사전에 정해 놓고 있지 않았다.

육군은 청일 간의 대립이 본격화되자 전시 병력 20만 명을 목표로 한 군비 확장을 꾀했다. 1885년 5월에 개정된 진대조례는 진대 사령관(이전의 진대 사령장관)이 유사시 사단장이 되고, 감군(이전의 감군부장)은 2개 사단을 합쳐서 군단장이 이끈다고 규정했다. 그리고 전시戰時 여단으로 취급되었던 진대가 사단으로 승격되었다. 유사시를 대비한 편제가 확대됨에 따라 평시의 편제도 확대된 셈이다. 1886년에는 감군이 폐지되고, 1888년 5월에 사단제가 채택되었는데(진대제는 폐지됨), 그 결과 육군은 평시 6개 사단을 유지하게 되었다(1891년에는 근위병 부대도 사단으로 개편되어 7개 사단이 됨).

이러한 경위로 볼 때, 사단은 조선을 둘러싼 청나라와의 대립 때문에 갑자

---

20 감군본부(監軍本部)는 검열과 군령을 실시하는 기관이다.
21 사령장관은 사령관에 해당함.

사단의 평시체제(1890년)

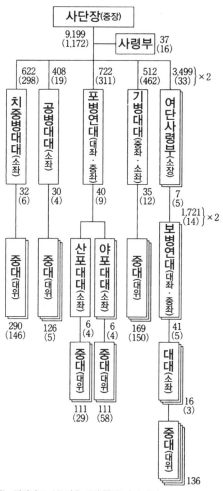

수치는 정원이고, ( ) 안은 군마(軍馬)의 숫자임.

출전 : 生田惇, 『日本陸軍史』(教育社)

기 편성된 것이 아니다. 그 이전부터 유사시를 대비한 사단 편성 계획이 있었던 것이다. 그것은 일종의 국토방위군이며, 육군이 추진한 조직 편성의 근대화 중 하나였다. 또 그 지향점은 유사즉응체제의 정비에 불과했다.

그렇다면 사단의 구체적인 역할은 무엇이었을까? 무엇보다도 사단은 국토방위를 위해 편성된 전력이었다. 즉 적이 침공하는 경우, 신속하게 그 침공 지점으로 달려가 적을 격퇴해야 하는데, 이를 위해서는 충실한 전력과 기동력을 가진 상설 사단이 필요하다. 그래서 육군에서는 요지에 포대를 쌓고 전신·철도망을 충실하게 하면, 사단을 빠르게 이동시켜 적의 상륙 부대를 격퇴할 수 있다고 생각했다.

이 무렵, 참모본부는 철도 국유화를 주장하고 있었다. 참모본부는 적의 침공 지점으로 신속하게 병력을 집중시키기 위해 혼슈[22]를 종단하는 간선幹線, 그리고 이를 사단 주둔지로 잇는 지선支線을 설치해야 한다고 판단했다. 그리고 적의 함포 사격을 피하기 위해서는 철도가 해안가에서 떨어져 내륙을 지나야 한다고 보았다. 하지만 이런 식의 철도는 이익을 기대할 수 없으니까 민간이 아니라 국가가 건설·운영해야 한다는 것이다. 정부는 육군의 요청을 받아들여 1891년 12월 사설 철도의 매수에 관한 법안을 의회에 제출하기도 했다(이 법안은 부결되었다).

물론 대륙에서의 전투를 전혀 고려하지 않은 것은 아니다. 1890년대에 들어서자 육군 내에서는 적의 침공에 대비하는 기존의 방어 전략이 아닌, 적지로 진격해 승리를 노린다는 공세 전략이 점점 유력해졌다. 따라서 본토 방위뿐 아니라 대륙에서의 전투도 진지하게 검토하게 되었고, 결국 대륙에서의

22　혼슈(本州). 일본을 이루는 4개의 섬 중 가장 크며 활 모양으로 길게 늘어서 있다.

전투가 가능한 기동력·전력을 갖춘 사단을 보유하기로 한 것이다. 사단제로의 개편은 이러한 흐름으로 이해할 수 있다.

단, 그러한 흐름에도 불구하고 청나라의 침공에 대비하는 본토 방위 문제를 무시할 수는 없었다. 청나라에 대해 아직 해군력이 열세였기 때문이다. 여기에 공세 전략을 취할 경우, 몇 개 사단을 어떻게 대륙으로 이동시킬 것인가의 문제, 즉 해상수송능력도 문제였다. 따라서 공세 전략만을 철저하게 고집할 수는 없었다.

어쨌든 사단제의 채택은 오직 대륙 진출(대외 원정)만을 위한 것은 아니었다. 그것은 기존의 치안 경비대에서 외적에 대비한 국토방위군으로의 전환이었다. 이러한 의미에서 조직으로서의 육군은 점차 성장하고 있었다. 그와 같은 관점에서 보면, 사단제의 채택뿐 아니라 1880년대에 행해진 육군의 각종 제도개혁도 군의 근대화·성장 과정이라고 볼 수 있다.

군제 개혁

이 시기의 군제 개혁은 헌법 공포·의회 개설이라는 대변혁을 앞두고 추진되었다. 이것은 정치제도 전체의 재평가·개혁의 일부이기도 했다. 1884년 2월에는 유럽의 병제 연구를 위해 육군경 오야마 이와오가 이끄는 십 수명의 시찰단이 요코하마를 출발했고, 이들은 거의 1년 후에 귀국했다. 오늘날의 관점에서 보면 육군경[23]이 1년 동안이나 나라를 비우는 것이 조금 이상하게 느

---

23   육군부 장관에 해당함.

껴질 수도 있다. 하지만 이전의 이와쿠라 사절단[24]의 사례 그리고 이토 히로부미가 헌법 조사차 장기간 유럽에 머물러 있었다는 사실을 생각하면 당시에는 그다지 이례적인 일이 아니었던 것 같다.

이 시찰단에는 미우라 고로, 가와카미 소로쿠(1848~1899), 가쓰라 타로 등이 참여했다. 가와카미·가쓰라는 이 시기 군제 개혁의 중심인물이었다. 시찰단의 첫 성과는 멕켈의 초빙이었다. 시찰단이 귀국하고, 멕켈이 일본에 부임하자 군제 개혁이 본격적으로 시작되었다.

우선, 1885년 12월 내각제도가 출범하자, 앞에서 언급한 것처럼 군령 사항은 내각총리대신(수상)의 관할에서 제외되었다. 이로써 통수권의 독립이 법적으로 확인되었다. 그 외에, 앞에서 언급한 사단제의 채택, 교육 시스템의 개혁(육군대학교의 개교, 사관후보생 제도 채택)도 군제개혁의 일부였다.

일반적으로 이 시기의 군제 개혁은 프랑스식에서 독일식에로의 전환으로 평가되곤 한다. 여기에는 종종 '민주적인' 프랑스식에서 '전제적인' 독일식으로 전환되었다는 의미가 포함된다. 확실히 멕켈의 조언은 중시되었고, 독일을 모델로 한 개혁도 많았다. 하지만 우리는 독일의 군사 시스템이 당시 세계 최첨단이었다는 것을 기억할 필요가 있다. 프랑스조차 프로이센·프랑스전쟁의 패배 후 독일의 선진 시스템을 모방하고 있었다.

그러므로 프랑스식에서 독일식으로 바꾸었다고 해도, 프랑스식을 모두 버리고 독일식으로 완전히 바꾼 것은 아니었다. 유신 직후의 혼란을 극복한 육

---

24 1871년에 메이지 정부가 서구에 파견한 대규모 사절단으로, 이와쿠라 도모미를 단장으로 했다. 정부의 수뇌부가 대거 참가했으며, 약 2년에 걸쳐 활동했다. 본래 이와쿠라 사절단의 최대 목적은 불평등조약의 개정이었으나 별 성과를 얻지는 못했다. 그러나 서구 문물을 배운다는 점에서는 커다란 성과를 거두어 향후 근대화(서구화) 추진의 동력이 되었다.

군 수뇌부는 새롭게 군의 미래를 연구하다가 보다 합리적인(혹은 적합한) 시스템을 도입하려고 했는데, 결과적으로 이 과정에서 독일식 제도가 많이 채택되었다고 보아야 한다.

또한, 혁명을 겪었다고 해서 프랑스의 군제가 전부 민주적이었는지도 의문이다. 일본의 첫 징병령은 프랑스를 충실히 모방한 것이었다. 단, 프랑스는 군정과 군령이 하나로 되어있고, 그 때문에 정부(내각)가 군령(통수) 기관을 통제하고 있었다. 따라서 일본은 통수권의 독립(군정과 군령을 분리한 것)을 독일로부터 배웠을 것이다. 그렇지만 통수권의 독립이 프랑스식에서 독일식으로의 전환 이전에 이루어졌다는 점에 주목해야 한다. 여러 가지 사정을 고려하면, 통수권의 독립은 육군을 프랑스식에서 독일식으로 전면적으로 바꾸겠다는 생각으로 추진된 것이 아니다. 단지 육군 수뇌부 의도에 들어맞는 제도가 때마침 독일에 있었기 때문이다.

요컨대 이 시기의 군제 개혁을 프랑스식에서 독일식으로의 전면적인 전환이라고 정리하는 것은 지나치게 단순한 평가이다. 또 군제 개혁을 오직 대외 원정군 건설을 위한 것으로만 보는 관점에도 문제가 있다. 결국, 이 시기의 군제 개혁은 군사 조직의 근대화·성장의 일환이라는 측면으로 이해할 필요가 있다. 징병령의 개혁도 그 한 가지이다.

징병령의 개정

1873년 1월에 제정된 징병령은 청일전쟁 때까지 크게 세 차례에 걸쳐 개정되었다. 즉 ① 1879년 10월의 개정, ② 1883년 12월의 개정, ③ 1889년 1월의 개정이 그것이다.

　가장 주목할 만한 것은 면역제免役制의 변천이다. 전술한 것처럼, 주된 면제 대상은 체격 불량자, 범죄자, 호주 및 대를 이을 친자와 양자, 소정의 학교 학생·졸업자, 관리, 대인료 납부자 등이었다. 그중, 장애인과 범죄자는 병역에서 완전히 제외되었다(다른 면제자는 전시에 징집될 가능성이 있었으나 이들 제외자는 종신 면역, 즉 병역의 '권리'에서 완전히 제외됨). 이것은 ①의 제도에 기초한 규정이다. 한편, 대인료에 대해 살펴보자. ①에서는 135엔(기존의 반액)을 납부하면 평시에만 병역이 면제된다는 규정이 생겼다. 그래서 대인료 납부자가 수십 명대에서 수백 명대로 증가했으나, ②에서 대인료 납부를 통한 병역면제가 모두 폐지되었다. 이에 따라 병역면제에서의 부유층 우대가 크게 후퇴했다.

　②에서는 모든 면역제가 폐지되고, 유예제가 적용되었다. 조금 단순하게 말하자면, 전시 이외에는 징집 유예가 적용되었는데, 실질적으로는 징집 유예도 병역면제와 거의 차이가 없었다. 그러나 ③에서는 결국 유예라는 특례도 없어졌다. 중학교 이상의 재학생은 졸업 때까지 징집이 연기된다는 점 외에 그때까지의 징집 유예가 모두 폐지되었다.

　징병령 개정의 목적은 불공평감의 완화, 징병 기피의 방지에 있었다. 특히 군비 확장이 본격화되자 상비군을 늘려야 한다는 필요성이 대두되었다. 그래서 여러 차례 개정이 이루어진 것이다. 면역제의 추이는 위와 같은 사정 때문에 '이에家' 제도에 대한 배려가 점차 사라져 가는 과정을 잘 반영하고 있다. 병역면제에 해당하는 상속자·양자의 경우, 부친의 나이가 ①에서는 50세 이상으로 한정되었다. 이에 따라 대를 이을 친자와 양자라는 이유로 병역면제를 받는 사람이 십수만 명에서 수만 명으로 약 3분의 1로 줄었다. ②에서는 병역면제가 아닌 평시의 징집 유예로 바뀌었는데, 이것도 대상자의 부친이

60세 이상의 경우로 한정되었다. 이에 따라 법망을 빠져나가 징병을 피하는 것은 더욱 어려워졌다. 그리고 ③에서는 유예 제도도 폐지되었다. 이렇게 해서 면역제 또는 유예제를 이용한 징병 기피는 크게 줄었다. 하지만 도망·실종으로 징병 검사를 받지 않는 사람도 여전히 적지 않았다. 1880년대, 1890년대 도망·실종자는 매년 수천 명을 헤아렸다.

징병령 개정에서 특기할 만한 것은 소위 1년 지원병제의 도입이다. 이것은 ②의 제도에 기초한 규정이다. 이 제도에 따르면, 관립 학교·부립 학교·현립 학교(중학교 수준) 졸업자로서 병역에 지원하고, 식비 및 피복비 등의 경비를 자기가 부담하는 사람은 현역 1년만 근무한다. 이때, 1년 지원병제의 목적은 비교적 학식이 필요한 간호졸看護卒의 양성이었다고 한다.

이후 1년 지원병제는 ③에서 예비역 간부를 양성하기 위한 제도로 바뀌었다. 즉, 중학교(사립도 포함) 졸업자로서 경비를 자기가 부담하는 사람에게 1년간 특별교육을 받게 한 다음, 성적에 따라 예비역 장교 또는 하사관으로 임명했다. 멕켈이 제출한 의견서가 이 개정안에 적지 않은 영향을 준 듯하다. 멕켈은 전시에는 많은 병사뿐만 아니라 많은 예비역 장교를 동원해야 하는데, 일본의 징병령이 예비역 장교가 되어야 할 학식 있는 사람의 징집을 유예하고 있다고 비판했다.

이렇게 해서 유사시를 상정한 사단제의 채택과 함께, 유사시에 동원할 예비역 장교의 양성이 본격적으로 시작되었다. 그러나 이 제도에는 부유층 우대라는 측면이 있었다. 중학교는 경제적으로 여유 있는 집의 자제가 아니면 다닐 수 없었다. 또 가난한 사람은 1년간의 병역 경비를 자기가 부담하기 어려웠다. 1년 지원병은 장교로 임관할 때 군복과 장비를 자기 부담으로 마련해야 하는데, 이것도 쉽지 않았다. 그러므로 1년 지원병제는 부유층에 대한 특

병역 제도(육군의 경우, 1887년)

병역 구분		복무 기간	복무 구분
상비병역	현역	3년	징병 검사에 합격해서 현역병으로 징집된 자가 복무한다.
	예비역	4년	현역을 마친 자가 복무한다. 훈련, 전시・사변(事變)[25]이 발생했을 때 소집에 응할 의무가 있다.
후비병역		5년	예비역을 마친 자가 복무한다. 전시・사변이 발생했을 때 소집에 응할 의무가 있다.
국민병역		17~40세	후비병역을 마친 자 및 다른 병역에 복무하지 않은 자가 복무한다. 전시・사변이 발생했을 때 국민군에 편성되는 경우, 그 요원이 되어 국내 경비를 담당한다.

1. 1895년에는 예비역이 4년 4개월로, 1904년에는 후비병역이 10년으로 연장되었으며, 1927년에는 현역이 2년으로 바뀌었을 때 예비역은 5년 4개월이 되었다.
2. 1895년에 보충병역이 설치되었다. 보충병역은, 현역에 적합한 사람 중 징집되지 않은 자가 복무하며, 평시에는 교육을 위한 소집에 응하고, 전시・사변 시에는 상비병・후비병으로 보충된다. 복무 기간은 처음에는 7년 4개월, 1904년에는 12년 4개월이 되었으며 1939년에는 17년 4개월로 연장되었다.
3. 보충병역의 설치로 국민병역은 2개로 구분되었다. 제1국민병역은 후비병역을 마친 자・보충병으로 교육받고 보충병역을 마친 자가 복무하며, 제2국민병역은 제외자・병역면제자에 속하지 않으면서 다른 병역에 복무하지 않은 자가 복무하게 되어있었다. 따라서 남자는 17세가 되면, 대부분 제2국민병역에 편입되었다.

권이었으며, 일반 장병에게는 시샘과 미움의 대상이 되어갔다.

고학력자에 대한 특례를 꼭 우대라고 할 수는 없다. 어차피 그들을 예비역 장교로 양성해서, 그 학식과 능력을 효과적으로 이용하려는 것이었기 때문이다. 육군은 부유층 우대라는 비판에 상당히 민감했다. ③에서는 빈곤층을 징집 유예하는 규정이 부가되었는데, 여기에는 그런 비판에 대한 대응의 의미가 있는 듯하다.

교원에 관한 특례도 마련되었다. 교원은 ①에서 병역면제 대상이 되었고, ②에서는 징집 유예가 적용되었지만, ③에서는 단기현역제가 적용되었다. 이것은 사범학교 졸업자(교원)를 대상으로 한다. 이들은 단기 현역으로 근무했는데(처음에는 6개월 근무로 정해졌으나, 이는 시행되지 않은 채 곧 6주로 단축되었다), 그 경비는 관비(官費)로 충당되었다. 이것은 교원의 군대 경험을 초등학교 교육

---

25 선전포고 없는 군사적 충돌. 전쟁보다는 규모가 작은 경우이다.

에 반영시키려는 의도였다.

한편, ③에서는 병역 기피를 목적으로 도망, 신체에 상처 내는 것, 고의로 병에 걸리게 하는 것 등의 행위에 대한 형벌을 정했다. 동시에 이런 사람을 우선적으로 징집한다는 규정도 마련했다. 그런데 여기에 모순이 생겼다. 애당초 병역은 국민의 신성한 의무이자, 권리이며 명예이기도 했다. 그러나 그 명예와 권리는 징병 기피자에게 징벌이나 다름없었다.

위와 같이 개정된 징병령에도 여전히 모순이 존재했다. 특히 유복한 사람에게 우대 조치가 될 수 있는 규정이 여전히 남아있었다. 그래도 전체적으로 보면, 이 개정이 국민개병제의 이념에 보다 가까워졌다는 것은 부정할 수 없다. 완벽하지는 않지만 보다 합리적으로 바뀐 것이다. 이렇게 개정된 이후, 징병령은 약 40년 후인 1927년까지 기본적으로 변하지 않았다. 그리고 무엇보다 중요한 것은, 위의 징병령 개정이 군비의 확장, 유사 즉응 시스템의 구축과 보조를 맞추며 추진되었다는 점이다.

군비 논쟁

이후에도 징병 기피는 완전히 없어지지 않았다. 그러나 법령이 합리적으로 개정됨에 따라 징병제는 점차 국민에게 뿌리를 내리게 되었다. 징병제가 정착할 수 있었던 것은 징병제 자체가 근대화에 크게 공헌하고 있기 때문이기도 했다. 예를 들어, 새로운 시간관념과 이를 기반으로 하는 규율은 근대적인 노동·근무 형태의 보급에 커다란 역할을 했다. 일반 교육제도가 확립될 때까지, 징병제는 보통교육·기술교육에 적지 않은 역할을 했다. 군대 생활 그리고 군대에서 이루어진 교육을 통해 병사들은 국가에 대한 귀속 의식을 가지게 되었다. 일본군의 근대화를 연구한 로저 해킷에 따르면, 징병제를 통해 병사들은 근대화에 적합한 태도와 행동 패턴을 몸에 익혔고, 이러한 의미에서 군대는 근대화의 촉진 요인(혹은 매개체)이 되었다고 한다.

그렇지만 병사 개인의 입장에서, 징병은 아무리 좋게 말해도 원치 않는 '선물'에 불과했다. 당시에는 징병 검사에 합격하면, 현역 3년 · 예비역 4년 · 후비병역 5년, 합계 12년이라는 긴 병역에 들어가게 된다. 징집된 사람에게 있어, 병역은 제비뽑기에 재수 없이 걸린 것에 불과했다.[26] 운 나쁜 제비였기 때문에, 육군은 될 수 있는 한 우대 조치를 제거해 부담을 공평하게 하려고 노력했다. 가토 요코의 표현을 빌리자면, "부담이 공평하면 사람들의 불만 · 증오 · 질투가 치유된다"라는 것 때문이다.

사실 징병에 대한 불만 · 증오를 누그러트리는 방법은 또 하나 있었다. 그것은 병역 기간의 단축, 특히 현역 복무 기간의 단축이었다. 육군 내부에도 병역 단축론을 주장하는 군인이 있었다. 예를 들어, 중장 미우라 고로가 그랬다.

미우라의 군비 구상은 '호향군護鄕軍' 구상이라고 불린다. 그의 주장의 출발점은, 침공해 온 적의 상륙에 대해 어떻게 대응할 것인가였다. 미우라는 대략 다음과 같이 주장했다.

육상 수송은 함선의 이동보다 느리고, 그 때문에 설사 적의 침공을 파악해도 그

---

26 오늘날의 한국과 달리, 근대 일본에서는 입대 자격을 갖추고 신체검사에 합격한 모든 사람이 군에 입대하는 것이 아니었다. 현역에 적합한 사람 중, 제비를 뽑아서 뽑힌 사람만 현역으로 입대했다. 그리고 현역에서 제대한 사람은 이후 예비역과 후비병역의 의무를 이행해야 했다. 따라서 근대 일본의 병역 여부는 '운'이 크게 작용했다고 볼 수 있다. 물론 국가 비상시에는 이런 식의 제비뽑기가 행해지지 않았다.

상륙 지점에 신속하게 부대를 보내 적을 격퇴하기는 어렵다. 그러므로 적의 침공에 대비하기 위해서는, 평시에 그 예상 지역에 소요 병력을 배치해 두어야 한다. 단, 이렇게 되면 병력이 많이 필요하고 경비도 커진다. 그래서 현역 1년의 훈련을 거친 '호향군'을 필요 지구에 배치해 평시에는 생업에 종사하게 하고, 유사시에 소집하는 방식을 채택해야 한다. 이렇게 하면 경비가 별로 들지 않고, 병력을 현재 이상으로 늘릴 수도 있다.

위와 같은 주장의 미우라와 군제개혁을 추진하는 가쓰라 타로·가와카미 소로쿠 사이에는 몇 가지 견해 차이가 있었다. 우선, 병역 기간에 대해 미우라는 현역은 1년이면 된다고 했으나 가쓰라, 가와카미는 유럽의 상황을 보면서 현역은 3년도 짧다고 주장했다. 미우라의 '호향군'은 실제로 민병의 성격이 강했다. 따라서 그의 병역 단축론은 민병 구상을 기초로 하고 있었다. 이에 대해 사단제를 추진했던 가쓰라, 가와카미는 민병 구상 자체를 배척했다.

국토방위에 대해서도 논쟁이 이루어졌다. 미우라는 '호향군'을 통한 고정적 방어를 주장했고, 가쓰라·가와카미는 사단을 이용한 기동적 방어를 생각하고 있었다. 게다가 미우라는 순수한 방어 전략의 입장이었는 데 반해, 가쓰라·가와카미는 공세 전략적인 입장이었다. 그들은 적군의 내습을 막고 국외 중립을 지키기만 하면 그것은 2등국에 지나지 않으며, 1등국이 되기 위해서는 크게 무위를 빛내고 국가가 위급한 경우에는 병력에 호소함으로써 외국으로부터 얕보이지 않아야 한다고 했다. 그리고 이를 위해 "타국을 좌우할 수 있는 군대를 키우는" 것이 필요하다고 논했다. 그들의 장래 목표는 일본이 국토방위를 넘어, 아시아의 패권을 둘러싸고 열국과 자웅을 겨룰 수 있을 정도의 군사력을 보유하는 것이었다.

물론, 가쓰라·가와카미가 공세 전략을 위한 구체적인 작전계획을 가지고 있었던 것은 아니다. 그러나 그들이 그리는 육군의 미래상(혹은 비전)은 미우라의 그것과 근본적으로 대립했다. 위와 같은 양쪽의 차이는 '1886년의 육군분의陸軍紛議'라는 대립을 낳았다. 그리고 이것은 월요회 사건의 배경이 되었다.

육군분의

육군분의는 검열조례와 무관진급조례(이하, 진급조례)의 개정을 둘러싸고 발생했다. 개정을 추진한 것은 육상(육군대신의 약칭) 오야마 이와오 중장, 가쓰라 타로 소장(육군성 총무국장, 1886년 3월에 육군차관에 취임), 가와카미 소로쿠 소장(참모본부차장, 1886년 3월에 근위보병 여단장에 취임)이다. 또한, 그 반대파의 중심은 소가 스케노리 중장(1844~1935. 센다이 진대 사령관, 1886년 3월에 참모본부차장에 취임), 미우라 고로 중장(도쿄 진대 사령관)이었다.

검열조례의 개정은 검열·군령실시 기관이었던 감군부의 폐지에 따른 것이었다. 앞에서 언급한 것처럼 유사시에는 3명의 감군이 군단장이 되도록 예정되어 있었다. 그런데 이에 대해 멕켈은, 전시에 일본은 사단 편제로 충분하며 군단은 필요 없다고 주장했다. 이를 받아들여 육군에서는 감군부를 폐지하기로 했다. 멕켈은 유럽 대륙의 작전과 달리, 국토방위를 위한 방어 작전을 수행하는 일본 육군에게 군단은 필요 없다고 조언했는데, 육군이 이 권고를 타당하다고 판단했기 때문이다. 당시 육군은 군비 확장을 진행하고 있었는데, 이 때문에 불필요한 조직·기구를 폐지하며 경비 절감을 꾀하고 있었다.

감군부가 폐지됨에 따라 검열(부대의 교육 실적·훈련 정도를 실지에서 검사하는

미우라 고로(三浦梧樓, 1846~1926)
조슈번의 기병대 출신, 여단 사령장관으로 세이난전
쟁에 출정했다. 조선 공사로 부임해 명성황후를 시해
한 것으로 유명하다. 이와 관련해서 재판을 받았으나
무죄 판결을 받았다.

것)은 육상이 진대 사령관에게 명령해서 진행하도록 했다. 그러나 소가와 미우라는 이에 반대하며, 그렇게 하면 육상의 권한이 부당하게 커지고 진대 사령관이 자신의 부하를 검열한다면 정실에 얽혀 자의적으로 판단할 것이라고 주장했다.

한편, 진급조례의 개정은 좀 더 복잡했다. 원래 장교의 진급은 '정년부'라는 명부에 따라 선임 순으로 승진시키는 경우(연공서열 방식)와 우수한 사람을 발탁해서 승진시키는 경우가 있었다. 후자인 경우, 시험(검열 시험) 성적이 좋은 사람을 우선적으로 선발했다. 검열 시험에는 수학 시험까지 있었는데, 성적이 나빠서 장기간 같은 계급에 머무르는 사람도 있었다고 한다.

그러한 상황에서 감군부가 폐지되고, 이에 따라 검열 방식이 바뀌었다. 그리고 검열 방식의 변화를 받아들여 진급조례도 개정되었다. 개정 결과, 위관급[27]의 진급이 시험 성적순이 아니라, 시험에 합격한 사람 중 선임 순으로 바뀌었다. 이 방식은 당시 중위·소위로 활동하던 사관학교 출신자에게는 상대적으로 불리하게, 근무 연수가 긴 반면 학력이 떨어지는 선임 장교에게는 유리하게 작용했다. 그래서 사관학교 출신의 젊은 장교들은 이 개정에 비판적이었다. 소가와 미우라는 그들의 불만을 대변하면서, 진급조례의 개정이 인재 발탁을 막아 군인의 전문화에 역행한다고 주장했다.

육군분의는 1886년 7월, 오야마 육상이 제기한 검열조례와 진급조례의 개정안에 대해 참모본부장 아리스가와노미야 다루히토 친왕, 참모본부차장 소가 스케노리가 강하게 반대함으로써 표면화되었다. 천황은 반대파에 동정적이었다고 한다. 반대파가 수상 이토 히로부미의 조정으로 양보한 것은 2주가

---

27 위관급은 소위, 중위, 대위를 가리킨다.

지난 후였다. 분쟁은 겨우 진정되었으나, 이제 육군 내부에 깊은 균열이 있다는 것이 명백해졌다.

월요회 사건

자, 그럼 월요회 사건에 대해 말해보도록 하자. 월요회는 왜 해산되었을까? 월요회 사건은 육군분의와 어떤 관계가 있었을까?

일단, 월요회의 활동은 가쓰라·가와카미 등 육군 주류파 군인들의 반감을 초래했다. 노기 마레스케와 가와카미 소로쿠가 작성한 보고서는 대략 다음과 같다.

> 하급의 후진 장교가 널리 외국의 새로운 것을 알기 위해 노력하고, 함부로 그 득실을 논평한들 무슨 이익이 있겠는가? 도리어 군인의 본분인 직무를 다하지 않고 우리 군의 법령·규칙 즉, "우리 육군의 대원수인 천황 폐하의 명령"을 비평하고 군기를 어지럽히며 스스로 장교의 명예를 더럽힐 수 있는 법이다. 이 악습을 예방하기 위해서는 실무적인 실적을 올리는 것에 전념하고 그렇게 해서 쓸데없는 시간을 없애며 "종이 위의 필기, 윗사람의 담론에 속하는 허학(虛學)"을 인사 기준으로 삼지 않는다고 명시하면 된다. 그러면 무익한 노력을 기울이고, 유해 서적을 읽을 시간도 없어질 것이다.

그 요지는 다음과 같다. ① 젊은 장교가 전문직으로서 직무 능력의 향상에 힘쓰는 것은 환영할 일이지만, 그것이 궤도를 벗어나 상층부 비판이 되는 것은 바람직하지 못하다. ② 책에서 얻은 신지식에 빠져 실무를 가볍게 여기는 것은 건전한 모습이 아니다. ③ 실전 체험만을 의지하고 전문적 능력은 갖추지 못한 사람이 있다고 상관을 비난하고 나아가 현행 규칙을 비판하는 행동은, 군 질서의 근간인 명령·복종 관계에 악영향을 미치고, 군기의 문제를 초래할 수 있다.

하지만 젊은 장교들의 비판·불만에도 근거가 있었다. 사실 선임 장교 중에는 유신 당시의 실전 경험을 자랑하며 왕년에 사무라이였음을 뽐내는 한편, 발달하는 군사 과학을 진지하게 배우지 않고 훈련을 소홀히 하는 사람이 적지 않았다. 게다가 메이지유신에 크게 공헌한 웅번[28] 출신 중에 그런 선임 장교가 많았다고 한다. 따라서 젊은 장교들은 월요회에 모여 병학을 연구하면서 이따금 번벌[29] 세력을 비판했다.

나아가 월요회는 그룹의 영향력 확대를 위해 군 상층부의 비주류파에 접근했다. 여기서 비주류파는 소가 스케노리, 미우라 고로 등의 그룹을 가리킨다. 소장파 장교와 소가·미우라 그룹은 진급조례 개정을 반대하는 과정에서 서로 제휴하기도 했다. 소가·미우라는 소장파 장교들의 병학 연구에 이해를 표시하며 번벌에 비판적이었다. 그렇게 양자는 같은 관점을 공유했다.

야마가타, 오야마, 가쓰라, 가와카미, 고다마 겐타로(1852~1906)와 같은 주류파가 병학 연구, 전문적 기능의 중요성을 부정하는 것은 아니었다. 가쓰라, 고다마도 한때 월요회 회원이었다고 한다. 독일의 최신 군사 과학을 배우고, 멕켈에게 조언을 구하면서 군제 개혁을 추진하는 등 육군의 근대화를 추진했

---

28 가령 사쓰마, 조슈, 도사, 히젠을 가리킨다.
29 메이지 정부의 요직은 거의 사쓰마, 조슈, 도사, 히젠, 그중에서도 사쓰마와 조슈 출신으로 채워졌다. 그래서 특정 번 출신이 파벌을 형성하고 있다는 의미에서 번벌(藩閥)이라는 표현이 당시에 통용되었다.

던 것도 다름 아닌 그들이었다. 하지만 월요회의 활동은 종종 일탈 행위로 비 쳤다. 게다가 월요회가 비주류파에 접근한 것이 주류파의 경계와 반발을 불 러일으켰다.

미우라는 국토방위와 관련해서 사단제에 역행하는 '호향군' 구상을 제시하 고, 병역 단축을 주장했으며 육군에 대한 비전도 주류파와 달랐다. 따라서 월 요회의 비주류파 접근은 그런 이질적인 국토방위 구상, 비전에 대한 동조로 보일 수도 있다. 더욱이 미우라·소가는 이전에 다니 다테키·도리오 고야 타와 함께 '4장군 상소 사건'을 일으킨 장본인들이다. 이 4명은 전부터 정치적 동지였다. 그러므로 육군의 주류파는 월요회가 비주류파와의 제휴를 통해 정 치색을 띠지 않을까 우려했다.

결국, 월요회는 해산을 강요당하게 되었다. 1888년 봄, 월요회는 가이코샤 와 합병하도록 권유받았으나 이를 거부했고, 그 과정에서 탈퇴자가 속출했 다. 급기야 1889년 2월에는 육상으로부터 해산 명령을 받았다. 소가와 미우 라는 육군분의 직후, 보직 이동 명령을 거부한 결과 보직에서 해임되었다. 그 리고 도리오 고야타와 함께 1888년 12월, 예비역에 편입되었다. 다니 다테키 는 1889년 정부가 추진하던 조약 개정을 통렬히 비판했는데, 그 결과 마찬가 지로 예비역에 편입되었다. 위의 4명의 장성은 단지 육군의 비주류파였던 것 이 아니다. 그들은 메이지 정부 내의 비주류파이기도 했다. 그 때문에 육군 주류파는 그들의 정치성이 군대 내에 미칠 영향을 경계했다.

위의 4명의 장성과 주류파의 대립은 프랑스파와 독일파의 대립이라고도 한다. 확실히 다니·도리오·소가는 이전에 프랑스 군사고문단과 직접 접촉 하는 위치에 있었다. 그러므로 프랑스 측으로부터 많은 영향을 받았던 것은 틀림없다. 또한, 미우라와 다니가 손쉬운 독일 군제의 모방을 비판했던 것도 틀림없다. 그렇다고 해서, 그들이 독일식을 주장하던 주류파와 비교해서 더 앞서고 진보적이었다고는 할 수 없다. 그들이 통수권의 독립을 비판했다는 흔적도 없다. 단지 그들은 군이 국토방위에 전념할 것을 주장했고, 군이 원정군으로 변하는 것, 군비의 확장에 소극적이었던 것뿐이다.

사건의 역사적 의미

월요회의 해산으로 위의 4명의 장성이 가진 정치성이 육군 내부로 침투할 위험은 없어졌다. 이후에도 육군의 미래상, 국토방위 구상을 둘러싼 논쟁은 존재했으나, 적어도 그 무대는 육군 밖으로 옮겨졌다. 비주류파의 거두가 예비역에 편입돼 육군을 떠났기 때문이다. 이로써 군의 인사, 규칙에 대한 비판은 억제되었고, 군내 질서와 군기도 유지되었다.

육군 내부에서는 야마가타 아리토모를 정점으로 하는 주류파의 권력이 확고해졌다. 한동안 그들에게 도전하는 세력은 나타나지 않았다. 군의 근대화, 군제 개혁은 야마가타의 비호 아래 가쓰라, 가와카미, 고다마에 의해 추진되었다. 번벌에 기초한 인맥이 고급장교의 다수를 점하는 경향도 바뀌지 않았다.

월요회의 해산으로 군내 질서의 동요는 멈추었다. 하지만 장교단의 대담하고도 독창적인 발상·연구의 싹은 잘려나갔다. 가이코샤는 어용 기관으로서, 자주적이고 독창적인 병학 연구가 불가능했다. 그 기관지인 『가이코샤 기사』는 군의 방침과 규칙을 해설하면서, 군이 공인한 주장만을 싣는 잡지에 불과했다.

앞에서 소개한 새뮤얼 헌팅턴은 전문직의 요건으로 전문적 기능 외에도 사회적 책임, 단체성을 거론했다. 사회적 책임이란 무엇일까? 전문직은 사회의 필요불가결한 기능을 수행하는데, 군인(장교)의 경우, 이것은 사회의 군사적 안전을 보장하는 것이라고 헌팅턴은 말한다. 군인은 사회의 군사적 안전보장에 대한 의무와 책임을 지고, 오직 이를 위해 자신의 전문적 기능(폭력의 관리)을 사용한다는 것이다. 한편, 단체성은 무엇일까? 그것은 공통의 전문적 기능과 사회적 책임에 의해 생겨나는 같은 전문직 구성원들 간의 일체감을 의미한다. 이러한 일체감에 기초해 각 전문직은 단체를 조직하고, 전문적 기능의 기준과 사회적 책임을 수행하는 행동 윤리를 규정·유지한다. 의사협회, 변호사협회가 그 대표적인 예이다.

군인의 경우는 그 단체가 장교단이 된다. 즉 장교단의 중요한 역할은, 폭력의 관리라는 전문적 기능의 기준을 설정하고, 그 사회적 책임(군사적 안전보장)을 위해 특수한 행동 윤리를 규정·유지하는 것이다. 따라서 장교단이 그 능력의 기준을 설정하고 행동 윤리를 규정·유지하기 위해 움직이고 있는가는 군인의 전문화, 나아가 근대화의 판정 기준이 된다.

일본 육군의 경우, 장교단은 사관후보생·견습 사관 교육에 직접 관여했다. 소위 임관도 장교단(연대장교회의)의 승인이 필요했다. 또 소위·중위의 발탁과 진급도 소속 연대의 장교단장(연대장)이 담당했다. 따라서 장교단은 젊은 장교의 교육·인사에 관여함으로써 군인의 능력 기준의 설정, 행동 윤리의 규정·유지에 커다란 역할을 했다고 볼 수 있다. 이것은 일본의 장교단이 전문화·근대화되었다는 것을 보여준다.

하지만 적어도 월요회의 해산 이후, 젊은 장교의 교육·인사에서 독창적이고 이질적인 발상과 연구는 제대로 평가받을 수 없게 되었다. 공인된 방침·규칙 그리고 교범을 습득하고, 장교단의 '분위기'에 동조하는 것이 중요한 평가 기준이 된 것이다. 훗날 일본군이 새로운 상황과 문제에 대해 유연하고 창조적으로 대응하지 못하게 된 원인의 하나도 바로 이러한 배경 때문이라고 생각한다.

3. 대외 전쟁

근대화의 증명

일본군은 그 성장 과정에서 대국으로 평가되는 두 국가와 전쟁을 벌여 승리를 거두었다. 청일전쟁(1894~1895)과 러일전쟁(1904~1905)이 바로 그것이다. 두 전쟁에서의 승리는 일본군의 성장과 근대화의 증거이기도 했다.

당시 청나라는 말기적 증상을 보였으며 그 군대도 일부를 제외하고는 근대적이라고 볼 수 없었다. 그래도 청나라의 총병력은 일본의 약 4배였고, 일본군은 그 거대한 적군을 상대국 영토에서 격파했다. 그 의의는 결코 작지 않다.

한편, 러일전쟁은 러시아의 중심부에서 멀리 떨어진 만주(중국 동북부)에서 벌어졌다. 따라서 러시아 측은 병참과 병력 수송 면에서 상당히 불리했다. 러시아는 전 병력을 극동으로 돌리는 것이 불가능했다. 일본은 러시아가 극동으로 보낸 군대를 상대로 사력을 다해 싸워서 간신히 이길 수 있었다. 이겼다기보다는 지지 않았다는 표현이 정확할 것이다. 사실 전쟁 기간이 길어지면 승패는 예측할 수 없었다. 훗날, 육군의 귀재로 불린 이시와라 간지[30]는 러일전쟁의 승리를 '행운'이라고 했다. 위태로운 상황에서의 뜻밖의 승리였기 때문이다.

그래도 "유럽의 일급 군대를 상대로 이겼다", "적어도 패하지는 않았다", "대등하게 싸웠다"라는 사실은 지워지지 않는다. 만약 일본군이 근대화되지 못했다면 러시아군과 대등하게 싸울 수 없었을 것이다. 군사 조직으로서 군대의 능력을 직접 시험할 수 있는 장소는 전쟁터이다. 그러므로 아슬아슬하게 승리했다고 해도 러일전쟁의 승리로 일본군의 능력은 증명되었다고 볼 수 있다. 그래서 봉천(현재의 심양)을 함락시킨 3월 10일은 이후 육군 기념일이 되었고, 동해해전에서 승리한 5월 27일은 해군 기념일이 되었다(둘 다 1905년에 벌어졌음). 이 두 기념일은 당시의 일본군에게 있어 러일전쟁의 승리가 얼마나 큰 의미를 가졌는지를 잘 보여주고 있다.

두 전쟁의 비교

위의 두 전쟁은 '청일전쟁·러일전쟁'이라고 나란히 불리는 경우가 많다. 그러나 두 전쟁의 성격과 규모는 상당한 차이를 보인다.

예를 들어, 청일전쟁에서 일본 육군이 동원한 병력은 약 24만 명으로, 당시의 인구를 4,181만 명이라고 할 때 동원율은 0.57%다. 이 중 출정 병력은 17만 4,000명으로, 상설 7개 사단을 평시편제에서 전시편제로 이행한 것만으로

---

30 이시와라 간지(石原莞爾, 1889~1949). 일본의 육군 군인으로 만주사변의 주모자로 유명하다. 만주사변을 일으켜 중국과의 전쟁에 단초를 제공했고, 중일전쟁 시기에는 참모본부의 작전부장으로서 군사전략을 수립했다. '세계최종전쟁론' 즉, 일본이 미국을 상대로 최후의 대전쟁을 준비해야 한다는 이론을 주장했다.

도 대응 가능했다(전시 정원은 예비역 소집을 통해 평시 정원의 2배에 가깝게 된다). 전쟁이 끝나기 직전, 홋카이도의 둔전병을 임시사단으로 편성하긴 했지만, 이것은 어디까지나 예외에 속한다. 이렇게 볼 때 청일전쟁은 사단 수를 늘리지도 않고, 미교육병(현역병으로서의 훈련을 받지 않은 병사)을 소집하지도 않고 끝낸 전쟁이다.

이와 비교해 러일전쟁은 동원 병력이 약 109만 명이었다. 일본 본토 인구가 4,722만 명이었으니 동원율은 2.31%인 셈이다. 그리고 무려 94만 5,000명이 출정했다. 상설 13개 사단 외에, 전쟁 중 4개 사단을 신설했다. 물론 현역병, 예비역병만으로는 부족해서 나이 많은 후비역병, 기타 미교육병도 65만 명 넘게 소집했다. 러일전쟁의 승패가 아슬아슬했던 것은 당시의 병력 동원이 한계에 도달했기 때문이기도 하다.

다음으로 전사자를 보자. 청일전쟁 전 기간 동안 육군의 전사자(부상과 병으로 인한 사망자도 포함)는 약 1만 3,000명이었는데, 그 80%는 대륙에서의 전투가 끝난 뒤에 발생했다. 즉, 대만 점령으로 인한 전사자가 1만 명이 넘었다는 것이다. 게다가 그 태반은 질병으로 죽었다. 대만의 풍토가 얼마나 혹독했는지를 알 수 있다. 질병의 원인은 이질, 말라리아, 콜레라, 각기병이었다. 당시 일본군의 위생·의료 체계가 얼마나 낙후되어 있었는가를 잘 보여준다. 반면, 대륙에서 벌어진 전투의 전사자는 3,000명에 불과해 전체의 20%에도 미치지 못했다. 세이난전쟁에서 관군의 전사자가 약 6,000명이었다는 것을 고려하면 상당히 적은 숫자이다. 참고로 1874년의 대만출병 당시, 출정한 장병은 약 4,000명, 전사자는 약 600명이었는데, 그중 98%가 질병으로 사망했다. 1900년의 의화단운동에서는 약 3만 명이 출정해 1,300명 정도가 전사했는데, 이 중 질병으로 인한 사망이 900명을 넘었다.

러일전쟁 중 육군의 전사자는 약 8만 4,000명이며, 그중 2만 3,000명 정도가 질병으로 사망했다. 주요 병사病死 원인은 장티푸스, 각기병, 이질이었다. 위생·의료 체계는 여전히 부족했던 것이다.

여순의 203고지를 둘러싼 격전, 요양이나 봉천에서의 전투가 그랬듯이 러일전쟁은 물적·인적으로 거대한 소모전이었다. 여순에서 러시아군을 가장 괴롭힌 것은 일본군의 시신에서 나는 악취였다는 말이 있을 정도였다. 요양전투에서 일본군의 총병력은 약 12만 7,000명이었고, 사상자는 약 1만 7,000명(그중 전사자는 5,000명)이었다. 봉천전투에서는 일본군 총병력이 약 24만 6,000명, 사상자는 5만 1,000명(그중 전사자는 1만 6000명)이었다. 장교 중, 소위·중위와 같은 초급 사관의 피해가 컸는데, 이들을 1년 지원병제의 예비역 장교로 보충했다. 그러나 봉천전투 후에는 예비역 장교마저 턱없이 부족하게 되었다. 병력 손실이 대단히 컸고, 병력 보충도 대단히 어려웠음을 알 수 있다. '러일전쟁의 승리'는 그렇게 막대한 희생을 치르고 간신히 얻은 것이다.

이 두 전쟁의 차이는 전비(전쟁 비용)에도 나타나 있다. 임시군사비[31]의 지출을 보면 청일전쟁의 전비는 약 2억 엔이었다. 전쟁 전인 1893년도의 세출(일반회계 결산액, 이하의 통계도 일반회계 결산액 적용)이 8,500만엔 정도였으니, 국가 재정의 2년분 이상을 전비에 충당한 것이 된다. 참고로 청일전쟁에서는 외채와 증세 없이, 내국 공채[32]와 배상금만으로 대부분의 전비를 충당했다.

러일전쟁의 경우, 전비가 임시군사비와 '각 성各省 임시사건비[33]의 지출을

---

31   제2차 세계대전 이전까지 일본 정부가 전쟁 수행을 위해 운용한 군사비의 일종이다. 임시군사비특별회계를 기반으로 운용되었다. 청일전쟁, 러일전쟁, 제1차 세계대전과 시베리아 출병, 중일전쟁과 태평양전쟁, 이렇게 네 차례에 걸쳐 지출되었다. 전쟁 비용의 핵심을 이루지만, 평시의 군사비 통계에는 반영되지 않는다.

32   국내에서 발행하는 채권.

33   줄여서 '임시사건비'라고도 한다. 내각의 각 성(省)의 일반회계로 운용되며, 직접적인

합쳐 17억 엔이 넘었다. 러일전쟁 전 최대 세출액은 1900년도의 2억 9,000만 엔이니까, 국가재정의 약 6년분을 지출한 셈이다. 이를 충당하기 위해 정부는 세금을 늘리고 상속세 등을 신설하는 한편, 담배 및 소금의 전매 제도를 확대했다. 하지만 그래도 예산이 부족해서 6억 2,000만 엔의 내국 공채, 6억 9,000만 엔의 외채를 발행했다. 러일전쟁은 당시 일본의 국력을 극한까지 동원해서 싸운 전쟁이다.

전쟁의 래칫 효과

15세기 이후 500년간의 유럽의 전쟁과 국가 형성과의 관계를 연구한 브루스 포터는 전쟁이 국가에 미치는 효과(혹은 작용)를 몇 가지 열거했다. 예를 들어, 전쟁은 정부의 재정 규모를 크게 하고 정부를 인적·물적으로 팽창시킨다. 이를 가리켜 포터는 전쟁의 래칫(톱니바퀴가 역회전하는 것을 방지하는 톱니바퀴) 효과라고 했다. 그에 따르면 전쟁으로 인해 팽창된 국가재정과 세금 수입의 규모는 전후에 약간 작아질 뿐, 결코 전쟁 이전의 수준으로 되돌아가지 않는다. 그 이유에 대해 그는, 사람들은 평상시에 용납하지 않는 증세를 전시 또는 대외관계의 긴장 속에서 받아들이고, 그 결과가 전후에 기정사실로 남기 때문이라고 설명한다.

일본의 재정 규모가 팽창했던 이유도 이와 같은 래칫 효과의 작용이라고 볼 수 있다. 청일전쟁 후, 국가세출은 전쟁 이전의 수준으로 돌아가지 않았다.

전비가 아닌 간접적인 전비로서 지출된다. 특별회계이며 직접적인 전비인 임시군사비와는 명백히 다르다.

<표 2> 군사비 추이(1896~1916)   일반회계 세출 결산액 (단위 : 1,000엔)

연도	세출 총액(A)	군사비(B)	군사비의 백분율 (B/A)	육군비(C)	육군비의 백분율 (C/A)	해군비(D)	해군비의 백분율 (D/A)
1896	168,857	73,248	43.4	53,243	31.5	20,006	11.8
1897	223,679	110,543	49.4	60,148	26.9	50,395	22.5
1898	219,758	112,428	51.2	53,898	24.5	58,530	26.6
1899	254,166	114,213	44.9	52,551	20.7	61,662	24.3
1900	292,750	133,113	45.5	74,838	25.6	58,275	19.9
1901	266,857	102,361	38.4	58,382	21.9	43,979	16.5
1902	289,227	85,768	29.7	49,442	17.1	36,326	12.6
1903	249,596	83,002	33.3	46,885	18.8	36,118	14.5
1907	602,401	198,316	32.9	126,044	20.9	72,272	12.0
1908	636,361	213,384	33.5	141,805	22.3	71,578	11.2
1909	532,894	177,212	33.3	106,166	19.9	71,046	13.3
1910	569,154	185,164	32.5	101,324	17.8	83,841	14.7
1911	585,735	205,464	35.1	105,000	17.9	100,464	17.2
1912	593,596	199,611	33.6	104,125	17.5	95,485	16.1
1913	573,634	191,886	33.5	95,440	16.6	96,446	16.8
1914	648,420	170,960	26.4	87,700	13.5	83,260	12.8
1915	583,270	182,168	31.2	97,791	16.8	84,377	14.5
1916	590,795	211,438	35.8	94,813	16.0	116,625	19.7

비고 : 1904~1906년도의 통계는 생략했다. 러일전쟁을 위한 임시군사비의 지출이 너무 커서 일반회계의 군사비 지출이 큰 의미가 없기 때문이다. 수치는 모두 반올림했기 때문에 합계가 맞지 않는 경우가 있다. 1890년대 후반에 군사비가 세출의 40%를 넘었다는 것은 청일전쟁 후에 나타난 '와신상담'[34]의 실태를 잘 보여주고 있다. 러일전쟁 후 군사비는 거의 일관되게 국가세출의 3분의 1을 차지하고 있다. 특히 주목할 만한 것은 육군비와 해군비의 규모 차이가 사라지고 있다는 점이다. 심지어 해군비가 육군비를 능가한 경우도 있다. 1906년, 영국의 최신전함 드레드노트가 등장한 이후 각국은 앞다투어 해군력 확장에 뛰어들었다. 이 때문에 일본의 해군비도 크게 증가했다.

출전 : 海軍歷史保存会 編, 『日本海軍史 第7卷』(第一法規出版)

1896년도는 1893년도의 2배, 나아가 1894년도에는 2억 엔대가 되었고, 러일전쟁 이전에는 앞에서 언급한 것처럼 2억 9,000만 엔에 도달했다. 그리고 러일전쟁 후인 1907년부터 1916년에 걸친 10년간, 국가세출은 5억 엔대에서 6억 엔대를 유지했다.

군사비를 보자. 1893년도의 군사비 지출액은 2,300만 엔, 이것이 1896년도에는 7,300만 엔으로 3배 가까이 늘고, 1897년도에는 1억 1,000만 엔을 넘어 1900년에는 1억 3,000만 엔이 되었다. 러일전쟁 후인 1907년부터 1916년까지는 2억 엔 정도를 유지했다.

물론 일본경제의 규모가 커지고 있었기 때문에 국가재정 규모도 커지는 것은 당연한 일이다. 또한, 청일전쟁 이후에는 삼국간섭의 충격으로 '와신상담'을 기치로 꾸준히 군비를 확장하기도 했다. 그러나 청일전쟁 이전과 러일전쟁 이후가 15년 정도밖에 차이가 나지 않는데, 그동안 군사비가 거의 8배로 급증했다.

요컨대, 전쟁이 끝나도 군사비는 전쟁 이전의 수준으로 돌아가지 않았다. 군사비에서도 래칫 효과가 작용했다고 볼 수 있다.

---

34 와신상담(臥薪嘗膽). 사마천의 『사기(史記)』에서 유래한 사자성어로, 원수를 갚기 위해 자신을 채찍질하며 극도의 어려움을 참고 견디는 것을 의미한다. 청일전쟁의 승리로 일본은 청나라로부터 영토와 갖가지 이권을 양도받았는데, 그중 하나가 요동반도(遼東半島)이다. 그런데 일본의 중국 진출을 견제하기 위해, 러시아・프랑스・독일은 일본에 압력을 가해 요동반도를 청나라에 돌려주도록 했다. 이것이 삼국간섭인데, 삼국의 간섭으로 일본은 어쩔 수 없이 요동반도를 포기해야 했다. 이 사건은 일본 사회를 분노로 몰아넣었다. 특히 러시아에 대한 적개심이 대단히 커서 와신상담이라는 말이 크게 유행했다. 즉, 러시아에 대한 복수를 위해 힘을 길러야 한다는 것이다. 이러한 사회적 분위기는 이후 군비 증강으로 이어졌다.

전쟁의 통합 작용

포터는 전쟁의 효과로 다음과 같은 작용도 열거하고 있다. 우선, 전쟁은 적에게 대항하기 위해 국내의 대립을 완화하고 통일을 촉진한다. 전쟁을 수행하는 과정에서 국민 국가로서의 통합이 강화된다. 그래서 국가가 사람들의 생활에 관여하는 정도가 커지고, 사람들이 국가에 관여하는 정도도 커진다. 사람들은 동원되어 전시 교육을 받고, 동료 의식과 귀속 의식을 키우며, 그 결과 국민으로서의 일체감이 강화된다. 후방의 평등이 강조되고, 사회적 평준화가 진행된다. 전쟁에 대한 협력 혹은 희생을 담보로 전후에 사회 개혁이 추진된다.

이러한 작용 중, 특히 주목하고 싶은 것이 전쟁의 통합 작용이다. 일본의 경우, 청일전쟁을 통해 '국민'이 형성되었다. 즉, 국가는 전쟁 수행에 수반되는 여러 가지 부담이나 희생을 사람들에게 강요하는 과정에서 '국민'으로서의 의무나 공헌을 요구하게 된다. 한편, 사람들도 역시 전쟁을 수행하는 과정에서 국가와 군대를 일상 속에서 의식하고, 스스로 그 일원이라는 인식을 강렬하게 느끼게 된다. 그렇게 사람들 사이에 '국민'이라는 의식이 정착되는 것이다. 조금 과장해서 말하면, 이때 비로소 일본은 '국민 국가'가 되었다.

전쟁의 통합 작용에서 중요한 역할을 한 이가 바로 천황이다. 메이지 천황은 청일전쟁을 개전하는데 소극적이었고 심지어 "이것은 짐의 전쟁이 아니다"라고 말했다고 한다. 그러나 곧 대본영大本營과 함께 히로시마로 이동했다. 본래 대본영이란 싸움을 지휘하는 군주의 막사를 의미한다. 그리고 히로시마는 출정 부대가 대륙으로 향할 때의 출항지였다. 천황과 대본영이 히로시마에 있다는 것은 국민에게 천황이 친정親政을 행하고 있다는 것을 인식시켰다.

히로시마에 있는 동안 천황인 거처에는 침소가 마련되지 않았다. 잘 때는 의자나 테이블을 정리하고, 그곳에 침대를 가져왔다. 전선의 장병과 같은 체험을 메이지 천황 자신이 원했기 때문이라고 한다. 취침 시간 이외에 천황은 항상 군장 차림으로 지냈다. 이제 천황은 국민의 선두에 서서 전군을 거느리고 싸우는 군주가 되었다. 그렇게 대원수로서의 모습, 싸우는 군주로서의 이미지가 처음으로 국민 속으로 파고들었다.

천황과 군대

국군으로서의 군대가 군주인 천황에게 충성을 맹세하고, 천황의 직접 통솔하에 있다는 것은 「군인칙유」, 통수권의 독립에서만 나타난 것이 아니다. 갖가지 의식과 행사가 이를 더욱 강하게 각인시켰다.

가장 전형적인 예는 천황의 관병식觀兵式이다. 관병식은 1870년 정월, 궁중에서 군신제軍神祭라는 행사로 약 4,000명의 장병을 열병한 것이 그 시작이라고 한다. 이후 이것이 정례화되어, 1872년 정월부터는 육군시陸軍始라고 불리게 되었다. 이듬해인 1873년 3월, 천황은 단발했고, 같은 해 6월에는 군복을 입게 되었다. 아스카이 마사미치가 지적했듯이, 군주가 군복을 입은 모습은 유럽을 모방한 것이었다. 그것은 서양화, 근대화의 일부였다.

관병식은 육군시로서 거행되는 것 외에, 천장절[35] 또는 헌법 공포와 같은 국가적인 경축일에도 거행되었다. 특히 전승을 기념하는 개선 관병식은 가장

---

35 천장절(天長節). 천황 탄생일.

성대하게 거행되었는데, 이를 통해 천황은 최고 지휘관으로서 자신의 모습을 참가 장병에게 각인시킬 수 있었다. 또한, 장병들은 자신들이 충성을 바치는 대상을 구체적으로 볼 수 있었다.

천황은 대규모 훈련에도 입회했다. 예를 들어 1870년 4월, 도쿄 고마바노에서 천람대조련天覽大操練이라는 훈련이 진행되었다. 이때는 아직 어친병이 편성되기 전이기 때문에 어친병 대신, 37개 번으로 구성된 번병이 참가했다. 어친병이 편성되고 진대가 설치되자 천황 스스로 훈련을 지휘하기도 했다. 아마도 유럽의 군주를 흉내 내어 군대를 직접 통솔하는 모습을 보이려고 했던 것 같다.

1873년 4월에는 승마를 좋아하는 천황이 근위병을 거느리고 나라시노로 행차해서 대항 훈련을 통감統監(연습 전체를 감독하고 대항 부대의 승패를 심판하는 일)했다. 이후에는 스스로 훈련을 지휘하는 일은 없었지만, 훈련을 직접 보는 경우는 적지 않았다. 1890년 3월에는 처음으로 '육해군연합대연습'[36]이 아이치현 한다초 부근에서 실시되었다. 그때 천황은 비가 오는 와중에도 '육해군연합대연습'을 통감했다. '육해군연합대연습'은 이때뿐으로 이후에는 육군과 해군이 따로 특별대연습을 실시하게 되었다. 육군의 대연습을 묘사한 판화를 보면, 말을 탄 천황의 모습이 크게 그려져 있다. 그렇게 천황은 최고 사령관으로서의 모습을 갖추게 되었다.

그 외에, 국군의 통솔자로서 천황의 모습을 잘 보여주는 것이 천황의 군사학교 졸업식 행차이다. 육군사관학교의 경우 1878년의 사관생도 제1기생 졸업식 이후, 육군대학교의 경우 1885년의 제1기생 졸업식 이후에 천황의 행

---

36 여기서 '연습(演習)'은 대규모 군사훈련을 의미한다.

차·우등 졸업자에 대한 기념품 하사가 정례화되었다. 군사학교 이외에 천황이 졸업식을 찾는 경우는 제국대학(나중의 도쿄대학)뿐이다. 제국대학의 경우에는 문무 관료 엘리트 후보에 대한 국가의 기대를 나타내는 것이고, 군사학교의 경우에는 국가의 기대뿐만 아니라, 천황과 군인(장교) 사이의 강한 유대를 상징하는 것이기도 했다.

천황과 군인 사이의 강한 유대를 가장 잘 보여주는 것이 바로 천황이 친히 행하는 군기軍旗 수여이다. 여기서 말하는 군기는, 천황이 보병연대·기병연대에 주는 연대 깃발로서 1874년 1월에 근위보병 제1연대 및 제2연대에 수여한 것이 그 시초이다. 오하라 야스오에 따르면 군기의 제정도 프랑스의 영향을 많이 받았다고 한다. 군기는 원래 전투의 기본 단위인 연대의 단결을 나타내는 것인데, 천황이 스스로 하사했다는 의식적인 요소가 가미되면서 독특한 존엄성을 부여받았다.

군기의 존엄성은 일본만의 특징이 아니다. 프랑스에서도 군기는 국가와 국군의 상징이었다. 그리고 여기에 더해 일본에서는 군기가 국군의 최고 통솔자, 충성의 궁극적인 대상인 천황의 상징이 되었다. 일종의 물신화物神化라고 할 수 있는데, 이는 소박한 천황 숭배와 관련이 있다. 스야마 유키오는 메이지 시기의 천황 숭배에 대해 다음과 같이 지적했다. 메이지 정부는 사람들에게, 천황이 아마테라스 오미카미의 직계 자손이며 '현인신'이라는 것을 철저히 가르치려고 했다. 사람들은 이를 오랜 토속 신앙에 근거해서 순순하게 받아들였다. 그것은 소박한 '생불生き神' 신앙에 가까운 것이었다. 이상이 스야마의 설명이다. 결국, 군인들은 '생불'인 천황이 직접 하사한 군기이기 때문에, 그 군기가 특별히 신성하다고 생각했을 것이다.

군기가 휘날리는 곳에서 일본군은 용맹하고 과감하게 싸웠다. 많은 장병이 군기를 통해 국가・천황에 대한 충성을 되새기며, 용기를 냈다. 이후, 군기는 이치노세 도시야가 지적했듯이 각 연대의 영광을 기리는 '역사'의 상징물이 되어 갔다.

그렇다면 실제로 군인들은 어떻게 싸웠을까? 군기에 초점을 맞춰 그들이 어떻게 싸웠는지를 살펴보도록 하자.

청일전쟁에서의 군기

청일전쟁에서 일본군은 훈련, 장비, 사기 등 거의 모든 면에서 청나라군을 능가했다고 볼 수 있다. 청나라군은 편제・장비・훈련이 통일되어 있지 않았고, 동원・병참・지휘 시스템도 근대적 군대의 그것이 아니었다. 일본군보다 4배의 병력을 자랑했지만, 개개의 전투에서는 일본군보다 2배 이상의 전력을 집중시킬 수 없었다.

청일전쟁에서 일본군의 분투를 상징하는 것은, "죽어서도 나팔을 입에서 떼지 않았다"라고 하는 기구치 고다이의 이야기다. 그는 용감하고 책임감 있는 병사의 모범이 되었다. 청나라군은 전투 의욕이 별로 없었지만, 일본군의 사기는 왕성했다. 장병들은 '약한' 조선의 독립을 돕고 청나라의 '야망'을 깨뜨린다고 생각했다. 명쾌한 전쟁 목적은 장병의 사기를 지탱하는 요인 중 하나가 되었다.

명쾌한 전쟁 목적은 군기가 엄정하게 유지되었던 이유이기도 했다. 전장의 군법회의에서 처벌된 사람은 약 2,000명 정도였는데 이중 군수품 수송 등에 징용된 군부軍夫(군대에 속한 인부)가 70% 이상을 차지했다. 요컨대 군법회의에

청일전쟁 당시 현지 군법회의에서 처벌된 사람(명)

육군 형법 위반	370
중죄	3
무기를 소지한 채 상관을 폭행함	3
경죄	367
상관 폭행	3
도주	318
기타	46
형법 및 기타 법령 위반	1,481
중죄	38
모의 살인	1
모의 살인 미수	1
고의 살인	1
폭행치사	4
강간	5
강도	20
기타	6
경죄	1,443
강간	2
강간 미수	9
강도	319
풍속죄(도박 등)	452
기타	661

檜山幸夫, 『日淸戰爭』(講談社)을 토대로 작성

서 처벌된 군인은 약 500명 정도라는 것이고, 그 대부분은 하사관[37]과 병졸이었다. 출정 장병 17만 4,000명 중 500명이 처벌받은 셈이다. 아주 적은 것은 아니지만, 그렇다고 많다고도 할 수 없다. 특히 주목할 만한 것은 상관 폭행이 중죄 3명을 포함해서 모두 6명, 도주죄는 11명에 불과했다는 점이다. 사건 자체는 작은 문제가 아니었지만, 극소수에 그친 것이다(미교육병이 전쟁에 동원되지 않은 것도 문제 발생의 소지를 더욱 작게 했을 것이다).

물론 군법회의에 회부되지 않은 범죄도 있었을 것이다. '징발'이라고 하면서 주민의 식량이나 재산을 빼앗은 경우도 적지 않았을 것이다. 그러나 전쟁은 일상적으로 적을 죽이고 적에게 죽임을 당하는 특수한 상황이다. 아무리 군기가 엄정해도 범죄를 저지르는 사람이 없을 수는 없다. 다만 범죄의 발생에 대해 얼마나 엄격하게 대처하느냐가 문제이다. 그런 점을 고려해 조금 다른 시각으로 보면, 군법회의에서의 처벌이 지나치게 적지도 않고, 지나치게 많지도 않다면 일단 군기가 제대로 유지되었다고 볼 만하다.

---

37 한국의 부사관에 해당함.

여순 학살

전쟁이라는 특수한 상황을 고려해 '여순 학살'에 대해 알아보자. 여순 학살은 1894년 11월, 여순 요새를 한나절 만에 함락시키고 입성한 일본군이 청국의 비전투원을 대량학살한 사건이다. 희생자 수에 관해서는 여러 가지 설이 있는데, 하타 이쿠히코에 의하면 2,000명을 넘지 않았다고 한다. 그러나 설사 2,000명을 넘지 않았다고 해도 대량학살임은 틀림없다. 그런데도 이 사건은 군법회의에 부쳐지지 않았다. 육군 수뇌부가 이 사건을 잔당 소탕으로 간주했기 때문일 것이다.

사건의 복선은 청나라 군인이 전사한 일본군 장병을 능욕한 것이었다. 주검에서 코를 베어내고 눈알을 파며, 배를 가른 적군의 능욕 행위에 대해, 일본군 장병들이 분노와 보복의 감정을 품은 것이 학살의 도화선이 되었다. 사건의 발생에는 다른 원인도 있었다. 여순의 청나라 측 지도자가 일본군의 공격 전에 도망쳐 버렸기 때문에, 청나라 측은 질서정연하게 항복할 수 없었다. 패주하는 청국군의 다수는 군복을 벗고 평복으로 갈아입었기 때문에, 일본군은 청나라 군인과 주민을 구분하지 못한 채, 수상한 사람을 용서 없이 죽였다.

원인이 어떻든 간에 비전투원의 살상은 용인될 수 없다. 다만, 전장의 특수성과 격렬함이 장병들을 극단적인 행동으로 치닫게 할 수도 있다. 대륙에서의 전투가 끝난 뒤, 일본군은 대만을 점령하는 과정에서 격렬하게 저항하는 현지인을 대상으로 잔학 행위를 자행하기도 했다. 이것도 여순 학살과 비슷한 성격을 가진다. 대만에서도 민간인이 뒤섞인 게릴라전이 벌어졌기 때문에 현지 주민이 적인지 아군인지 구분하기 어려웠던 것이다. 그럼에도 불구하고, 전장이라는 특수 상황에서 잔학 행위를 통제하는 것이 군기의 역할이기도 하다. 일본군의 군기도 그런 식으로 작동했어야 했다. 하지만 일본군의 군기는 잔혹 행위를 통제하기보다는 주로 공격 정신·명령복종 관계를 유지하는 쪽으로 작동했다.

또한, 전후에 일본은 청나라 측에 천 수백 명의 포로를 송환했는 데 반해, 청나라로부터 귀환한 일본인 포로는 거우 11명(그중 10명이 군부였음)이었다. 아무리 일본군이 연전연승하고, 투항하지 않고 끝까지 싸웠다고 해도 포로로 잡힌 병사가 1명이라는 것은 너무나도 이상하다. 애초에 포로를 받아들이지 않았거나, 받아들였어도 나중에 죽였다고밖에 생각할 수 없다. 따라서 오해를 무릅쓰고 말한다면, 청나라 측도 일본과의 전쟁에서 국제법을 준수하지 않는 경우가 많았고, 이에 대해 일본 측도 국제법을 무시하고 청나라 측에 보복했을 가능성도 있다.

어쨌든 여순 학살이나 대만에서의 잔학 행위는 청일전쟁에서 예외적인 사례이다(물론 조금은 커다란 예외이긴 하다). 그 외에는 대체로 군기가 엄정했다. 천황의 군대라고 해서 일본군이 더 잔학하고 광신적이었던 것은 아니었다. 군기 위반과 범죄가 있었고, 일부에서 잔학 행위가 있었다고 하더라도 그것이 일본군의 본질적 모습은 아니었다.

참고로 앞에서 언급했듯이, 1900년의 의화단운동을 진압하는 과정에서 일본군은 서구 국가(영국, 미국, 러시아, 프랑스, 오스트리아, 이탈리아)의 군대와 비교해 군기가 엄정하다는 평가를 받았다. 물론 이것이 완벽한 군기를 의미하는 것은 아니었다. 서구 국가의 군대는 금은을 약탈했지만, 일본군은 서화書畵나 골동품을 챙겼기 때문에 별로 눈에 띄지 않았을 뿐이라는 설도 있다. 일부 장병들이 전리품으로 압수한 말굽 모양의 은을 횡령한 사건도 있었다. 그러나 일본군의 행동은 서구 군대가 자행한 심각한 약탈·폭행과 비교하면 꽤 양호한 편에 속했다. 이러한 의미에서 군기가 '엄정'하다는 평가를 받은 것이다.

러일전쟁에서의 군기

당시 러일전쟁은 일찍이 볼 수 없었던 대규모 회전[38]을 거듭 벌인 대전쟁이었다. 그리고 앞에서 언급한 것처럼 물적·인적으로 대단한 소모전이었다. 게다가 러시아군은 청나라군과 비교할 수 없을 정도로 강력했다. 청일전쟁에서는 불과 한나절 만에 여순을 함락시켰는데, 이번에는 5개월이 걸렸다. 일본군은 적이 견고하게 구축한 보루 진지를 정공법으로 거듭 공격했다. 일본군의 진격은 철조망과 참호에 막혔고, 수많은 병사가 기관총에 쓰러지며 시체가 산을 이루었다. 여순을 둘러싼 공방전뿐만 아니라 요양전투에서도, 봉천전투에서도 러시아군의 종심진지縱深陣地는 강력했다.

하지만 무기는 일본군의 열세가 아니었다. 기관총도 수적으로는 러시아군을 능가했다. 단지 견고한 진지를 토대로 한 러시아군의 기관총 공격에 대해 효과적으로 대응하지 못한 것뿐이었다.

힘겨운 싸움이 계속되는 가운데, 일본군의 군기는 어땠을까? 당시의 군기 실태는 군법회의에 의한 처벌 상황으로 엿볼 수 있다. 처벌된 인원은 약 4,400명으로 청일전쟁의 약 9배였다. 그러나 앞에서 예로 든 청일전쟁에서의 숫자는 전장의 군법회의만 집계한 것이다. 따라서 러일전쟁에도 같은 기준(전장의 군법회의에서 처벌된 사람)을 적용한다면 약 1,000명, 청일전쟁의 약 2배가 된다. 출정 장병 94만 5,000명 중 1,000명이기 때문에 청일전쟁보다 범죄율이 낮은 셈이다.

그런데 그 내용을 보면 살인죄나 상해죄가 늘어났고, 상관에 대한 폭행죄

---

38 회전(會戰). 대규모 군대를 동원한 결전.

러일전쟁 당시 군법회의에서 처벌된 사람(명)

	군중(軍中)	사관(師管)	계
육군 형법 위반	197(1)	1,843(5)	2,040(6)
상관에 대한 범죄	25(1)	86	111(1)
항명	1	1	2
대인 폭행·모욕	1	11(3)	12(3)
적전 도주	10	4	14
도주	109	1,435(1)	1,544(1)
결당 및 불복종	0	9	9
기타	51	297(1)	348(1)
형법 및 기타 법령 위반	732(12)	1,652(8)	2,384(20)
살인·살인 미수	7	5	12
상해·상해 치사	69	91(1)	160(1)
과실살상	34	7	41
강간·강간 미수·강간 방조	21	0	21
강도·강도 미수·방화 미수	28	13	41
도박	59	60	119
절도	336(1)	971	1,307(1)
사기 공갈 갈취	38(1)	143(2)	181(3)
기타	140(10)	362(5)	502(15)

1. ( )안은 장교.
2. 군중(군중군법회의)은 전장에서, 사관(사관군법회의)은 일본 본토에서 진행된 군법회의를 가리킨다. 사관군법회의에서 적전 도주로 처벌된 인원이 있는데, 이들은 일본으로 귀환한 뒤에 군법회의에 회부되었다.

출전 : 大江志乃夫, 『日露戦争の軍事史的研究』(岩波書店)

도 증가했다. 적전敵前 도주라는 심상치 않은 사건도 발생했다. 또 일본 본토의 군법회의에서 도주죄로 처벌된 사람이 이상하게 많은 것도 주목할 만하다. 러일전쟁에서 엄청난 희생자가 나오는 것을 보고 도주자가 늘었던 것이 아닌가 싶다. 게다가 러일전쟁에서는 미교육병이 대거 소집되었는데, 이것도 병사들의 도주에 큰 영향을 끼친 것 같다. 전장에서의 끔찍한 희생을 보고 어떻게든 절망과 공포에서 벗어나려고 했던 것이 아니었을까?

그러나 한편으로, 매 작전에서 막대한 희생자가 나왔고 죽음마저 당연했던 상황을 고려해보면, 범죄율은 그렇게 높지 않은 수준이다. 즉, 전쟁의 격렬함을 전제로 한다면 그 정도 선에서 범죄율을 억눌렀다는 표현이 맞을 것이다. 그렇게 볼 때, 러일전쟁에서도 일본군의 군기는 그럭저럭 유지되었다고 할 수 있다. 더구나 삼국간섭 이후 팽배해진 러시아에 대한 적개심, 러시아의 침략에 대항한다는 명확한 전쟁 목적이 병사들의 사기를 지탱해주었다.

물론 그렇다고 일본군이 보기 드문 정신력, 다른 군대에서 볼 수 없는 높은 군기를 가졌다는 것은 아니다. 어디까지나 가혹한 전장 상황을 고려해서 전체적으로 군기 이완이 그렇게 심각하지 않았다는 뜻이다.

하지만 전쟁이 길어지자 사기의 저하를 피할 수는 없었다. 적의 견고한 진지 앞에서 전사자가 속출하고 공포에 휩싸이면서 염전 사상에 빠지는 병사들도 나왔다. 특히 보충병 사이에서 그러한 경향이 강했다. 가벼운 부상을 구실로 후방으로의 이송을 원하는 사람도 나타났다. 돌격 명령에 머뭇거리는 병사도 있었다. 결사대에 지원하는 병사가 있는가 하면, 주저하거나 퇴각하면 총검으로 찌른다고 위협해야만 앞으로 나아가는 병사도 있었다.

백병총검주의

이러한 경험은 1909년 러일전쟁의 교훈을 살려 개정한 『보병조전』[39]에 잘 반영되어 있다. 개정 방침에는 "공격 정신을 기초로 백병주의白兵主義를 채택하고 보병은 언제나 우수한 사격으로 적에게 근접하며, 백병으로 최후의 결판을 내야 한다는 의미를 명료하게 한다"라고 쓰여있다.

위와 같은 방침은 일본군이 러일전쟁에서 탁월한 공격 정신을 발휘해 백병전(칼이나 총검 등을 사용해 근거리에서 싸우는 전투)에서 러시아군을 압도했기 때문에 생긴 것이 아니다(구와타 에쓰, 엔도 요시노부의 연구).

그 전까지는 『보병조전』이 보병 전투의 승패는 화력에 의해 결정된다고 규정하고 있었다. 그래서 러일전쟁의 일본군도 이를 바탕으로 싸웠다. 그런데 일본군 보병의 화력으로는 좀처럼 러시아군을 격퇴할 수 없어서, 결국 총검 돌격을 감행하게 되었다. 하지만 이렇게 벌어진 백병전에서 일본군은 러시아군의 완강한 저항에 고전했다. 또 과감한 공격과 추격이 필요한 상황에서 소극적인 모습을 보이기도 했다. 이러한 이유로 일본군은 백병전의 중시, 공격 정신의 강조를 전쟁의 교훈으로 도출해냈다. 그 후, 공격 정신은 백병전의 필수 사항이 되었다.

거듭 말하지만, 일본군이 공격 정신과 백병전에 뛰어났기 때문에 이를 강조한 것이 아니다. 낙후된 기술력을 정신력으로 극복하려고 했던 것도 아니다. 오히려 러일전쟁의 일본군이 백병전에서 고전했고, 공격 정신이 부족했기 때문에 강조하기 시작한 것이다.

---

39 『보병조전(步兵操典)』. 조전(操典)은 교범을 의미한다.

훗날 일본군은 백병주의를, 물자와 무기가 뒤떨어져도 그것을 보충하고도 남는 정신력이야말로 일본군의 강점이라는 의미로 받아들이게 되었다. 하지만 그것은 사실을 반영한 것이 아니다. 일본군이 러일전쟁에서(특히 후반), 포탄 부족으로 고생했고 진지를 공격할 때 포병 화력이 부족했던 것은 사실이다. 그러나 그 외에는 무기의 질과 양에서 결코 러시아군에 뒤떨어지지 않았다. 요컨대, 백병주의는 무기의 화력에만 의지한 나머지 공격 정신이 약해지는 것을 막기 위해 강조된 것뿐이다.

그러나 "왜 백병주의가 강조되었는가?"라는 본래의 이유는 금방 잊혀 버렸다. 이미 『보병조전』에서도, 승패는 꼭 병력의 많고 적음에 따라 결정되는 것이 아니다, 강인하고 왕성한 공격 정신을 가진 군대는 설사 병력이 열세라도 우세한 적을 격파할 수 있다, 고 규정하고 있었다. 그리고 시간이 흐르자 사람들은 일본이 강적 러시아를 이길 수 있었던 것은 무기는 뒤떨어졌지만, 정신력에서 이겼기 때문이라고 믿게 되었다. 정신력과 사기는 승리를 위한 중요한 요소이고, 그것은 어떤 군대이든 마찬가지이다. 그렇지만 그 정신력으로 물량과 기술력을 극복할 수 있다는 정도에 이르게 되면, 이는 본말이 전도된 것이다. 애초에 화력은 양호한데 공격 정신이 부족하다고 판단해서 백병주의를 강조한 것이 아니었던가? 이 또한 일본군의 역설이었다.

제3장

난숙

1. 정당의 도전

참모본부 폐지론

『하라 다카시 일기』[1] 중 1920년 10월 부분에는 매우 흥미로운 기술이 있다. 당시 대장대신[2] 다카하시 고레키요(1854~1936)는 수상인 하라 다카시(1856~1921)[3]가 허락하면 관계부서에 배포하겠다면서 인쇄물로 된 의견서를 갖고

---

1 『하라 다카시 일기(原敬日記)』. 정당 정치가 하라 다카시의 일기이다. 사료로서 대단히 유명하다.
2 오늘날의 재무부 장관에 해당하지만, 재정, 금융뿐 아니라 경제 전반에 걸쳐 폭넓은 권한을 가졌다. 해당 부서인 대장성(大藏省)의 위상이 높았기에 대장대신(장상)의 권한도 매우 컸다.
3 내무대신, 수상 등을 역임한 다이쇼 데모크라시를 대표하는 정치가이다. 당시의 유력 정당이었던 정우회 소속으로 정당 정치의 구현에 힘썼으며, 귀족원, 육군, 해군, 추밀원, 관료 세력 등 여러 세력의 이해관계를 조정하며 정당 정치를 주도했다.

왔다. 그 의견서에는 일본이 군국주의 국가라는 오해를 없애기 위해 참모본부를 폐지해야 한다는 내용이 쓰여 있었다. 이 의견서를 읽고 놀란 하라는 참모본부의 폐지는 실현될 수 없고, 공연히 반대파를 만드는 것이라고 하면서 의견서 발표를 유보하도록 다카하시를 설득했다.

다카하시가 왜 그런 의견서를 인쇄해서 갖고 왔는지 그 진의는 알 수 없다. 당시 참모본부는 시베리아로부터의 철병 문제에 대해 통수권을 내세우며 철병에 반대하고 있었고, 그 때문에 육군대신이었던 다나카 기이치(1864~1929)조차도 애를 먹고 있었다.[4] 그래서 다카하시가 참모본부에 대해 분개했을 가능성은 있다.

이 상황에서 하라 이상으로 곤란했던 사람은 다나카 육상(육군대신의 약칭)이었다. 다나카는 하라에게, 가능한 한 참모본부를 통제할 테니, 다카하시의 의견서를 외부에 발표하는 것만은 막아달라고 부탁했다. 이를 승낙하면서 하라는 참모본부가 육군성보다 큰 건물을 세움으로써 반감을 불러일으키는 것은 좋지 않다고 지적했다. 그러자 다나카도 여기에 동감을 표시하며, 언젠가 참모본부를 육군성 건물 안으로 옮기는 것을 고려해 보겠다고 대답했다고 한다.

이 일화에서 중요한 것은, 비록 실현되지는 않았을지언정 정부 내에서 참모본부 폐지론이 제기되었다는 점이다. 하라도 현 단계에서는 참모본부의 폐지가 정치적으로 불가능하다고 하면서도 참모본부의 태도에 상당히 비판적이었으며, 개혁의 필요성을 인정하고 있었다. 또한, 육상인 다나카도 건물을 빗대어 참모본부의 축소를 시사하고 있는 듯하다.

당시의 상황을 보면, 참모본부는 정치적으로 수세에 몰려 있었다. 참모본

4　군령을 담당하는 참모본부는 군정을 담당하는 육군성과 나란히 존재했다. 따라서 육군 조직이 원활하게 작동하기 위해서는 두 조직 간의 협조가 필수적이었다.

부는 육군성과 함께, 아니 육군성 이상으로 육군의 중추라고도 할 수 있다. 따라서 참모본부가 수세에 몰렸다는 것은 육군 전체가 정치적 공세에서 밀리고 있다는 것을 의미한다. 육군이 수세에 몰렸기 때문에 육상인 다나카조차 참모본부의 축소 혹은 개혁을 인정할 수밖에 없었다.

육군이 수세에 몰리게 된 직접적인 원인은 시베리아 출병의 실패 그리고 국내외로부터 제기되는 군국주의 비판이었다. 그리고 이에 편승해서 하라 다카시가 이끄는 정우회[5] 내각, 그리고 정당 세력 전체가 육군에 대해 정치 공세를 취하고 있었다. 요컨대 육군은 정당 세력으로부터 힘겨운 도전을 받고 있던 셈이다.

군부대신현역무관제

육군이 정당의 도전을 받은 것은 하라 내각(1918~1921) 때가 처음이 아니었다. 사실 육군이 내세우는 '통수권의 독립'이라는 제도는, 정당 세력이 정부 정책에 직접 영향을 끼칠 것을 예상해서 그 영향이 군대에 미치는 것을 막으려고 만들어진 측면이 크다. 좀 과장해서 말하면 육군은 이때부터 정당의 도전을 의식하고 있었다.

그렇다면 의회정치가 시작된 이래 정당의 도전은 언제부터 시작되었을까? 그것은 청일전쟁 이전, 중의원[6]이 정부의 예산안에서 군사비 일부를 삭감하

---

5   정우회(政友會). 제2차 세계대전 이전 일본의 유력한 정당 중 하나. 헌정회(나중에는 민정당)과 양대 정당을 형성했다.
6   중의원(衆議院). 양원제하에서 하원(下元)에 해당함.

려고 했던 때였다. 그때 중의원은 1892년도 예산안·1893년도 예산안에서 군함건조비를 삭감했다. 당시 정부에 대항하고 있던 정당 세력, 이른바 민당 民黨도 청나라에 대비한 군비 확장을 꼭 반대한 것은 아니었다. 하지만 번벌 정부를 궁지에 빠뜨리기 위해 군사비 삭감이라는 강경 수단을 쓴 것이다.

삭감된 군사비는 해군 예산이므로 육군은 직접적인 영향을 받지 않았다. 그러나 이러한 정당의 행동은 육군 지도층이 갖고 있던 정당에 대한 부정적인 이미지를 더욱 강하게 했다. 그것은 두말할 것도 없이 국방 경시, 당리당략으로 가득 찬 정당의 이미지였다. 육군 군인 우가키 가즈시게는 훗날, 정당에 대해 정당이란 것은 아무리 큰 정당이라도 그에 대립·적대하는 정당을 전제로 하고 있다고 말했다. 즉, 일당 독재가 아닌 이상 하나의 사회에는 정당이 여러 개 존재하는데 그것은 이해의 대립을 전제로 하고 있기 때문이라는 것이다. 바꾸어 말하면, 군의 입장에서 정당은 사회의 분열을 상징하는 존재로서, 거국일치擧國一致를 내세우며 국방의 임무를 수행하는 군과는 도저히 어울릴 수 없는 존재였다.

군은 정당의 힘에 무척 민감했다. 1897년 각 부처에 칙임참사관이 설치되었다. 오늘날로 치면 정무차관[7]에 해당하는 직위인데, 그 자리에 정당 관계자가 기용되었다. 하지만 이 제도는 육군성과 해군성에는 적용되지 않았다. 다른 부처와 달리 육군성과 해군성은 정당 관계자의 취임을 허용하지 않았던 것이다. 1898년 최초의 정당 내각으로 성립한 오쿠마·이타가키 내각[8]이 참사

---

7   정무차관(政務次官). 내각제하에서 각 부처의 장관을 보좌하고 정책·기획에 참여하는 차관. 국회의원이 겸하는 경우가 많다.
8   제1차 오쿠마 내각이라고도 부른다. 대표적인 두 정당 정치가인 오쿠마 시게노부와 이타가키 다이스케(板垣退助, 1837~1919)가 제휴한 내각이다. 두 사람의 대립으로 이 내각은 성립한 지 5개월도 못가 무너졌다.

관을 폐지하고 참여관參與官을 각 부처에 두었을 때도 육군성과 해군성은 이를 적용하지 않았다. 오쿠마·이타가키 내각 이후에 성립한 제2차 야마가타 내각(1898~1900)[9]이 1900년 육군성과 해군성의 관제를 개정해 군부대신현역무관제를 규정한 것도 정당의 힘을 지나치게 의식한 결과인 것 같다. 향후 다시 정당 내각이 등장해도 정당 측 관계자가 군부대신(육군대신·해군대신)에 취임할 수 없도록 예방조치를 취한 것이다.[10]

이전에는 군부대신의 취임 자격에 대해 어떠한 규정이 있었을까? 메이지 정부 초기에는 군부대신의 임용 자격에 대해 여러 번 제도가 바뀌어서 그 자격이 일정하지 않다. 그러나 그에 관련된 규정은 1891년 이후에 모두 없어졌다. 따라서 이론상으로는 군 장성이 아니어도, 예비역도, 문관도 모두가 군부대신에 취임할 수 있었다. 하지만 그런 것은 애초에 고려조차 되지 않았다. 즉, 육군대신과 해군대신은 현역 군인이 아니면 안 된다는 것을 당연하게 생각한 것이다. 실제로 육군성과 해군성이 출범한 이래, 현역 군 장성 이외에 군부대신이 되었던 사람은 문관이었던 가쓰 가이슈(1823~1899) 해군경[11]뿐이다. 또 변칙적으로 육군 중장이었던 사이고 쓰구미치가 해군대신이 된 적이 있었다. 그리고 사이고 해상(해군대신의 약칭)이 외유를 나갔던 1년간은 오야마 이와오 육상이 해상을 겸임했다. 건군기에 해군대신 적임자를 찾는 것이 어려웠기 때문인 듯하다. 그러나 이와 같은 사례는 대단히 예외적인 것이다.

---

9   야마가타 아리토모를 수반으로 하는 두 번째 내각이다.
10 현대 민주주의 국가에서는 정당을 중심으로 정치가 이루어지고, 정권을 잡는 주체 또한 정당이 된다. 그러나 당시의 일본은 아직 정당 정치가 뿌리내리지 못한 상태로, 정당이 제대로 된 집권 세력으로 인정받지 못했다. 이를 반영하듯, 당시의 정부 측 인사는 메이지유신을 추진했던 번벌 세력이 주를 이루었고, 정당은 주로 의회에서 정부를 견제하는 역할을 했다.
11 해군대신(해군부 장관)에 해당하는 직위.

어쨌든 임용 자격이 명시되지 않았던 시기에도 군부대신은 현역 장성이 취임하는 것이 불문율이 되었고, 이것이 관례로 정착되었다. 그리고 육군의 실력자 야마가타 아리토모가 이끄는 제2차 야마가타 내각은 그 관례를 명문화했다.

사실 형식적인 면에서 볼 때, 제도 개정 자체는 작은 것이었다. 육군성과 해군성의 관제官制에 직원 정원표를 부표附表로 붙이고, 거기에 '대신(대장·중장)'이라고 임용 자격을 명시하고, 비고란에 "현역 장관"이라고 표기한 것뿐이었다.[12] 그러나 그 의미는 컸다. 이러한 제도 개정은 마쓰시타 요시오에 따르면, 정당의 힘에 위협을 느낀 군이 미리 참호를 파고 철조망을 두른 것과 같은 것이었다.

'군령'을 제정한 것도 거의 같은 맥락이다. 군령이란 "육해군의 통수에 관해 칙정勅定을 거친 규정"을 의미한다. 육군의 군령은, 각 기관과 사령부의 편제, 학교 조직, 조전·교범·요무령要務令, 계급·교육·상벌·진급·휴가 등에 관한 규칙, 군기·예의·예식·복장 등에 관한 규칙 등, 육군대신이 상주하고 천황이 재가해서 반포되는 것이다.

원래 이러한 규칙은 칙령으로 정해진 다음, 내각총리대신(수상)과 군부대신이 함께 서명하거나 또는 군부대신만 서명하곤 했다. 그런데 세월이 흐름에 따라 점차 군부대신만 서명하는 경우가 많아졌다. 그러다가 1907년 2월, 공식령公式令이 제정되어 모든 칙령에는 내각총리대신의 서명이 필요하게 되었다. 이는 군대에 대한 각종 규칙에도 내각총리대신, 즉 수상의 승인이 필요하다는 것을 의미한다. 군은 이것이 기존의 관행에 반하는 것이고 통수권의 독

---

12 여기서 장관(將官)은 군 장성을 의미함.

립에도 역행한다며 반대했다.

이렇게 해서 1907년 9월, 군은 별도로 '군령'이라는 것을 제정해 군령에는 군부대신만 서명하도록 했다. 군에서는 작전·용병 사항이 아니라 할지라도, 통수권 행사와 결부된 군대의 조직·행동 관련 규정에 총리대신이 관여하는 것을 싫어했다. 군은 정당이 내각을 구성해서 정당 총재가 수상이 되고, 이로 인해 수상이 군사 규칙의 제정에 개입하는 것을 극도로 경계했다. 거의 신경 과민증과 같은 우려였다고 볼 수 있다.

정략 우위의 기반

이처럼 군은 정당을 경계했고 심지어 혐오감을 나타내기도 했다. 하지만 그렇다고 해서 정부의 통제를 따르지 않은 것은 아니었다. 앞에서 언급한 것처럼, 천황에게 충성을 맹세하고 그 명령에 복종하는 것은 천황이 신임한 정부에 따르는 것을 의미했다. 게다가 군사는 정치적 목적을 달성하는 수단이다. 따라서 군대가 정부의 말에 따르는 것은 논리적으로도 타당했다.

군인들도 이를 잘 알고 있었다. 예를 들어 대만출병 때, 육군경 야마가타 아리토모는 출병에 반대했으나, 각의에서 출병을 결정한 이상 그 방침에 따를 뿐이라고 말했다.[13] 야마가타가 말한 것처럼 화친과 전쟁의 결정은 육군경이 마음대로 추진하는 것이 아니었다. 정치가 군사의 우위에 있으며 이것이 당연한 것으로 받아들여지고 있었던 셈이다.

---

13 당시 야마가타는 참의(參議)가 아니었기 때문에 정부의 결정에 참여할 수 없었다. 당시의 참의는 오늘날의 국무위원에 해당한다.

청일전쟁과 러일전쟁에서도 정치의 우위는 유지되었다. 물론 정부와 군이 대립하는 경우도 있었다. 그러나 정부와 군이 대립하면 대부분 정부 방침이 우세했고, 군은 이것을 따라야 했다. 청일전쟁과 러일전쟁은 정략政略 우위를 전제로 수행되었다.

원래 총사령부 격인 대본영은 군 수뇌부로만 구성돼 있었다. 그런데 청일전쟁에서는 이토 히로부미는 천황의 특별 명령으로 대본영에 출석할 수 있었다. 대본영에서 이토 히로부미는 군의 행동에 제동을 걸고, 때로는 군사 작전에 대해 발언했다. 러일전쟁에서는 군 수뇌부인 대본영 구성원에 더해 수상 가쓰라 타로, 외상(외무대신의 약칭) 고무라 주타로(1855~1911), 원로[14]까지 출석한 회의에서 전쟁 수행에 대한 기본 방침이 결정되었다. 아메미야 쇼이치의 연구에 의하면, 정부 측은 정치적으로 중요한 사항은 통수 사항이라 할지라도 정부의 뜻대로 관철했다고 한다. 정략을 중심으로 전쟁을 지도한 셈이다.

때때로 정부는 통수권의 독립이라는 제도를 '무시'하고 군사에 '개입'했다. 통수권의 독립이라는 제도도 따지고 보면 그들 자신이 만든 것이다. 제도를 만든 당사자들은 그것이 무엇 때문에 만들어졌는지 잘 알고 있었고, 그 한계도 잘 알고 있었다. 그러므로 실정에 맞지 않을 때는 그 제도를 무시하고, 그 한계를 넘어 문제를 결정했다.

분명히 제도적으로는 통수권의 독립이 규정돼 있었다. 그러므로 제도적으로는 반드시 정치가 우위에 있는 것이 아니다. 그럼에도 불구하고, 왜 실제로는 정치가 군사를 이끌 수 있었을까? 정치의 우위에 대해 군은 왜 격렬하게 반

14　원로(元老). 본래 이들은 막부를 무너뜨리고 메이지유신을 추진한 일본 근대화의 주역이다. 현역에서 은퇴한 뒤에도 '원로'라는 이름으로 정치, 외교, 군사에 지대한 영향력을 행사했다. 천황에게 자문하는 것 외에, 수상의 추천권을 행사했다는 점에서 결정적인 권력을 행사했다고 볼 수 있다.

발하지 않았을까?

그 이유 중 하나는 '제국주의'라는 당시의 국제 환경에 있다. 즉, 19세기 후반 열강은 군사력을 배경으로 영토와 세력범위를 둘러싼 경쟁을 벌이고 있었고, 일본도 외압으로 나라의 문을 열게 되어 국제사회로 나오게 되었다. 그러한 험한 국제사회에서 살아남기 위해서는 설령 약소국이라 할지라도 대외적 안전 보장을 꾀하고, 군사력을 충실히 해야 했다. 또 스스로 제국주의 국가의 일원이 되기 위해서도 군사력의 정비·확장이 불가피했다. 당시에는 대외 진출이 곧 영토의 확대를 의미했고, 생태계의 적자생존·약육강식처럼 국가도 혹독한 환경에 적응하면서 성장하지 않으면 망한다는 사회진화론이 널리 통용되었다. 성장하기 위해서는 해외로 진출하고, 환경에 적응하지 못하는 약소국을 병탄하는 것이 당연하다고 생각하는 시대였다.

이러한 상황 인식은 정치가이든, 군인이든 마찬가지였다. 즉, 정치가도 군사력의 의의를 높이 평가하고 있었던 것이다. 그리고 이것은 군사비에 대한 배려로 연결된다. 정부는 이따금 예산상의 문제로 군사비를 일시적으로 억제하긴 했어도, 대개는 군사비를 배려하고 군비 확장을 승인했다. 군사비의 래칫 효과도 그러한 정부 방침 때문에 나타난 현상이다. 더욱이 정부는 대외정책을 수행할 때도 군대의 역할을 충분히 인정했다.

이처럼 정치(정부)는 군의 요구와 이해를 충분하게 배려했고, 군에서도 정치(정부)에 대해 큰 불만이나 반발이 없었다. 이러한 상태에서 군은 정치에 개입할 이유를 찾지 못했다. 단지 정부의 방침을 따를 뿐이었다.

지도자의 성격

정치의 우위가 유지된 또 하나의 이유는 당시 지도자들의 성격에 있었다. 그들은 대부분 무사 출신이었는데, 메이지유신 이후에 그들이 정치 지도자와 군사 지도자로 나누어진 것은 급변하는 사태와 각 인물의 개성에 따른 것이었다. 그들은 무사 출신이었고, 유신의 내란과 새로운 국가의 건설이라는 공통의 체험을 통해 동질의 사고방식·가치관을 지니고 있었다.

사실 봉건 체제하의 무사는 단순한 군사 엘리트가 아니었다. 그들은 정치·문화 엘리트이기도 했다. 그러므로 그들은 군대 운용에 필요한 병학(군사학)뿐만 아니라, 정치·통치의 기술도 배웠다. 야마가타 아리토모, 오야마 이와오, 가와카미 소로쿠, 노기 마레스케와 같은 군사 지도자들은 군사학교에서 배운 엘리트가 아니었다. 그들은 이토 히로부미, 이노우에 가오루(1836~1915), 마쓰카타 마사요시(1835~1924) 등의 정치 지도자와 함께 정치와 군사가 미분화되었던 시대에 청년기를 보냈고, 유신 후에는 각각의 특성에 맞는 분야로 진출한 것이다.

따라서 메이지 정부의 정치 지도자들은 국제관계의 군사적 측면을 잘 이해하고, 군의 역할을 중시하며, 정책 결정의 과정에서도 군사적 합리성을 고려했다. 한편, 군사 지도들도 정치적 식견을 바탕으로 군사력의 한계를 잘 이해하고 있었다. 이러한 이해를 바탕으로 군사 지도자들은 군사에 대한 정치의 우위성을 명확하게 인식하고 있었다.

대만출병에서 야마가타가 취했던 태도도 이를 잘 보여준다. 러일전쟁에서도 마찬가지였다. 만주군 총참모장이었던 고다마 겐타로는 전력이 한계에 다다르자 빨리 강화를 맺으라고 정부에 강하게 주장했다. 당시 외상 고무라 주타로는 러시아로부터의 배상금 획득을 중요시했는데, 조기 강화를 우선시하는 고다마는 고무라의 태도에 비판적이었다고 한다. 고다마는 보신전쟁에 참가한 뒤, 병학료의 청년 학사에서 사관을 위한 속성교육을 받았을 뿐이었다.

지도자들은 같은 출신, 체험, 목표로만 이어진 것이 아니었다. 그들은 번벌로서도 이어져 있었다. 당시의 군(적어도 상층부)은 번벌 세력의 중요한 한 축이었으며 강력한 지지 기반이기도 했다. 이것은 군이 번벌 세력의 비호하에 있었다는 것을 뜻하기도 한다.

러일전쟁(1904~1905) 시기까지 탄생한 내각 11개 중 군인(현역 혹은 퇴역) 출신 수상이 이끈 내각은 4개였고, 수상이 된 인물 6명 중 3명이 군인이었다. 같은 시기에 수상과 육군대신·해군대신을 제외한 각료직(장관직) 자리는 79개였는데, 그중 19개 자리에 군인이 취임했다(겸임 포함). 제1차 이토 내각(1885년 성립)[15]에서는 내각을 구성할 때, 전체 각료직 10개 중 6개를 군인 출신이 차지했다. 제2차 야마가타 내각(1898년 성립)[16]에서도 각료 10명 중 군인 출신이 5명이었다(수상 포함).

언뜻 보기에는 군인의 비율이 높고, 정부에 대한 군의 영향력이 상당히 강한 것처럼 보인다. 그러나 이들 군인 각료는 꼭 군의 대표자로서 입각한 것이 아니었다. 오히려 번벌의 일원으로서 입각했다고 보는 편이 맞다. 3명의 군인 출신 수상은 모두 사쓰마·조슈 출신인데, 그보다 중요한 것은 수상이 된 6명의 인물 중 오쿠마 시게노부를 제외한 5명이 사쓰마·조슈 출신이라는 점이다. 또한, 내각 구성 시점에서 군인 출신이 문관직 각료 19개를 차지했는데, 그중 13개는 사쓰마·조슈 출신이 차지했다.

---

15 이토 히로부미가 이끈 첫 번째 내각.
16 야마가타 아리토모가 이끈 두 번째 내각.

군의 상층부 인사가 번벌 세력에 의해 좌우되었다는 것은 널리 알려진 사실이다. 그래서 "조슈는 육군, 사쓰마는 해군"이라고 불리기도 했다. 육군의 경우, 메이지 시기(1868~1912)에 대장에 임명된 31명 중 조슈 출신은 11명, 사쓰마 출신은 9명이며, 중장에 임명된 157명 중, 조슈 출신은 36명, 사쓰마 출신은 25명이었다. 번벌 세력은 군의 실권을 잡았고 군은 번벌 세력의 정치 지도를 따랐다. 결국, 이 시기에 나타난 군사에 대한 정치의 우위는, 군에 대한 번벌의 우위라고 해도 과언이 아니다.

새뮤얼 헌팅턴은 군에 대한 문민통제를 주체적 통제와 객체적 통제로 구분하고 있다. 주체적 통제란 근세 유럽처럼 귀족이 정치 권력을 국왕과 공유하면서 동시에 군의 지도자가 되는 경우, 혹은 민병과 같이 시민이 정치 권력을 장악하고 유사시에 스스로 군인이 되어 군을 통제하는 경우다. 즉, 정치 주체(정치 권력을 가진 세력)와 군의 실권을 쥔 집단이 일치하는 경우, 혹은 정치 주체와 군사 주체가 일체화된 경우라고 할 수 있다.

이에 대해 객체적 통제란 정치 주체가 전문화된 군(객체)을 통제하는 경우이다. 이것은 정치 주체와 군의 실권을 쥔 세력·계층·집단이 서로 다르다고 상정하고 있다.

이와 같은 구분법을 사용할 때, 러일전쟁까지의 정치 우위(번벌의 우위)는 헌팅턴이 말하는 주체적 통제에 가깝다. 군 조직 전체는 점차 전문화되고 있었으나, 정치 권력을 가진 세력과 군의 상층부는 여전히 동질적이고, 상당 부분 일체화되어 있었기 때문이다. 정권을 가진 번벌 세력은 군 상층부와의 일체화를 통해 군을 주체적으로 통제하고 있었다.

그런데 군의 상층부가 번벌 세력과 일체화되어 있었다는 것은 그들이 종종 번벌 세력의 일원으로서 행동하고, 그 과정에서 정치에도 관여했다는 것을 의미한다. 사실 일부 고급 군인은 정당 세력에 대항하는 번벌을 옹호했는데, 그러한 의미에서 당파적이기도 했다. 최초의 정당 내각인 오쿠마·이타가키 내각은 내각 구성 단계에서 군부대신 임명에 어려움을 겪어 위기에 빠지기도 했다. 다행히 천황이 전 내각의 군부대신이 유임하도록 결정해서 위기에서 벗어났으나, 만약 그때 군부대신을 구하지 못했다면 내각은 출범하지도 못한 채 무너졌을 것이다.[17]

군의 상층부와 번벌 세력과의 정치적 관계는 밀접했다. 단지 정당 세력에 대항했을 때뿐만 아니라, 조슈번과 사쓰마번 출신이 대립했을 때도 일부 군인은 번벌 세력의 당파적 대립에 깊이 관여하기도 했다.

확실히 이전과 같이 정부에 반항하고 정부 정책을 공공연히 비판하는 식의 정치 관여는 거의 사라졌다. 육·해군 형법에 저촉되는 정치 관여도 없어졌다. 그러나 일부 고급 군인은 번벌과 정당의 대립, 사쓰마와 조슈의 당파적 대립에 관여했다. 정치에 관여하지 않는다는 「군인칙유」를 행동 규범으로 하고 있었음에도 말이다. 어떻게 그것이 가능했을까? 그들은 「군인칙유」를 무시했던 것일까? 그렇지 않다. 그들은 「군인칙유」를 금과옥조로 삼고 있었고, 행동 규범으로써 삼고 있었다.

정치에 관여하지 않는다고 서약했으면서도 실제로는 정치에 관여했던 이유는 의외로 단순하다. 자신의 행동을 정치 관여라고 생각하지 않았기 때문이다. 그들에게 있어서, 정치에 관여하지 않는 것은 정부 정책에 반항하지 않는 것, 그것을 공공연히 비판하지 않는 것을 의미했다. 따라서 그들은 정권을

---

17 근대 일본에서 육군대신과 해군대신은 각각 육군과 해군 측에서 사람을 지명하기로 되어있었다. 그러므로 육군과 해군은 육군대신과 해군대신을 지명하지 않음으로써 내각의 구성을 방해할 수 있었고, 나아가 내각 자체를 무너뜨릴 수도 있었다. 육군대신과 해군대신이 없는 내각이란 있을 수 없기 때문이었다.

담당하는 번벌 세력의 지시에 따르고, 그 권력 유지를 돕는 것은 정치 관여에 해당하지 않는다고 간주했다.

번벌 세력이란 성격도 다시금 생각해볼 필요가 있다. 번벌은 출신 지역의 이익·배려를 위한 정치 세력이 아니다. 어디까지나 출신 지역을 핵으로 이어진 인적 네트워크였다. 번벌 정치가는 출신 번의 이익을 도모하지 않고 그들이 주관적으로 생각한 '국익'의 증진을 목표로 했다. 그들은 당리당략을 추구하는 집단이라면서 정당을 비판했고, 정당에 대항하며 그들 자신의 권력을 유지하는 것마저 '국익'을 위한 것으로 간주했다. 따라서 번벌 출신의 군인들은 번벌을 지지하고 옹호하면서도 이것을 '국익' 증진의 행동으로 정당화했다. 그들은 정치적이고 당파적인 세력은 사회의 개별 이익을 대표하며 '사익' 실현을 지향하는 정당 세력이라고 생각했고, 번벌 세력은 그렇지 않다고 보았다. 특히 자신이 속한 파벌은 절대로 당파적이지 않다고 합리화했다.

군의 자립

이상과 같은 정치 우위의 상황은 러일전쟁 이후 서서히 사라져 갔다. 그 이유는 첫 번째로 정당 세력의 빈번한 집권을 들 수 있다. 러일전쟁 이후 한동안은 정우회의 지도자 사이온지 긴모치[18]가 군부의 실력자 가쓰라 타로와 교대

---

18   사이온지 긴모치(西園寺公望, 1849~1940). 이토 히로부미가 정우회를 창당했을 때 참가했고, 이후 정우회의 지도자로서 당 총재, 수상 등을 역임했다. 정계에서 물러난 이후에는 원로로서 영향력을 행사했는데, 최후의 원로로서 1930년대까지 수상 후보자를 지명했다. 대외적으로 미국, 영국과의 관계를 중시했고, 대내적으로는 정당 정치와 영국식 입헌정치를 지향한 온건론자였다.

로 정권을 담당하는 시기가 계속되었다. 최대 정당이었던 정우회가 여러 번 정권을 잡자, 이제는 정당 내각이 낯설지 않게 되었다. 그만큼 정당의 세력이 커진 것이다. 그 때문에 관료 세력을 이끄는 가쓰라 내각조차 정당의 협조 없이는 정권을 유지할 수 없게 되었다. 정당이 정권의 주체가 되면, 군에 대한 주체적 통제는 불가능하게 된다. 정치 주체와 군사 주체가 완전히 다르기 때문이다. 정치 주체는 정당, 군사 주체는 군부로 확실히 구분된다.

이어서 두 번째 이유로, 군이 번벌의 보호에서 자립하기 시작한 것을 들 수 있다. 꽤 이전부터 군의 중견층에서는 정식 사관 교육을 이수하고, 강한 전문 의식을 가진 군인들이 등장하고 있었다. 예를 들어, 육군성의 요직인 군사과 장(대좌급)에 육군사관학교(이하 육사라고 함) 출신이 취임한 것은 1897년의 기고시 야스쓰나(구 제도하의 사관생도 1기, 이하 구 1기라고 함)가 처음이었다. 군무국 장 (소장급)이 된 육사 출신자도 1900년의 기고시가 처음이었다. 차관으로 취임한 첫 육사 출신자는 1902년의 이시모토 신로쿠(구 1기)였다(단, 당시에는 총무 장관으로 불렸음). 그리고 이시모토는 1911년, 육사 졸업생으로는 처음으로 육군대신에 취임했다. 한편, 1908년 이후에는 군무국장이 모두 육사 출신자로 채워졌고, 육군대신·차관도 이시모토 취임 이후에는 전부 육사 졸업생으로 채워졌다.

참모본부에서는 1902년, 다무라 이요조(구 2기)가 육사 출신으로는 처음으로 참모차장(참모총장 다음의 2인자)에 취임했다. 1915년에는 우에하라 유사쿠(구 3기)가 육사 출신으로는 처음으로 총장에 취임했다. 참모차장은 다무라가 재임 중에 사망한 뒤, 한동안은 육사 졸업생이 취임하지 않았으나, 1912년의 오시마 겐이치(구 4기) 이후 모두 육사 졸업생이 취임하게 되었다. 참모총장은 우에하라 이후, 쇼와기[19]에 취임한 황족 출신 간인노미야 고토히토 친왕을 제외하고는 모두 육사 출신이 총장에 취임하게 되었다.

참고로, 러일전쟁 개전 당시에는 참모본부에 있던 5명의 부장 중 4명이 육사 졸업생이었다. 오에 시노부에 따르면, 1904년 7월 시점에서 소장의 38%, 대좌의 55.7%, 중좌의 78.2%, 소좌의 85.4%가 육사 출신자였다고 한다. 또한, 러일전쟁 시작 즈음에는 여단장 30명 중, 7명이 육사 졸업생이었으며, 전쟁 중에는 최초로 육사 출신의 사단장(기고시 야스쓰나)이 탄생했다. 그뿐만이 아니었다. 러일전쟁에서 활약했던 군 참모장, 참모부장, 출정했던 사단의 참모장도 거의 육사 출신자(그 외에 군 참모부장과 사단 참모장의 대부분이 육군대학교 졸업자였음)였다.

이렇게 전문적으로 육사 교육을 받은 군인들은 러일전쟁을 전후해서 중견층을 구성했고, 심지어 고위직에도 진출했다. 그들은 번벌과의 관계가 끈끈하지 못했다. 앞에서 등장한 기고시, 이시모토, 다무라, 우에하라 중에 우에하라(사쓰마 출신)를 제외하면 모두 사쓰마·조슈 출신자가 아니었다는 점이 이를 나타낸다. 물론 그들이 요직으로 갈 수 있었던 것에는 번벌의 후원이 있었을 것이다. 그러나 그들은 본래 번벌 세력의 일원이 아니었다. 이들 세대의 군인들은 군사 전문직으로서 강한 자의식을 가지고 있었고, 군사적 합리성 그리고 합리성과 뒤섞인 육군의 조직적 이익을 추구했다. 이러한 상황에서 번벌 세력의 의도·정략적 고려가 끼어들 여지는 점차 줄어갔다.

---

19 쇼와기(昭和期). 쇼와 천황의 연호이며 그 기간은 1926년부터 1989년까지이다. 근대 일본의 쇼와기는 보통 1926년부터 1945년까지를 가리킨다.

국방방침

1912년, 2개 사단 증설을 둘러싸고 육군과 정당이 정면으로 충돌했다. 통설적인 해석에 따르면 문제의 경위는 다음과 같다.

> 제2차 사이온지 긴모치 내각(정우회 내각)이 1913년도 예산을 책정할 때, 육군은 2개 사단 증설을 강하게 요구했다. 그러나 내각에서는 이를 거절했다. 그러자 이에 반발한 육상 우에하라 유사쿠는 천황에게 단독으로 사표를 제출했다. 후임 육상을 구할 수 없었던 사이온지 내각은 각내 불일치를 이유로 총사직했다.[20]

이 설명은 정치의 지도에 따르지 않는 육군의 횡포, 육군의 노골적인 정치 개입을 강조하고 있다. 그러나 실제의 사정은 그렇게 단순하지 않았다.

문제는 사단 증설 요구의 근거가 된 「제국국방방침」으로 거슬러 올라간다. 「제국국방방침」은 1907년에 만들어졌다. 보통 「제국국방방침」(이하 「국방방침」)은 다음과 같이 이해되고 있다.

> 우선, 러시아를 가상적국으로 하는 육군은 평시 25개 사단(전시 50개 사단)을 소요 병력으로 요구했고, 이에 대해 미국을 가상적국으로 하는 해군은 전함 8척·장갑순양함 8척(8·8함대)을 소요 병력으로 요구했다. 양측의 주장은 조정되지 않았고, 그 결과 육군과 해군의 주장이 나란히 반영되었다. 이것은 나중에 육군과 해군이 끊임없이 대립하는 원인이 되었다. 또한, 「국방방침」의 제정은 정부 측은 관여

---

20 육군에서 후임 육군대신을 지명해주지 않으면 내각의 육군대신 자리는 공석이 되고, 육군대신이 공석이면 정상적인 내각 구성이 불가능해진다.

하지 못한 채, 육군과 해군이 강하게 추진했다. 결국, 「국방방침」은 정치적 고려와 재정적 고려가 이루어지지 않은 채, 군의 주장이 일방적으로 열거된 것에 불과하다.

이러한 통설은 최근의 실증적 연구에 비추어 올바른 이해라고 보기 어렵다. 「국방방침」의 가장 중요한 포인트는 대륙(조선·만주)에서 중요한 권익을 획득했기 때문에, 그 권익의 방어를 위해 처음으로 공세 전략을 내세웠다는 점에 있다. 그 이전에는 적군의 일본 본토 침공에 대비해 방어 전략을 생각했었지만, 러일전쟁 이후 동아시아에서 일본 해군에 필적할 수 있는 해군은 사라졌다. 이제 당분간 본토 침공의 위험성은 없는 것이다. 이 점은 해군도 동의할 수밖에 없었다. 그래서 해군은 대륙의 권익 방어를 위한 공세 전략에 동의했다. 대륙의 권익을 지킨다면, 북만주를 세력범위로 하며 대일 복수전을 감행할지도 모르는 러시아가 위협 세력이 된다. 따라서 해군도 당분간 제1 가상적국이 러시아라는 점을 이해하고 있었다. 해군에게 있어서 미국은 가까운 장래에 싸울 가능성이 있는 국가가 아니라, 어디까지나 군비의 표준국이었다. 즉, 육군과 해군은 「국방방침」에 대한 이해·가상적국 여부를 둘러싸고 대립하지 않았던 것이다.

소요 병력량에 대해서도 생각해보자. 러일전쟁 이후에도 일본 육군이 군비의 기준을 극동 러시아군으로 설정했음은 두말할 것도 없다. 육군은 극동 러시아군과 싸우기 위해서는 전시 50개 사단이 필요하다고 계산했으며, 전시에 50개 사단을 확보하기 위해서는 평시에 적어도 25개 사단을 두어야 한다고 생각했다.

앞에서 언급했듯이 러일전쟁 이전, 육군은 근위사단을 포함해 13개 사단을 보유하고 있었고, 전쟁 중에 4개 사단을 임시 증설했다. 그리고 전후에는 임시 사단을 상비 사단으로 전환해서 도합 17개 사단 체제를 만들었다. 그러면 앞으로 증설해야 할 사단은 8개 사단이 된다. 일단 육군은 3개 사단의 증설을 요구했고, 그중 2개 사단 증설을 위한 경비를 1907년도 예산에서 인정받았다. 그리고 나머지 6개 사단의 증설은 "훗날 재정이 완화되는 것을 기다려"서 착수하기로 하고 구체적인 기일은 명시하지 않았다. 이것은 육군 측도 러시아의 복수전 위협을 그다지 절박하게 느끼지 않았다는 것을 의미한다. 사실 러시아군의 만주 출병은 순조롭게 진행되고 있었다. 2개 사단 증설을 위한 경비는, 만주·조선 주둔 병력을 줄이는 대신 그 삭감 비용으로 충당하게 되어 있었다. 또한, 1907년 7월에는 러일협상이 성립되었다. 그래서 "다소 장기적인 휴전 상태"(야마가타 아리토모)라고 했던 러일관계도 점차 안정된 협력관계로 이행하고 있었다.

요컨대 「국방방침」의 25개 사단은 어디까지나 장기적인 목표이지, 바로 실현해야 한다는 수치가 아니었다. 해군의 8·8함대도 마찬가지다. 8·8함대도 장기적인 목표이지 구체적인 완성 연도가 명시된 것은 아니었다. 앞에서 말한 것처럼 이제 동아시아에서 일본 해군에 도전할 해군은 존재하지 않았다. 게다가 일본 해군은 패전국 러시아로부터 전리품으로 함선을 획득해 적어도 양적으로는 부족함을 느끼지 않고 있었다. 그렇게 볼 때, 육군과 해군은 서로 재정적으로 불가능한 수치를 목표치로 제시하며, 예산을 둘러싸고 정면 충돌한 것이 아니었다. 오히려 육군과 해군은 장기적 군비 목표를 내세우면서도, 당분간 서로 요구를 자제하며 협조하고 있었다.[21]

---

21 하지만 이와 같은 저자의 견해에는 이견도 존재한다. 특히 이후에 육군과 해군이 군사비를 둘러싸고 대립하고, 육군과 해군이 정부에 군사비의 증액을 요구하며 내각을 위태롭게 한 사건이 일어나는 것을 생각하면 더욱 그렇다.

그러면 육군과 해군이 「국방방침」을 제정하고, 이를 정부에 강요했다는 주장은 어떻게 보아야 할까? 확실히 정부가 「국방방침」의 제정에 직접 관여한적은 없었다. 하지만 천황은 정치와 전쟁의 일치를 꾀하는 육군·해군의 요망을 받아들여 수상인 사이온지에게 「국방방침」을 보게 했다. 그러자 사이온지는 「국방방침」의 기본은 적당하다고 할 수 있으나 당분간은 소요 병력의전부를 실현할 수 없기에, 국력에 따른 완급 조절이 필요하다고 답했다. 이렇게 해서 정부는 예산을 통해 「국방방침」의 실행에 관여할 수 있는 근거를 얻었다. 정부가 군의 요구를 순순히 받아들인 것만은 아니었다.

다이쇼 정변

「국방방침」이 육군의 주도로 만들어졌다는 것은 틀림없는 사실이다. 대륙의 권익을 방어하는 것을 최우선으로 하는 공세 전략도 육군의 주장을 채택한 것이었다. 단, 그 방침을 수행하기 위한 소요 병력에는 예산상의 제약이따랐다.

러일전쟁 후 한동안, 군은 새로운 요구를 자제했다. 소요 병력을 즉시 달성하게 해달라고 요구하지도 않았다. 이렇게 해서 정부와 군은 대체로 협력관계를 유지했다. 그것은 사이온지가 이끄는 정우회 내각에서도, 가쓰라가 이끄는 관료 세력 내각에서도 기본적으로 변함이 없었다. 육군은 전쟁 이전의13개 사단 체제(평시 15만 명)에서 19개 사단 체제(평시 25만 명)로 이미 대폭 증강된 상태였다. 완벽하지는 않지만, 대러 전력으로는 아주 충분했다.

하지만 얼마 지나지 않아서 사태가 급변한다. 변한 것은 해군력을 둘러싼 상황이었다. 1906년 영국은 최신예 전함 드레드노트를 준공했다. 드레드노트급, 일명 노급弩級 전함은 압도적인 포 구경과 속력으로 현존하는 당시의 전함을 일거에 구식으로 만들었다. 게다가 얼마 후에는 노급 전함의 성능을 능가하는 초노급超弩級 전함이 출현하자, 일본 해군의 실제 세력은 현저히 저하되었다. 그러자 해군은 세계적인 기술 혁신을 따라잡기 위해 새롭게 군비 확장 계획을 세우고, 그 실행을 정부에 요청하게 된다.

해군의 군비 확장은 육군을 자극했다. 더욱이 러시아는 시베리아 철도의 복선화를 추진하고 있었고 공사 또한 진척되고 있었다. 육군은 러시아군의 수송능력이 비약적으로 향상되면, 만주에 대한 러시아의 위협도 높아진다고 판단했다. 그리고 1910년의 한국 합병, 1911년에 발발한 중국의 신해혁명으로 대륙에서 육군이 해야 할 역할이 확대되었다고 하는 주장도 나왔다. 그래서 육군은 「국방방침」에 규정된 사단 증설 계획을 서둘러 실행해야 한다고 주장하며 기존의 19개 사단에 더해 조선에 주둔할 2개 사단의 증설을 요구했다.

일이 이렇게 되자 이제 해군도, 육군도 자제하던 태도를 버리고 당당하게 군비 확장 예산을 정부에 요구하게 되었다. 그러나 러일전쟁 이래 정부는 막대한 내국채와 외채(둘 다 부채로 남았음)를 떠안고 있어서 재정적인 여유가 없었다. 그래서 행정·재무의 구조조정과 이를 통한 예산 절약을 진행해야 하는 상황이었다. 이러한 상황에서 육군과 해군 양쪽의 군비 확장을 모두 추진하는 것은 무리였다. 객관적인 정세로 보자면, 상대적으로 세력이 약해진 해군의 증강을 일부 허용하고, 당장 큰 위협이 없는 육군의 사단 증가를 연기해야 했다. 육군과 해군 양측은 요구의 근거로서 「국방방침」을 내세웠고, 정부는 재정적인 문제를 고려해서 해군의 요구를 우선시했다. 이렇게 해서 육군의 2개 사단 증설 문제가 불거지게 되었다.

전함 드레드노트. 영국은 경쟁자를 따돌리고 해군력의 절대 우위를 지키고자 드레드노트를 건조했다. 하지만 그 결과는 더욱 격렬한 해군력 경쟁이었다.

제2차 사이온지 내각은 2개 사단 증설 예산을 1년 연기하는 것으로 육군과 타협하려고 했다. 또한, 야마가타 아리토모와 가쓰라 타로가 정부와 육군을 잘 조정해줄 것으로 기대했다. 그러나 조정은 제대로 이루어지지 않았다. 당시 군무국장 다나카 기이치[22]가 육군의 요구 관철을 위해 사이온지 내각을 타도하고 데라우치 마사타케[23]를 수반으로 하는 육군 내각을 세우고자 했고, 그 때문에 타협에 응하지 않았기 때문이다.

육군에서는 사단 증설 문제를 단순한 군비 확장의 문제로 보지 않았다. 육군은, 정우회가 이 문제를 이용해 군을 압박하고 정당 내각을 더욱 공고하게 하려는 것으로 받아들였다. 정당의 공격을 국가 통치의 정통성을 둘러싼 문제로 간주한 것이다. 육군은 강하게 반발했다. 그 결과, 육군대신 우에하라 유사쿠가 사표를 제출하고, 사이온지 내각이 사퇴하게 된 것이다.

사이온지 내각의 붕괴로 육군은 군부대신현역무관제를 이용해 사이온지 내각을 '독살'했다고 비판받았다. 사이온지 긴모치가 사임한 뒤, 가쓰라 타로가 3번째로 수상에 취임하게 되었다. 가쓰라는 조슈 출신의 육군 대장으로서 번벌 세력의 일원이었다. 이 때문에 사람들은 가쓰라의 배경이 되는 군대 내의 번벌을 강도 높게 비판했고, 이것은 곧 벌족 타파를 주장하는 헌정 옹호 운동으로 확대되었다. 이 운동으로 제3차 가쓰라 내각은 불과 2개월 만에 무너졌다.

사실 가쓰라는 사단 증설의 필요성을 인정하지 않았다고 한다. 군부대신현역무관제에 대해서도 회의적이었다고 한다. 제2차 가쓰라 내각 당시, 수상인

---

22 다나카 기이치(田中義一, 1864~1929). 육군 대장이며, 고위직을 두루 거쳐 육군대신을 역임했다. 나중에는 정당 정치가로 변신해 정우회의 총재, 수상을 역임했다.

23 데라우치 마사타케(寺内正毅, 1852~1919). 육군 군인으로서 대장을 거쳐 원수까지 진급했고, 육군대신, 조선 총독, 수상 등을 역임했다. 조슈 출신으로서 야마가타 아리토모, 가쓰라 타로의 뒤를 이어 육군 주류의 인물이기도 하다. 초대 조선 총독으로 부임해서 무단통치를 시행한 것으로도 유명하다.

가쓰라는 육군 조직의 이익에 사로잡히지 않고, 대국적 견지에서 정치를 행하려고 노력했다. 관료 세력을 거느리면서도 정당의 요구도 배려했고, 정국의 운영에 있어서 정당의 지지·협조가 필수적이라는 것도 점을 깨닫고 있었다. 그래서 제3차 내각이 출범한 시점에서는 비非정우회 계통의 정치가를 결집해서 새로운 정당을 만들려고 했다.

이제 가쓰라는 번벌 정치가, 군대의 지도자라는 틀에서 벗어나서 정당 정치가가 되려고 했던 것이다. 그러나 사람들은 그를 정당 정치가로 생각하지 않았다. 어디까지나 번벌, 군벌의 화신으로 간주한 것이다. 한편, 횡포를 부렸던 육군은 사이온지 내각을 쓰러뜨렸다고 비난을 받았을 뿐, 이 사건으로 아무것도 얻을 수 없었다. 단지 정당 세력과 여론을 반군벌, 반육군 세력으로 만들었을 뿐이다. 당연히 사단 증설도 물 건너갔다.

이 시기의 군사와 재정을 분석한 무로야마 요시마사는 조금 색다른 의견을 제시한다. 그는 이 사건으로 육군이 2개 사단 증설에는 실패했지만, 군비 축소를 모면하고 러일전쟁 이후 대폭 확대된 군사력을 그대로 유지하는 데 성공했다고 주장한다. 객관적으로 이것은 옳은 주장이다. 그렇지만 당시의 육군 군인들은 자신들의 요구가 정당 세력에 의해 좌절되었다고 생각하며 강렬한 반감과 위기의식을 갖게 되었다. 게다가 청일전쟁·러일전쟁의 승리로 군인의 위상이 높아지고 있었기 때문에, 그 반감은 더욱 강했다.[24]

---

24 이상이 다이쇼 정변(大正政變)의 전말이다. 즉, 다이쇼 정변은 1912년에 2개 사단 증설 문제로 제2차 사이온지 내각이 총사직하고, 그 후 1913년 2월 제1차 헌정 옹호 운동으로 제3차 가쓰라 내각이 무너진 일련의 사태를 가리킨다. 제1차 헌정 옹호 운동이 정당 세력과 민중의 힘에 의해 이루어졌다는 점을 감안할 때, 다이쇼 정변은 다이쇼 데모크라시의 도래를 알리는 사건이기도 했다.

'진정'한 국군화를 향해서

다이쇼 정변의 경험을 통해 육군은 한층 자립화를 꾀했다. 국민 여론은 이미 번벌 타도의 목소리를 높이며 군을 번벌의 사병이라고 비난하고 있었고, 이에 대해 육군은 자신들이 국군國軍이 되어야 한다는 이념을 근거로 번벌의 그늘에서 벗어나려고 했다. 기타오카 신이치에 따르면 조슈 벌閥의 정통파로 분류되는 다나카 기이치조차 '진정'한 국군화를 주창하며 번벌과 군이 일체화된 상황을 바꾸려고 했다고 한다.

다나카가 그랬으니 비 조슈계 군인들은 더욱 말할 것도 없다. 비 조슈계 군인들은 군과 번벌의 결합이 조슈 출신자를 우대하는 정실 인사를 초래하고, 전문직으로서 군의 자율성을 해친다고 비판했다. 이러한 비판은 군대를 번벌의 한 축으로 보는 국민 여론에 의해 더욱 강화되었다.

한편, 번벌 측도 이전처럼 군의 조직적 이익이나 군사적 합리성을 특별히 배려하지 않게 되었다. 앞에서 언급한 것처럼 가쓰라는 수상으로서 오히려 육군의 요구를 제어했다. 육군의 이익이나 요구뿐만 아니라 국가의 지도자로서 각 방면의 이익을 조정해야 했기 때문이다. 게다가 정권을 획득·유지해 나가기 위해서는 정당의 지지·협력이 필요하기에 정당의 요구도 챙겨야 했다. 다나카가 사단 증설을 위해 희망을 걸었던 데라우치도 그랬다. 데라우치는 육군 출신이며 조슈 벌의 핵심 인물이면서도, 육군만의 이익 실현보다는 점차 다양한 요구를 조정하고 통합하는 일을 우선하게 되었다. 그리고 그러한 능력을 나타냄으로써 나중에 수상 후보가 되고 머지않아 수상이 된다.

번벌이 군을 확실하게 보호하지 않고 오히려 그 요구를 억제하도록 하자, 군도 번벌의 그늘에서 벗어나려고 했다. 그래서 군의 요구를 관철하기 위해 번벌의 힘을 이용하기는 해도, 번벌의 통제를 꼭 따르지는 않게 되었다. 2개 사단 증설을 둘러싼 정치적 분규에서 야마가타와 가쓰라가 정부와 육군 사이의 중재자로 나섰을 때, 군무국장 다나카는 타협에 응하려 하지 않았다. 이는 야마가타와 가쓰라로 대표되는 번벌의 통제력·조정력이 크게 저하되고, 육군의 정치적 자립이 본격화되었음을 보여준다.

이제 육군은 번벌의 속박에서 벗어나 그 의존에서 탈피하고자 했다. 이는 번벌로부터 자립한 군이 정당의 도전에 직접 맞선다는 것을 의미했다. 이렇게 해서 군은 때로는 정당과 충돌하고 때로는 타협하면서 자신의 요구를 차례로 달성하게 된다.

군부대신현역무관제의 폐지

단명으로 끝난 제3차 가쓰라 내각 이후에 야마모토 곤베에 내각이 출범했다. 야마모토는 사쓰마 벌閥로서 해군의 최고 실력자였다. 야마모토 내각에서는 정우회가 여당으로 협력했다. 그래서 육군에 대항한 사쓰마 벌-해군-정우회의 제휴가 성립했다. 군비 확장을 위한 예산 배분을 둘러싸고 육군과 해군이 대립했는데, 그 대립이 번벌 간의 대립, 정당 간의 대립, 정당과 번벌의 대립으로 복잡하게 뒤얽힌 상황이 나타나게 되었다.

1913년 의회에서는 군부대신현역무관제로 인해 헌정 운용에 지장이 있는 것은 아닌지 잇따라 나왔다. 그리고 여당인 정우회의 압력도 있어서, 야마모토 내각은 군부대신과 차관의 임용 범위를 예비역·후비역 장성으로 확대했다. 육군성·해군성 관제의 부표에 있는 비고란에서 대신·차관의 임용 자격 "현역 장관"이라는 문구를 삭제한 것이다. 수정한 부분은 미미한 것이었지만 그 의미는 매우 컸다.

그 의미의 중요성은 육군의 반발에서도 볼 수 있다. 참모본부는 물론, 육군성에서도 군무국장 이하, 과장급 대부분이 반대를 표명했다. 앞에서 소개했듯이, 군사과장 우가키 대좌가 장문의 괴문서를 관계방면에 배부한 것도 위와 같은 관제의 개정을 저지하기 위해서였다. 육상인 기고시 야스쓰나는 고뇌에 찬 결단을 강요받았다. 그는 개정에 응하면서 한편으로는 사단 증설의 약속을 받아내려고 했다. 그러나 결국, 약속을 받아내지 못하고 관제가 개정된 직후 사임했다.

이 관제 개정으로 육군은 육군성과 참모본부의 업무 담임을 변경했다. 혹시 현역 군인이 아닌 사람이 육군대신에 취임해도 통수 사항에 손을 대기 어렵게 한 것이다. 그래서 이제껏 육상이 주관한 업무 중 대부분을 참모총장에게 이관하고, 모든 업무는 양자의 협의를 통해서 실시하게 했다. 주관이란 기안권起案權을 의미하는데, 기안권은 실제로는 최종결정권에 해당했다. 이와같이 육군은 정당의 공세에 대항하기 위해, 통수권의 독립을 제도적으로 강화했다. 원래 통수권의 독립은 번벌 세력이 자유민권운동의 정치적 영향으로부터 군을 격리하는 조치의 하나로 만든 것이다. 그리고 이제는 통수권의 독립이 번벌 세력으로부터 자립한 군이 정당의 공세로부터 조직을 보호하는 근거가 되었다.

외교조사회

1914년 야마모토 내각은 지멘스 사건(해군의 무기 도입을 둘러싼 뇌물 사건)의 책임을 지고 총사직하고, 오쿠마 시게노부를 수반으로 하는 제2차 오쿠마 내각이 출범했다. 오쿠마 내각은 이전에 가쓰라 타로가 창당한 입헌동지회를 여당으로 했다. 오쿠마 내각에서 주목할 것은 방무회의를 설치한 것이다. 방무회의는 수상, 외상, 장상(대장대신), 육상, 해상, 참모총장, 해군군령부장으로 구성되었는데, 군비와 재정·외교를 조정하는 것을 목적으로 했다.

이와 같은 구상은 원래 사단 증설 문제가 정치적 쟁점이 되었을 때, 제기된 바 있었다. 당시 의회에서 국방회의 설치를 제안했던 것이다. 그것은 국가 정책의 전체적인 시각에서 군비 문제를 검토한다는 명목으로 했지만, 실제로는 육해군의 군비 확장 요구를 억제하기 위함이었다. 제3차 가쓰라 내각 당시에는 정부 측에서 국방회의를 설치하려고 했으나, 내각이 단명하는 바람에 실현되지 못했다. 그리고 마침내 오쿠마 내각에서 설치된 것이다.

단, 육군은 '국방회의'라는 단어에는 반대했다. 그래서 '방무회의'라는 명칭이 채택되었다. 육군은 군 이외의 세력이 국방 정책에 관여하면 군의 주장이나 요구가 더욱 억제되지 않을까 우려했다. 방무회의는 그 검토 대상을 군비軍備(군사력)로 한정했고, 군비 확장을 억제하는 쪽으로 움직이지 않았다. 오히려 결과적으로는 육해군의 군비 확장을 용인하게 되었다. 육군의 요구인 2개 사단 증설도 방무회의의 결정을 거쳐 실행에 옮겨졌다. 마침 발발한 제1차 세계대전도 군비 확장에 순풍으로 작용했다.

그 후 방무회의는 거의 기능이 정지되었다. 그 대신 군사·외교를 포함한 국책 전반을 통합·조정하기 위해, 데라우치 내각 시대인 1917년에 외교조사회(정식 명칭은 임시외교조사위원회)가 설치되었다. 외교조사회는 천황 직속으로 궁중에 설치되었는데, 그런 의미에서 내각의 상위 기관으로 간주되었다. 또한, 수상을 총재로 하고, 위원은 현직 국무대신(장관)이나 국무대신 경험자 중에서 선출했다. 위원 중에는 국무대신 경험자로서 하라 다카시(정우회 총재)와 이누카이 쓰요시(국민당 총재)도 있었다.

아메미야 쇼이치는 외교조사회와 군의 관계에 대해 분석했는데, 그중 주목해야 할 점을 소개해 본다.

첫째, 정당 지도자가 국무대신 경험자라는 자격으로 위원에 선출되고, 국가 최고 수준에서 대외 국책의 결정에 관여할 수 있게 되었다.

둘째, 외교조사회는 대외 국책과 관련된 군사 문제에도 관여해 종종 군의 방침이나 행동을 제어했다.

예를 들어, 러시아혁명이 발발할 무렵 육군은 시베리아 출병을 추진하려고 했다. 그러나 외교조사회는 외교적·재정적 이유를 들어 여기에 제동을 걸었다. 미국으로부터 공동 출병 제안이 왔을 때는 육군이 미국이 제안한 제한적 출병에 구애받지 않아야 한다고 주장했고, 정부도 이에 동조했다. 하지만 외교조사회에서는 하라 다카시 등이 미국의 제안에 따라 작전 목적, 작전지역, 작전 병력을 제한해야 한다고 강조했다. 이에 대해 당시 참모본부 작전부장인 우가키 가즈시게는 "병사를 알지 못하는 무리가 무의미하게 병력을 제한하고 혹은 소요 경비를 한정하는가 하면, 용병用兵의 방면·시기 등도 안팎의 분위기로 결정하는 등, 실로 언어도단이다"라고 비판했다. 이러한 발언은 앞에서 소개한 군부대신현역무관제 옹호와 마찬가지로, 전문화된 군사 테크노크라트가 비전문가를 대하는 오만함을 잘 보여주고 있다. 또한, 참모총장 우에하라 유사쿠는 정부와 외교조사회의 태도에 대해 통수권의 독립을 침범한 것이라고 비난했고, 마지막 순간에 취소되기는 했지만 사표를 제출하며 항의하기까지 했다.

셋째, 시베리아로부터의 철병은 데라우치 내각 다음에 출범한 하라 내각 (1918~1921)이 실행했다. 하라 다카시를 수반으로 한 하라 내각은 외교조사회의 존재를 교묘하게 이용해 정부의 방침을 실행에 옮겼다. 하라 내각은 각의(내각회의)[25]에서 결정한 단계적 철병 방침을 외교조사회에서 승인하도록 하고 이 것을 육군이 받아들이도록 밀어붙였다. 정부의 방침을 군(참모본부)이 받아들이도록 밀어붙일 때, 중요한 역할을 한 사람은 육군대신 다나카 기이치였다. 이전에 다나카는 군무국장(혹은 참모차장)으로서 사단 증설 문제 등에 대해, 군의 입장을 직설적으로 밝히며 정당과 맞섰다. 그러나 그 후, 다나카는 육군의 요구를 실현하기 위해서는 정당과의 제휴가 필수적이라는 것을 깨닫게 되었다. 하라 수상에 협력한 것도 그러한 체험과 신념에서 기인한 것이었다.

다나카는 시베리아 출병은 전쟁이 아니기에 정부가 철병의 내용을 결정해도 아무 문제가 없다고 주장하며, 참모본부의 사전 양해를 얻지 않고 정부의 철병 방침을 실행에 옮기려고 했다. 육군은 군부대신현역무관제의 폐지에 대응해서 조직의 독립성을 강화했지만, 육상 다나카 기이치는 그 독립성을 무시하며 행동했다. 물론 참모본부는 이에 강하게 반발했다. 그 결과, 앞에서 언급한 것처럼 하라 수상은 물론 다나카 육상도 참모본부를 개혁할 필요가 있다고 생각한 것이다.

참모본부를 거점으로 한 육군이 정당 측의 공세를 그냥 두고 본 것만은 아니었다. 육군은 신해혁명 이후 정부의 방침을 위반하면서도, 중국 대륙에서 실력

---

25   각의(閣議). 한국의 국무회의에 해당함.

행사를 감행했다. 육군의 이와 같은 행동은 대륙에서의 권익 옹호·권익 확장을 위한 것이었는데, 이것이 경우에 따라서는 중국에 대한 내정 간섭을 방불케 했다. 하지만 육군은 이것을 국방에 이바지하는 것으로 정당화했다. 또한, 시베리아 출병에 대해서는 제한적 출병이라는 제약에서 벗어나려고 노력했고, 나중에 시베리아로부터 병력을 철수할 때도 철병에 완강히 반대했다.

그렇지만 육군의 저항에는 한계가 있었다. 이전에 참모차장으로서 저항을 이끌던 다나카조차 정당과의 협조·제휴를 중시하지 않을 수 없었다. 육군의 장기적인 이익을 고려해 국책 전반에서 군사적 요구를 실현하기 위해서는, 정치의 실권을 쥐고 있는 정당과 싸우고 대립하기보다 오히려 정당과 제휴해서 군사 정책을 순조롭게 실행해 나가는 편이 더 낫기 때문이었다. 이렇게 해서 정당 세력은 외교조사회를 이용하고 다나카 육상을 매개로, 본래 통수권에 속하는 부분에도 관여할 수 있었다. 이런 식으로 정당 세력은 통수부(참모본부)의 행동을 통제하려고 했다. 새뮤얼 헌팅턴의 개념을 사용한다면, 그것은 객체적 문민통제의 맹아임에 틀림이 없다.

군부대신문관제의 주장

하지만 객체적 통제의 실현은 통수권의 독립이 폐지되지 않는 한 무리였다. 참모본부의 개혁도 실제로는 이루어지지 않았다. 따라서 객체적 통제는 어디까지나 맹아에 그쳤다.

단, 참모본부의 개혁까지는 아니어도 몇 가지 제도 개선이 시도되었다는 것은 언급할 가치가 있다. 예를 들어, 1914년 10월 각 성에 참정관 및 부참정관을 두게 되었을 때, 이전의 참사관이나 참여관과는 달리 이것은 육군성과 해군성에도 적용되었다. 그래서 군기軍機·군령軍令에는 관여하지 않는다는 조건으로 육군성과 해군성에도 문관인 참정관·부참정관을 두게 되었다. 육군성·해군성 내의 참정관·부참정관은 문관이라고 해도 사실은 군인 출신이었다. 1924년 8월에는 참정관·부참정관을 대신해서 정무차관과 참여관이 각 성에 설치되었는데, 이때 육군성·해군성의 정무차관과 참여관도 정당 정치가가 취임하게 되었다. 물론, 이때에도 정무차관과 참여관은 군기·군령에 관여하지 않는다는 제한이 부가되었다. 따라서 육군성·해군성 측에서는 그들의 역할에 별다른 기대를 하지 않았다. 의회·여당과의 연락책 정도로만 생각했던 것 같다. 하지만 육군·해군의 방침에 실질적인 영향을 준 것은 아니지만, 육군성·해군성 안에 정당 정치가의 보직이 생겼다는 것은 결코 작은 의미가 아니다.

이러한 제도 개혁을 적극적으로 추진한 것은 역시 하라 내각이었다. 1919년 우선, 식민지 총독의 무관 전임제가 바뀌었다. 즉, 조선 총독, 대만 총독은 그때까지는 현역 무관이 아니면 취임할 수 없었으나 이후에는 문관도 가능하도록 개정되었다(단, 문관의 경우 총독의 군대 통솔권은 삭제됨). 이렇게 해서 제도적으로는 문관 총독의 길이 열리게 되었다. 이 제도 개혁과 병행해서, 남만주의 방어와 관동주[26] 조차지의 행정을 담당해 온 관동도독부가 폐지되고, 해당 기관이 문관을 장관으로 한 관동청과 관동군사령부로 분리되었다. 식민지 총독의 임용 자격 확대, 관동청의 설치 둘 다 군의 임무를 군사로 한정시키고 일반

---

26 관동주(關東州). 러일전쟁으로 일본이 획득한 여순·대련 조차지이다. 조차는 일정 기간 영토를 빌렸다는 의미이다. 따라서 공식적으로는 영토가 아니지만, 해당 기간 동안은 사실상의 영토였다.

행정은 문관에게 맡기려는 것이었다. 그렇게 군은 기득권의 축소와 함께 수세적인 입장에 내몰렸다.

더 나아가 1921년, 하라 수상은 해군 군축을 협의하는 워싱턴회의에 전권위원으로 가토 도모사부로 해상(해군대신)을 임명하고, 해상이 자리를 비우는 동안 스스로 해상의 사무관리로 취임했다. 문관 출신의 사무관리이기 때문에 통수권에는 관여하지 않는 임시 대리였다. 그러나 육군은 여기에 동의하지 않았다. 육군의 입장은, 어떤 경우라도 통수권은 군부대신이 관장해야 한다는 것이었다. 일단 문관의 사무관리를 인정하게 되면, 언젠가 문관 출신의 군부대신도 인정하게 될 것이라고 우려했다. 그러나 결국에는 육군도 하라 수상의 해상 사무관리를 인정했다. 육군에는 문관의 사무관리를 적용하지 않는다는 조건으로 말이다.

육군의 우려를 꼭 기우라고 할 수는 없었다. 이제 제국의회[27]에서는 군부대신 임용 자격의 철폐, 즉 문관 대신제에 대한 논의를 시작하고 있었다. 1923년에는 군부대신 무관전임제의 폐지를 요구하는 건의안이 만장일치로 가결되었다. 건의안이 정부를 구속할 수는 없었지만, 정당이 요구하는 바는 분명했다. 군부대신문관제뿐만이 아니었다. 사단 감축으로 대표되는 육군 군축, 1년 병역제 등 군을 겨냥한 정당의 공세는 제1차 세계대전 이후 더욱 거세지고 있었다.

사실 육군에 대한 도전은 정당에만 있는 것이 아니었다. 육군은 다른 방면에서도 힘겨운 도전을 받고 있었다.

---

27 근대 일본 의회의 정식 명칭.

2. 사회의 도전

집단 탈영

1908년 1월, 제16사단(교토)에 소속된 선임 병사 십수 명이 집단으로 병영을 탈주했다가 다음 날, 교토 시내의 폰토초에서 체포되었다. 해당 연대에서 이것은 미증유의 사건이었다. 병사의 지도를 담당하는 하사관(조장, 상사에 해당하는 계급)이 선임병들을 신병처럼 까다롭게 다루었는데, 그때 선임 병사 한 명이 명령에 따르지 않아 구타당했다. 이를 계기로 병사 십수 명이 외출해서 술을 마시고 영내로 복귀하지 않은 채, 항의 표시를 했다고 한다.

같은 해 3월에는 제1사단(도쿄) 소속 병사 30여 명이 훈련에 나가서 영내로 복귀하지 않고, 다음날 밤에 겨우 돌아온 사건이 발생했다. 맹훈련에 시달린 그들은 도야마 훈련장에서 구보로 복귀하게 되었다는 결정을 듣고, 바로 대대장에게 가서 호소하려고 했다. 그러나 대대장의 집을 찾지 못하고 그대로 밤을 샜다고 한다.

그 직후, 이번에는 제16사단 소속으로 오사카에 주둔하던 부대의 병사 십수 명이 밤에 병영 뒷문에서 보초를 돌파하고 탈영했다. 그날 일과를 일찍 끝낸 병사들은 군대의 매점에서 술에 취한 채 크게 소란을 떨었고, 이에 하사관으로부터 심하게 질책받았다. 그러자 하사관의 질책에 분개한 그들은 밖에서 다시 술을 마시기로 하고 탈영을 감행한 것이다.

위의 사례는 모두 군기의 이완을 여실히 보여주는 사건이다. 러일전쟁 이후 이런 사건이 산발적으로 발생했다. 이러한 군기 이완은 보통 러일전쟁에서 승리한 군대의 오만함이라고 해석되곤 한다.

그렇지만 군기 이완의 뿌리는 의외로 더욱 깊은 곳에 있는지도 모른다. 3개의 집단 탈영 사례를 소개한 다케야마 모리오·마에노보 요 두 사람은 위 사건들이 사회의 아노미(무질서)를 상징하고 있다고 분석했다. 러일전쟁의 승리로 일본 국민은 명확한 국가 목표를 잃고, 목표를 공유하면서 유지했던 일체감·연대감이 약해졌다. 국민 의식은 이완되고, 의욕이 쇠퇴했으며 무기력이 만연했다. 더 나아가 사회 전체가 퇴폐해지고 도덕심이 마모되고, 경박함이 늘었다. 그러한 징후는 규율과 질서를 가장 강력하게 유지해야 할 군대에서도 나타났다. 이를 통해 아노미가 침투한 확인할 수 있는 셈이다.

아노미는 단지 목표의 상실감에서 생겨난 것이 아니었다. 근대화·서양화의 진전은 일본 사회의 안정적인 기반이 되었던 전통적 가치를 크게 훼손했다. 이에 따라 사회 풍조가 변화되고 아노미가 퍼지게 되었다. 이러한 분위기는 1908년 10월에 공포된「무신조서戊申詔書」에 잘 표현되어 있다. 조서는 "모쪼록 상하의 마음을 하나로 하고 자기 일에 충실하며 근검으로 생활할 것이니, 이것이 신信이며 이것이 의義다. 온후할 것이며 화려함을 멀리하고, 서로 태만을 경계하며 자강에 힘쓰는 것을 게을리하면 안 된다"라고 기술했는데 그것은 충실, 근검, 신의를 꺼리고 견실함보다도 화려함을 추구하며, 노력을 경시하며 태만에 휩쓸리기 쉬운 풍조를 훈계하는 것이었다.

정신교육

「무신조서」가 공포된 1908년 12월, 육군은 병영 내의 근무·생활 수칙 등을 규정한 「군대내무서軍隊內務書」를 개정했다. 「군대내무서」의 개정은 육군이 사회 풍조의 변화에 대해 어떻게 대응하려 했는지를 잘 보여주고 있다. 「군대내무서」의 개정 이유서는 당시의 사회 상황을 다음과 같이 보고 있었다.

> 우리 고유의 무사다운 가르침이 점차 해이해지고 있고, 신문명의 제재(制裁)는 아직도 널리 퍼지지 못했다. 사치와 방탕이 유행하고 도덕심이 날로 약해져, 걸핏하면 동맹파업과 직공의 폭동이 벌어지고 사회주의 유행의 조짐이 보이는 등 사회의 질서가 정돈되지 않고 있다.

요컨대 전통적 규범이 약해졌음에도 불구하고, 이를 대신해야 할 새로운 문명 규범이 제대로 스며들지 않아, 사치와 방탕이 만연하고 도덕심은 약해졌는데, 이것이 노동자의 파업·사회주의의 온상이 되고 있다고 본 것이다. 육군 장교의 연구·친목 단체인 가이코샤의 기관지 『가이코샤 기사』에 실린 논설에서는, 당시의 일본 사회를 물질주의 배금주의, 수뢰, 사기, 도박, 횡령, 살인, 염세자살, 타락, 불의, 위선 등의 악덕이 팽배한 장소로 표현하고 있다.

「군대내무서」의 개정은 군기·풍기의 진작과 정신주의에 중점을 두고 있었는데, 모두 위와 같은 사회적 풍조에 대응하려는 의도가 담겨 있었다. 특히 군기·풍기의 진작은 더욱 그러했다. 그 외에, 개정의 직접적인 의도로 군사적인 측면을 들 수 있는데. 그중 하나가 병역 2년제에 대한 대응이다.

1907년 10월, 보병의 현역 기간은 기존의 3년에서 2년으로 단축되었다.

'운 나쁘게 뽑힌 제비'라는 징병의 부담이 실질적으로 경감된 것은 이번이 처음이었다. 이것은 러일전쟁 이후의 사단 증설과 함께 시행된 조치이기도 했다. 앞에서 언급한 것처럼 전쟁 전의 13개 사단 체제는 1907년도 예산에서 19개 사단 체제로 이행되었다. 새로운 사단에 병력을 공급하기 위해서 징집자를 대폭 늘려야 했다.

그러나 과도한 인건비 지출은 피해야 했다. 또 징집자의 급증과 취업자의 감소가 사회·산업에 미치는 영향을 최소한도로 해야 했다. 1912년도 징집자는 10만 명을 넘어 20세 남자 인구의 23%를 차지했다. 현역 3년제의 경우, 군대에 징집되는 사람은 그 3배가 되지만 현역 기간을 2년으로 단축하면 2배 정도에 그친다.

그래서 정부에서는 현역 2년제를 통해, 사단을 증설하면서도 인건비의 급증을 피하고, 사회에 미치는 영향도 줄일 수 있었다. 그러나 원래 3년의 기간으로 병사를 교육하다가 이를 2년으로 줄여야 했으니, 무리한 조치가 따를 수밖에 없었다. 또 병역 기간을 줄이면서 징집자를 늘리려면, 그만큼 가량이 떨어지는 사람까지 폭넓게 받아들여야 했다. 이 때문에 그만큼 정신교육을 강조하게 되었다.

또한, 정신교육은 러일전쟁의 교훈과도 관련이 있다. 러일전쟁에서 군은 전시에 방대한 병력 동원의 필요성을 통감했다. 즉, 전시에는 현역 장병뿐만 아니라 대량의 재향 군인도 동원해야 한다는 것이다. 「제국국방방침」에 따르면, 평시의 25개 사단이 전시에는 50개 사단이 되고, 그에 따라 평시 편제가 전시 편제로 바뀌게 된다.

이를 위해서는 현역을 끝낸 재향 군인을 예비군으로 대기시켜야 하고, 현역에서 물러난 뒤에도 그들의 숙련도, 즉 군인으로서의 능력과 의식을 일정

수준으로 유지하도록 해야 했다. 1910년에 출범한 '재향군인회'의 목적 중 하나도 여기에 있었다. 재향군인회에서는 우선 좋지 않은 사회 풍조에 물든 장정을 현역 복무 시에 철저히 교육하고 군인 정신을 주입하는 것이 꼭 필요하다고 판단했다. 그래서 중요한 것이 정신교육이었다. 「군대내무서」의 개정 이유서는 정신교육과 관련해서 대략 다음과 같이 말했다.

러일전쟁에서 증명된 것처럼 전쟁의 승리는 군인 정신으로 무장한 군대에 돌아간다. 당시 일본은 무기도, 병력도 열세였다. 그런 일본이 이긴 것은 적에 대해 형이상(정신적인 면)에서 우월했기 때문이다. 장래의 전쟁에서도 일본은 적에 대해 우세한 병력으로 대항할 수 없고, 우월한 무기로 싸울 수도 없을 것이다. 전장에서 일본은 열세의 병력과 열등한 무기를 가지고 무리해서 승리를 추구해야 할 것이다. 바로 여기에 정신교육이 필요한 이유가 있다.

그러나 위의 진술은 실제와는 반대의 해석이었다. 앞에서 언급한 것처럼 러일전쟁에서 일본은 병력에서는 약간 열세였어도, 포탄의 양을 제외하면 무기의 질과 양에서 결코 러시아에 떨어지지 않았다. 백병주의・공격 정신의 강조가 러일전쟁의 교훈에서 나온 것은 사실이다. 그러나 일본군이 백병전에 우수하고 공격 정신이 뛰어났던 것은 아니었다. 오히려 그 반대였다.

「군대내무서」에 나오는 정신교육의 강조도 러일전쟁에서 직접 추출한 교훈이 아니었다. 군대에서는 현역 2년제, 폭넓은 징집, 사회 풍조의 '악화'를 목격하고 정신교육을 강조하게 되었고, 이것을 러일전쟁의 교훈이라고 하면서 해석을 끼워 맞춘 것이다.

물론 정신교육을 중시하고, 사기와 정신력을 강조하는 것은 어느 군대에서

나 볼 수 있다. 아무리 무기의 질과 양이 뛰어난 군대라도 정신력이 뒤떨어지고 규율이 흐트러져 있다면, 전투 조직으로서 힘을 발휘하기 어렵다. 그런데 일본 육군의 경우에는 정신교육의 강조가 그 도를 넘는 경향이 있었다. 그래서 종종 객관적인 물질적 조건을 무시하고 정신력의 우위를 과대 포장했다.

내무반

1908년의 「군대내무서」에서 잘 알려진 사항은 병영을 '군인의 가정'으로 보고, 그곳에서 군기와 군인 정신을 배우게 했다는 것이다. 특히 전술 전투 단위인 중대中隊는 중대장의 역할을 '엄한 아버지'로, 하사관의 역할을 '인자한 어머니'로 분담시켰다. 그래서 상관은 엄격하고 정당한 명령, 그리고 자애로움을 갖고 지도하며, 부하는 충실한 의무감과 숭고한 도덕심에 따라 군기의 필요성을 인식하고 복종해야 한다고 규정했다. 달리 말하면, 무비판·무조건 순종이 아니라, 이해에 기초를 둔 복종을 바람직한 모습으로 보았던 것이다.

이와 같은 '중대 가족주의'에서 중요한 역할을 한 것이 바로 '인자한 어머니'로서의 하사관이다. 러일전쟁의 경험에 의하면, 적의 포화로 인한 손해를 최소화하기 위해서는 밀집된 대형보다 산개 대형으로 전진하는 편이 유리하고, 중대나 소대보다 하사관을 장長으로 하는 분대 단위의 행동이 늘어날 것으로 판단했다. 그 때문에 하사관의 지휘 능력과 판단력이 더욱 중요시되었다.

이와 같은 고려에서 「군대내무서」의 지침을 따라, 병영에 하사관을 반장으로 하는 내무반[28]이 설치되었다. 그때까지는 급여나 피복·물품 배급 등의 편의를 위한 급양반給養班이란 것이 있었는데, 이번에는 야외 훈련 등을 제외한 병영의 일상생활 전반을 위해 내무반이 만들어진 것이다.

내무반이란 구체적으로 20명 전후의 병사가 큰 방에서 함께 생활하는 단위이다. 병사들은 여기에서 기거, 취침, 식사, 무기 손질, 학습 등을 진행했다. 내무반은 전시에는 분대로 편성되고, 반장은 분대장을 맡았다. 내무반을 설치한 의도는 반장인 하사관이 평시에 분대를 장악하게 하는 동시에 병영에서의 일상생활을 통해 군기와 군인 정신을 병사들에게 가르치도록 하는 것이었다.

문제는 하사관의 질이었다. 하사관은 징집된 병사 중에서 적임자를 선발해서 육성하게 되어 있었다. 그러나 하사관 지망자는 그다지 많지 않았고 오히려 감소하고 있었다. 사회적으로 하사관보다 급여와 대우 면에서 더 좋은 일자리가 적지 않았기 때문이다. 게다가 하사관에서 장교로 승진하는 길도 사실상 닫혀 있었다. 그러므로 능력과 인격이 좋은 병사 중에서 우수한 하사관을 뽑는다는 것은 말처럼 쉽지 않았다. 그래서 제대로 된 지휘 능력이 없는 하사관이 병사들을 복종시키기 위해 강압적인 방법을 쓰는 경우도 있었다.

군은 내무반으로 대표되는 중대 가족주의를 통해 군대 내 계급 질서에서 나오는 경직성과 군기의 혹독함을 완화하고, 병사의 이해에 기초를 둔 자발적인 복종을 유도하려고 했다. 그 전까지는 징벌의 위협과 감시로 군기를 유지하려는 경향이 있었기 때문이다. 더욱이 이러한 경향에 대해, 병사의 인격을 무시하고 군기의 틀에 억지로 맞추어서 병사들을 전쟁 기계로 만들려고 한다는 비판까지 나오고 있었다.

큰 틀에서 볼 때 「군대내무서」의 개정도 이러한 비판에 대응하는 형태로

---

28   내무반(內務班). 한국군의 내무반과 명칭, 기능, 형태가 모두 같다. 초기 한국군은 근대 일본군의 체계를 거의 그대로 이어왔는데, 내무반은 그 수많은 사례 중 하나에 불과하다.

이루어진 것이다. 하지만 병영의 실태는 이후에도 별반 변하지 않았던 것 같다. 하사관 중에는 '인자한 어머니'의 역할을 망각하고, 이해와 도덕심에 근거한 자발적 복종이 아니라 물리적 강제를 통해 복종을 요구하는 사람도 있었다. 이런 경우에는 악명 높은 내무반의 사적 제재가 더욱 늘어나게 된다.

중대 가족주의는 상하관계를 원활하게 하고 부대의 단결을 강하게 하는 효과가 있었다. 그러나 다른 한편으로는 다카하시 사부로가 지적한 것처럼, 가족주의 때문에 권한과 명령·복종 관계가 애매해지고, 나아가 군기 단속이 느슨해지며 불상사가 외부로 알려지지 않도록 은밀히 처리하려고 하는 부작용도 낳았다.

내무반으로 대표되는 병영 생활은 자유를 속박하고 프라이버시를 인정하지 않았다. 사적 제재가 횡행했다. 물론 군사 조직인 이상, 규율이나 복종이 중요하고 일정 부분 자유가 제한되는 것은 불가피한 일이다. 문제는 그 제한이 지나친 경우인데, 그 지나친 제한을 용인하는 풍토가 있었다는 점이다. 결국, 가족주의는 병사 개인에 대한 지나친 제한을 용인하는 쪽으로 흘러갔다.

일반적으로 병역은 자유의 속박, 사적 제재를 연상하게 했지만, 지역에 따라서는 성인이 되기 위한 통과의례로 간주하고, 병역을 마친 사람을 한 명의 성인으로 인정하기도 했다. 그럼에도 불구하고 병역이 꼭 숭고한 의무로 받아들여졌다고는 할 수 없다. 피할 수 있으면 피하고 싶은 의무였던 셈이다. 징병 기피는 크게 줄었지만 완전히 없어진 것은 아니었다. 징병 검사에서 검사관의 묵인으로 징집을 모면하는 사람도 있었다. 어쨌든 병역이 '운 나쁘게 뽑힌 제비'라는 사실은 변하지 않았다. 적어도 평시에는 말이다.

사회교육가

러일전쟁 이후 육군이 사회와의 관계에서 대처해야 할 중요한 문제를 정리해보자. 그것은 근대화가 진행됨에 따라 사회 풍조가 '악화'되었다는 것, 그 '악화'된 사회에서 많은 장정을 징집해 교육시키는 것, 그리고 '악덕이 횡행하는' 사회에서 현역을 마친 병사들의 군인 정신·숙련도를 유지하는 것이었다.

앞에서 언급한 것처럼 재향군인회의 설립도 이 문제를 풀기 위한 해답의 하나였다. 그 외에도 육군은 문제 해결을 위해 일반 학교의 교육에도 관심을 가졌다. 청소년을 사회의 악덕으로부터 차단하고 입영한 병사의 질을 높이는 것이 학교 교육의 역할이라고 생각하게 된 것이다. 그러나 군인들은 학교 교육이 그런 역할을 충분히 하고 있지 않다고 생각했다. 오히려 그들은 학교 교육이 종종 청소년의 '악습'을 조장하고 있다고 보았다. 그래서 일부 군인들은 학교 교육에 기대를 걸지 않고, 군대가 사회교육의 중요한 역할을 맡아야 한다고 주장하기 시작했다.

예를 들어 1921년 『가이코샤 기사』의 논설에는, "학교 교육에만 의존하지 말고, 반대로 군대교육을 국민에게 보급해서 가정과 사회는 물론이고 가능하면 학교 교육까지 감화하고 싶다"라는 주장이 실렸다. 조금 극단적이기는 하지만, "국민의 품성을 도야하는 곳이 군대이며 우리 군인들이 사회의 선각자를 자임하는 이유는 지금이야말로 타락의 구렁텅이에 빠지려는 국민을 구제할 수 있는 유일한 곳이 군대이기 때문이다"라는 주장도 있었다.

이처럼 군대 혹은 군인이 사회교육의 중요한 역할을 맡아야 한다는 주장은 1913년에 제정된 「군대교육령」에서 다음과 같이 명문화되었다.

군인은 국민의 정화(精華)이며 그 머리 부분을 차지하고 있다. 따라서 그들의 교육은 마을 사람들의 기호를 좌우하며, 이 때문에 국민의 정신에 위대한 영향을 끼친다. 대저 군대에서 습득한 무형의 자질을 가지고 사회의 풍조를 향상시켜야 한다. 그리고 국민의 모범이 되어 성실하고 강건한 기풍을 물들게 해서 국가의 융성을 증진시킬 수 있어야 한다. 또한, 군대 교육의 임무를 맡은 자는 원래 전투를 본분으로 삼는다고 하더라도, 좋은 병사를 양성하는 것은 곧 양민을 만드는 것으로 생각하고, 국민의 모범·전형으로서 인격을 도야한다는 각오를 해야 한다.

여기에 나타나는 것이 이른바 양병양민주의良兵良民主義다. 주목할 만한 것은 군인에게 '전투를 본분'으로 하는 군사 전문직의 역할뿐만 아니라, '국민의 정화', '국민의 모범'을 육성하는 사회교육가의 역할을 기대하고 있다는 점이다.

군인이 사회교육(사회로부터의 악영향을 교정·방지하기 위한)으로서 장정壯丁들에게 강조한 것은 「군인칙유」에 나오는 전통적 가치였다. 즉, 충절, 예의, 무용, 신의, 검소 등의 가치를 재차 강조하고 그것을 정신교육의 중심으로 다룬 것이다. 이 과정에서 무사도, 야마토 정신 등은 군인 정신·공격 정신을 구현하는 것으로서 전보다 더욱 강조되었다.

정신교육을 중요시하는 것이 꼭 전통·복고 일변도를 의미하는 것은 아니었다. 적어도 장교 수준에서는 정신교육에 대한 근대적 합리성이 부정당한 것은 아니었다. 이것은 군대 내의 교육학에서도 나타난다. 교육학은 제1차 세계대전 이후에 사관학교의 커리큘럼으로 채택되었는데, 사실 군에서는 그 이전부터 교육학에 관심을 가졌다. 새로운 교육 방법을 군대에 도입하기 위함이었다.

가령 스즈키 겐이치의 연구에 따르면, 군사학교의 국사 교육은 메이지 후기부터 쇼와 초기에 걸친 역사적 내용이 주를 이루었다고 한다. 또 그 내용은 비교적 객관적이었다고 한다. 사상 교육이라는 의도가 포함되지 않았고, 신성함을 강조하는 내용도 없었기 때문이다. 결국, 정신교육을 중요하게 여긴 것은 사실이었지만 사회교육을 담당하는 군인, 특히 장교들은 그렇게 비합리적이 아니었다고 볼 수 있다.

군 내의 사회교육 담당자는 군인들의 관심을 사회로 향하게 했다. 사회교육을 하기 위해서는 사회의 실태와 동향을 알아야 했다. 정신교육을 할 때, 전통적 가치와 무사도를 강조하는 것만으로는 불충분했다. 그러므로 사회교육가로서 장교는 '폭력의 관리'라는 전문적 기능 이외에, 사회에 관한 풍부한 지식과 예리한 관찰력을 가져야만 했다.

장교의 군기 이완

그런데 군인이 사회의 악습을 교정하고, 사회교육가의 역할을 하려 할 때 즈음, 공교롭게도 군인들의 군기 이완을 보여주는 사건이 이어졌다. 게다가 장교와 관련된 불미스러운 일도 증가하고 있었다.

육군성이 보내거나 받은 주요 문서를 철해놓은 『밀대일기密大日記』라는 문서가 있다. 『밀대일기』를 보면, 1908년 무렵부터 장교의 비행, 군기 위반에 관한 문서가 늘어나고 있다. 폭행, 수뢰, 순찰 중의 유흥, 만취 등 재향 장교의 비행이 많았지만, 현역 장교의 비행도 적지 않았다. 1910년 1월, 육군성은 각 부대에 다음과 같은 훈시를 보냈다.

최근, 사회의 풍조가 점점 안일해지는 경향이 있고, 생활의 순박함은 나날이 쇠퇴해가고 있다. 국민개병제를 채택하고 있는 이상, 장정(壯丁)은 시대의 풍조를 반영하며, 도의(道義)가 어지러운 사회의 영향을 받을 수밖에 없다. 이러한 사회 풍조에 대항하고, 장정을 지도해서 선량한 병졸(兵卒)을 육성하며, 군인 정신을 단련시키기 위해서는 무엇보다도 장교의 노력이 필요하다. 장교는 "군인 정신의 연원(淵源)으로 국가 원기의 추축(樞軸)"이기 때문이다. 그런데 최근에 장교, 특히 청년 장교 중에는 종종 소행이 좋지 않은 자가 있고 심한 경우, 형법에 저촉돼 그 오명이 세상에 알려지는 자도 있다. 대저 장교가 된 자는 일상에서 직무에 충실함과 동시에 품성을 고상하게 하고, 지위와 명예를 중시하며 실질 강건한 기풍을 키워, 솔선수범해서 부하를 교화시켜야 한다. 따라서 불미스러운 행위와 폭행이 금지되는 것은 물론, "외적인 미관에 매달린 나머지 흔들리고 우유부단함에 빠지는" 것을 엄하게 훈계할 필요가 있다.

일부 장교의 비행은 위와 같은 훈시를 보내야 할 만큼 심각했던 것이다. 사회 풍조의 악화는 그 폐해가 병사에게만 미치는 것이 아니라 장교에게도 미치고 있었다. 장교만을 대상으로 한 것은 아니지만, 군기·풍기의 숙정肅正을 호소한 육상의 훈시 등 육군성의 통달通達은 메이지부터 다이쇼에 걸쳐 수차례 이루어졌다.

그러나 군기·풍기를 둘러싼 우려할 만한 상황은 육군성의 통달에도 불구하고 개선될 기미가 보이지 않았다. 다이쇼 시대[29]에 들어서도 말이다. 오히려 제1차 세계대전의 여파로 상황은 더욱 나빠지기만 했다. '졸부'라는 말로

---

29 다이쇼 천황의 재위 기간으로 1912년부터 1926년까지를 말한다.

징병 기피자 수의 추이(명)

연도	소재 불명자(실종자)	징병 검사 중에 고의로 신체를 훼손하거나 질병을 유발한 자	징병 검사 시에 도망하거나 잠적한 자	징병 검사를 받은 자	해당연도 적령자	현역병
1917	2,628	692	1,124	491,797	502,912	107,583
1918	2,803	578	865	508,149	522,653	114,145
1919	2,683	883	900	492,651	504,762	114,055
1920	2,609	587	858	524,527	528,378	122,340
1921	2,671	396	688	554,513	557,764	135,948
1922	2,369	432	497	558,096	560,628	–
1923	2,217	486	370	554,273	558,130	109,216
1924	2,266	790	344	531,842	537,357	110,347
1925	2,112	419	303	521,991	531,062	92,549
1926	2,075	319	179	521,254	534,355	92,394
1927	2,217	302	203	581,307	597,012	95,423
1928	2,253	333	209	568,796	612,444	99,764
1929	2,159	389	178	585,819	626,141	100,782
1930	1,985	408	139	585,819	631,882	100,771
1931	1,916	474	99	595,505	649,859	100,774
1932	1,968	363	96	621,844	647,110	100,774
1933	1,912	222	84	631,099	655,771	114,224
1934	1,832	359	58	641,969	668,800	–
1935	1,883	148	133	630,192	659,522	134,338
1936	1,649	82	70	629,829	658,433	–

해당연도 적령자 수와 징병 검사를 받은 자의 수에는 차이가 있다. 그 차이가 모두 징병 기피로 인해 발생한 것은 아니다. 면역 규정으로 인해 적령자일지라도 검사를 받지 않은 사람이 있었기 때문이다. 또한, 실종자 모두가 징병 기피자라고는 말할 수 없다. 한편, 징병 기피자는 감소하고 있었지만, 완전히 없어진 것은 아니었다. 이 시기에는 적령자 중 20% 정도가 현역으로 입대해 복무했다.

출전 : 黒羽清隆, 『軍隊の語る日本の近代』(上) (そしえて) ; 加藤陽子, 『徴兵制と近代日本』(吉川弘文館)

표현되듯, 물질주의·배금주의 풍조도 심해졌다. 제1차 세계대전 말기, 『가이코샤 기사』에는 징병 기피를 위한 도망자가 별로 줄지 않은 것도, 입대 장정들이 배금주의적이고 희생정신이 없는 것도 모두 사회의 풍조가 나빠졌기 때문이라고 주장했다.

이 무렵, 장교들의 일탈 행위가 사회 풍조의 영향 때문이라는 지적도 있었다. 즉, 이기적인 영달에 급급해서 본래의 임무를 돌아보지 않거나, 공명심에 취해서 호언장담하며, 성실한 근무를 싫어하고, 일선 부대 근무에서 멀어지는 것을 명예라고 생각하며 기뻐하는 것을 "사조思潮의 변화에 따른 나쁜 풍속"이라고 간주한 것이다. 심지어 장교의 출세주의도 사회의 악습에 물들었기 때문이라고 생각하기까지 했다.

물론, 모든 장교가 출세주의에 치우친 것은 아니었다. 군기에 반하는 행위를 한 장교도 극소수의 예외에 불과했다. 하사관과 병사의 군기 위반도 마찬가지였다. 그러나 아무리 예외였다고 하더라도 그러한 경향·행위가 당시 군대의 중요한 측면이었다는 것은 부정할 수 없다. 이처럼 군대는 사회의 도전, 더 정확히 말하면 '사회 풍조의 변화'라는 도전에 정면으로 맞서고 있었다.

민주주의

그런데 이러한 상황에서 군대를 덮친 또 하나의 변화가 있었으니, 이것이 바로 민주주의(데모크라시)의 물결이다. 먼저, 국내 정치에서는 국민을 대표하는 정당이 정치 권력을 장악하고 있었다. 또 국제 정치에서는 제1차 세계대전의 결과가 독일의 군국주의에 대해 미국·영국·프랑스의 민주주의가 승리한 것이라고 받아들여졌다. 그 결과, 민주주의는 새로운 정치 시스템(혹은 정치 사조)으로서 사람들에게 큰 영향을 미치게 되었다.

당시의 민주주의를 정치적인 것으로만 생각해서는 안 된다. 그것은 실태를 벗어난 이해에 불과하다. 앞에서 소개한 사회 풍조와 함께, 당시의 사람들은 민주주의를 일종의 사회 현상이라고 보았기 때문이다. 어떤 군인은 제1차 세계대전 이후의 특징을 평등화, 민중화, 노동화, 국제화라고 요약했다. 그리고 그 근저에 흐르는 것이 모두 민주주의라고 지적하면서 "데모크라시(민주주의)라는 이 말은 근대를 사는 우리의 머리에 가장 큰 자극을 준 것이며, 또 우리의 머리에 각인된 가장 좋은 것이다"라고 언급했다.

그가 말한 것처럼 민주주의는 제1차 세계대전 이후의 일본 군대와 군인에게 여러 측면에서 강렬한 충격을 주었다. 그 충격의 크기와 범위를 『가이코샤 기사』의 논설을 토대로 검증해 보자.

우선, 그 논설에서는 민주주의에 대한 경계심을 드러냈다. 그래서 전후 유럽의 정치 혼란과 사회주의 대두의 원인 중 하나가 민주주의에 있다고 보았고, 민주주의를 기강 해이, 질서 문란의 원흉으로 간주했다. 제1차 세계대전 이후 국제적으로 제기된 징병제 폐지론, 군비 철폐와 축소론도 민주주의 정치 사조라고 지적하면서 그렇기 때문에 민주주의는 군인 정신과 공존할 수 없고 건군의 기초를 뒤흔들고 있다고 주장했다. 또 러시아혁명에 대해서는, 군대에 민주주의 정치 사조가 침투해서 군인의 본분·의무 관념에 결함이 생긴 것이 그 원인이라고 지적했다. 결국, 민주주의는 질서를 파괴하는 원흉으로 군주제를 적대시하고 군대의 계급 질서와 군대의 존재 자체를 위협하는 것이라고 평가한 셈이다.

그러나 모든 군인이 민주주의를 부정적으로 바라본 것은 아니었다. 민주주의를 이른바 민본주의民本主義로 해석하고, 정치가 국민의 행복을 목적으로 하면서 국민 본위로 이루어지는 것을 민주주의라고 생각한다면, 그것은 국체에 조금도 어긋나지 않는다고 주장하는 군인도 있었다.

국체에 어긋나지 않는다고 하는 주장을 넘어, 민주주의와 군대가 조화를 이루게 하자는 주장도 생겨났다. 즉, 군대가 지휘명령에 근거해 군사 행동을 하는 경우에는 군대와 민주주의가 양립할 수 없지만, 그 외의 경우, 예를 들면 내무반 생활이나 사회와의 접촉이라는 면에서는 이제껏 군대가 민주주의를 지나치게 무시해왔다는 것이다. 이러한 주장은 민주주의를, 인권·인도·평등 등을 강조하는 진보적 시대사조와 동일시하면서, 민주주의와 군대와의 조화·공존을 꾀하는 것이었다.

이러한 점에서 한 군인의 흥미로운 견해가 있다. 그는 제1차 세계대전의 귀추를 결정한 국민의 정신력에 대해, 독일과 오스트리아 측보다 영국과 프랑스 측의 정신력이 우월했다고 지적했다. 즉, 영국과 프랑스 국민은 평상시의 정치교육, 민중의 정치참가 경험이 있기에 전쟁 수행에 관해 확고한 자각을 갖고 주도력을 발휘했다고 평가했다. 물론 일반적인 육군 군인들은 육군의 모델이 독일이었던 점도 있어서 독일과 오스트리아 측에 공감을 표시하는 편이었다. 그러나 소수 의견이지만 민주주의 국가인 영국과 프랑스 측이 국민의 정신력 면에서 우수하다고 했던 의견에도 주목할 필요가 있다.

민주주의에 대한 당시 군인들의 반응은 반드시 부정적인 것만은 아니었고, 또 획일적이지도 않았다. 의외로 유연하고 다양했던 것이다. 예전에는 관제 의견만 실었던 『가이코샤 기사』도 러일전쟁 이후부터는 일정한 범위 안에서 자유로운 논설 집필을 장려했다. 그래서 『가이코샤 기사』에는 당시 군인들의 다양한 대응이 상황에 걸맞게 반영되었다.

사회와의 공존

군인들 사이에서도, 민주주의를 일부 인정하는 사회 풍조에 대해, 그 부정적인 측면만을 보는 것이 아니라 긍정적 측면을 이해하고 민주주의와 군대의 조화·공존을 모색해야 한다는 움직임이 생겨났다. 군인에 의한 사회교육이 강조됨에 따라, 군대도 이제는 사회의 실태·동향에 대해 강한 관심을 보이게 된 것이다.

그런 움직임을 군대의 '사회화'라고 했는데, 이것은 우가키 가즈시게가 사단장을 맡고 있었던 히메지의 제10사단에서 가장 적극적으로 나타났다. 동사단 예하에서 고베의 장정을 징집하던 제39연대에서는 사회 문제나 노동 문제 등의 서적을 자유롭게 읽게 하고(일반적으로는 군 관련 이외의 서적은 허용되지 않았음), 군비철폐론에 대해서도 말하도록 내버려 두었다. 그러한 사람이 오히려 이해력이 있고, 군기도 엄정하며 의무도 자발적으로 이행한다고 보았기 때문이다. 1922년, 제10사단 예하의 제10연대에서는 군기제(천황으로부터 군기를 수여받은 날을 기념해서, 부대를 개방하고 일반인을 초청해서 개최하는 축제)에서 장교들로 이루어진 극단이 영어 연극 '베니스의 상인'을 상연하고 기부금을 모아서 장병들을 위한 위락 시설을 만들 것을 계획했다고 한다.

사회와의 공존을 추구했던 군인의 주장을, 『가이코샤 기사』의 논문을 통해 소개하고자 한다.

> 입헌정치의 전전과 함께 국민도 진보하고 있다. 진보적인 국민을 우수한 병사·정예군으로 만들 수 없다는 것은 이치에 맞지 않는다. 국민이 진화했기 때문에 군기가 해이해졌다고 한다면, 그것은 장정의 교육을 담당한 장교가 구태의연하고 사

회와 맞지 않는 사상・방법으로 교육을 시행했기 때문이다.

전략・전술 전문가라고 하면서 군인만이 사회로부터 초연하며 접촉하지 않는 것을 그대로 두고 보아야 하는가? 군인은 국방의 임무를 담당하는 동시에 사회의 선각자・지도자가 되어야 한다. 그런 선각자・지도자가 사회와 접촉하지 않는다는 것은 커다란 모순이다.

종래의 군대는 군대의 분위기가 사회에 영향을 미치도록 노력하면서, 군에 대한 홍보도 게을리하지 않았다. 그러나 군대가 사회의 분위기를 흡수하는 것에는 찬동하지 않았다. 그러면 군민의 참된 융합을 기대할 수 없다.

세계의 역사가 전쟁의 역사라고는 하지만 전쟁과 전쟁 사이의 평화 기간은 전쟁 기간보다 더 길고, 최근에는 평화 기간이 더욱 길어지고 있다. 이러한 사실은 군인과 사회와의 접근을 더욱 진전시킨다. 사회는 병사를 공급해주는 곳이며, 군대에서 제대한 병사를 받아들여 주는 곳이기도 하다. 그 사회를 충분히 이해하는 것은 교육자로서 우리의 필수 요건이다. 현대의 장교는 전쟁에서 용감한 전사이며 유능한 지휘관이지만, 평시에는 학식 있는 교육자이자 사회의 훌륭한 신사여야만 한다.

당시의 군인들이 위와 같은 주장을 했다는 것은 주목할 만하다. 게다가 그 주장들은 관제 기관지인 『가이코샤 기사』 지면에 당당히 실리기까지 했다. 『가이코샤 기사』에서는 민주주의를, 입헌주의나 국민의 자각 등과 같이 정치사회의 진보를 의미하는 것으로 다루면서 민주주의와 군대와의 공존을 주장했다. 또한, 평시 군대와 사회와의 관계를 중시하고 양자의 융합을 설명하는 주목할 만한 이론도 전개되었다. 사회의 '분위기'를 군대가 흡수해야 한다고 대담하게 주장한 사람은 당시 대위인 혼마 마사하루(19기)였다. 훗날 군사령관이 되는 혼마는 태평양전쟁 중에 필리핀에서 있었던 이른바 '바탄 죽음의 행진'[30]의 책임자로서 죄를 추궁당하고, 끝내 전범으로 사형당한 인물이다. 하지만 그 당시에는 청년 장교로서 제1차 세계대전 중에 영국에서 근무했고, 나름 유연한 생각의 소유자이기도 했다. 사회의 '분위기'를 군대가 흡수해야 한다는 주장도 그의 유연한 사고에서 나온 것이다.

당연히 혼마 대위의 주장에 대해 심한 반론도 제기되었다. 다음과 같은 취지의 주장을 보자.

> 시대의 진전을 고찰하고, 그것에 순응하는 것은 군대에도 필요할 것이다. 그러나 사회의 변화에 압도되어 억지로 맞추고 의미 없이 영합하며 전통에 반하는 군기를 서둘러 만들 필요는 없다.

> 우리 군인은 세계의 바람이 어디에서 불어오든지 동요하지 말고, 흔들리지 않으며 의연해야 한다. 세상은 물질만능주의이고, 평화론이 널리 퍼진 '혼돈의 시대'이다. 이에 대해 우리의 본분은 시대를 철두철미하게 역행하는 것이다.

요컨대, 사회가 어떻게 변화되더라도 군대 그리고 군인은 여기에 좌우되면 안 된다는 것이다. 의도적으로 군대를 사회에서 분리하고, 군인은 사회로부

---

30 1942년 4월, 일본군은 필리핀의 바탄반도에서 7만 명이 넘는 연합군을 포로로 잡았다. 당시 일본군은 연합군 포로에게 물과 식량을 주지 않은 채, 장거리를 행군하게 했다. 이 과정에서 물과 식량의 부족, 포로에 대한 학대, 질병 등으로 많은 사상자가 발생했다. 태평양전쟁 중에 일어난 대표적인 잔혹 행위로 꼽힌다.

터 초연해야 한다는 주장이다. 여기에는 민주주의가 사회의 악습을 조장하는 것으로 판명되면 공존할 수 없다는 생각이 깔려있다.

이처럼 민주주의 사회와 군대의 공존을 두고 군인들은 대립하기 시작했다. 아마도 공존에 소극적인 다수파가 다수였을 것 같지만, 공존에 적극적인 소수파가 있었다는 것은 특기할 만하다. 그런데 여기에는 제1차 세계대전의 교훈이 간접적이나마 얽혀 있었다.

자각

제1차 세계대전은 장대한 전선에 대부대가 전개된 전쟁이었다. 따라서 각지에서 대규모 전투가 벌어졌는데, 그럼에도 불구하고 개별 전투에서는 작은 단위로 행동하는 경우가 많아졌다. 전투 단위가 작아진 것은 러일전쟁의 교훈을 철저하게 살린 결과였는데,[31] 이로 인해 하사관·병사의 자주적인 판단이 많이 필요하게 되었다. 하지만 장교에게 무조건 복종하는 환경 속에서는 자주적인 판단이 어렵기 마련이다. 군 당국은 우선 하사관·병사들이 자각에 기초한 행동을 하도록 만드는 것이 필요하다고 보았다.

이에 대해 앞서 소개한 혼마 대위는 제1차 세계대전 중 독일군의 문제점을 다음과 같이 지적했다. 그에 따르면 독일군은 양치기가 이끄는 양의 무리와 같아서, 우수한 지휘관과 여기에 복종하는 병사를 거느렸고, 이것이 독일군의 특징이었다고 한다. 따라서 만사가 순조로울 때는 전투부대로서 훌륭하게

---

31 병력이 **빽빽**이 모여있으면 상대의 집중포화를 받아 피해가 커진다. 그러므로 소규모 병력을 적당한 간격으로 나누어 배치한 것이다.

행동하지만, 부대가 흩어지고 지휘관(장교 또는 하사관)을 잃었을 때는 충분한 능력을 발휘하지 못했다. 이와 같은 문제점은 전투에만 국한되지 않는다. 러시아혁명, 독일혁명 때 나타났던 군대의 동요(혹은 혁명에의 동조) 또한 그러한 무조건 복종의 결과였기 때문이다. 그래서 혼마 대위는 "맹종, 굴종 위에 만들어진 군기는 겉으로는 견고해 보여도 기초가 취약하고 폭풍을 견디지 못한다"라고 결론지었다. 거꾸로 이것은 자각에 기초를 둔 복종은 전투 시에 유효하고, 사상적으로도 강인하다는 뜻이 된다.

자각에 기초를 둔 복종의 중요성. 이것은 제1차 세계대전의 교훈에서만 나온 것이 아니었다. 당시의 사회 풍조도 스스로 생각하는 것을 중요하게 여겼기 때문이다. 즉, 사람들의 지식과 이해력이 향상되었기 때문에 특정한 행동을 요구받았을 때, 그 이유를 잘 이해하지 못하면 명령이나 지시를 따르지 않게 된다고 생각했던 것이다. 그래서 군대의 교육도 기존의 주입식・강제 교육을 받는 사람을 자각시키는 것에 중점을 두어야 한다는 주장이 생겨났다.

자각의 중요성에 관한 군인들의 공통된 생각은 다음의 『가이코샤 기사』의 논설에서 잘 드러나고 있다.

군기는 몽매하고 미개할 때는 단순히 절대복종을 강요하는 것으로 충분할 수 있다. 그러나 문화가 발달하고 사람의 지식이 깨인 오늘날에는 위압적인 것이 자칫 반항심을 초래해 예측할 수 없는 사태를 낳거나 그렇지 않다고 해도 면종복배(面從腹背)의 허식에 가득 찬 군대가 될 뿐이다. 그 폐해가 크기 때문에 마땅히 시대를 생각해서 군기가 각 사람의 자각에서 나오게 하고, 진정으로 의의가 있는 것이 되도록 해야 한다.

이러한 취지는 1921년 3월에 개정된 「군대내무서」에 거의 그대로 반영되었다. 여기서는 "복종은 배려하고 이해하는 희생적 관념에서 나오는 것"으로 규정하고, 자각과 이해가 복종의 기초라는 것을 재차 강조했다. 자각을 존중하면, 사소한 것까지 간섭하고 강제하는 것을 피하게 되는 법이다. 그래서 군대 내무의 간략화・완화가 규정되었다.

그래서 사단장, 여단장 등의 신변을 돌보는, 봉건적인 주종관계를 연상시키는 종졸從卒 제도가 폐지되었다.[32] 병영 내에서의 동작, 복장에 관한 세세한 사항도 그 일부가 삭제・완화되었다. 또한, 장병들의 위문을 위한 정책도 강구되었고, 휴일・외출에 관한 규칙도 완화되었다. 상관으로부터 부당한 취급을 받은 경우, 제도적으로 호소할 수 있는 구체적인 규정도 생겼다.

이와 같이 육군은 민주주의로 대표되는 사회 풍조를 불가피한 사태의 추이라고 보고, 그 일부를 군대 내부로 받아들이고 있었던 것이다.

국체론

1921년의 「군대내무서」는 자각과 이해를 강조하고, 군대의 내무를 간략화・완화하는 것을 지향했다. 그리고 한편으로는 다음과 같이 '국체'[33]를 강조했다.

---

32 현대 한국군에도 이와 비슷한 공관병 제도가 있었다. 입대해서 공관병이 된 군인이 고급 장교의 숙소에 배치되어 장교의 시중을 들거나 집안일을 하는 형식이다. 사회적 문제가 되어 2017년에 폐지되었다.
33 국체(國體). 국가의 정치형태. 여기서는 일본의 천황제를 가리킨다.

우리 국체가 만국의 으뜸인 이유와 국군을 건설한 본래의 취지를 마음에 새기고, 병역이 국가에 대한 숭고한 책무인 동시에 명예라는 점을 자각하게 해서, 최소한 잘못된 생각을 하지 않도록 해야 한다.

물론, 군의 교범에서 국체에 대해 언급한 것은 이것이 처음이 아니었다. 그러나 「군대내무서」로서는 처음이었다. 군대 내무의 간략화·완화, 좀 과장해서 말하면 '자유화'를 지향하면서 왜 특별히 국체를 강조해야만 했을까?

그 이유 중 하나는 당시 군주제의 위기에서 찾을 수 있다. 매이지 말기에는 이웃 나라인 청나라가 멸망하고, 제1차 세계대전 말기에는 러시아의 로마노프 왕가가, 제1차 세계대전 종결 전후에는 독일의 호엔촐레른 왕가와 오스트리아의 합스부르크 왕가가 무너졌다. 즉, 세계적으로 군주제 제국이 연이어 무너지고 있었던 것이다. 그래서 당시 사람들은 군주제가 위기에 처해 있다고 보았고, 그만큼 군주제 국가 일본도 위기감을 가질 수밖에 없었다.

게다가 다이쇼 천황은 질병에 시달리고 있었다. 이미 신체적으로는 군주의 업무를 수행하는 것도 무리였다. 이쯤 되면 이중으로 군주제의 위기에 직면한 셈이다. 1921년 11월, 황태자 히로히토 친왕(훗날의 쇼와 천황)이 섭정에 취임하자, 국민의 대부분이 안도의 한숨을 쉬었던 것은 당시 군주제의 위기가 얼마나 심각했는지를 잘 보여준다.

이전의 메이지 천황은 카리스마를 가진 군주였다. 또 국가와 국군을 직접 통솔하는 군주의 이미지도 가지고 있었다. 군인에게 있어 충성의 대상은 메이지 천황이라는, 눈에 보이는 인격이었다. 그러나 다이쇼 천황에게는 그런 면이 없었다. 메이지 천황을 눈에 보이는 군주였다고 한다면, 다이쇼 천황은 국민이나 군인의 눈에 뚜렷한 모습이 나타나지 않는 군주였다.

메이지 시기 군주제의 존엄은 전통적이고 토속적인 '생불' 신앙과 서양적인 군주제 장치와 메이지 천황 자신의 인격(내지는 카리스마)에 의해 유지되고 있었다. 그런데 다이쇼 시기의 군주제는 앞의 세 가지 중 마지막 요소를 갖추지 못하고 있었다. 그래서 다른 요소를 통해 존엄을 보충해야 했는데, 그것이 바로 국체론이다. 바꾸어 말하면, 메이지 시기에는 굳이 국체론을 내세우지 않아도 군주 자신의 구체적인 모습으로 충분했으나, 다이쇼 시기에는 국체론을 내세우며 군주제를 정당화시켜야 했다. 이렇게 해서 군인의 충성 대상은 구체적 인격으로서의 천황에서 국체론적인 추상적 천황으로 변모했다. 조금 과장해서 말하면, 다이쇼 시기에 이미 군인들의 의식 속에서는 천황에 대한 이미지가 변하고 있었던 것이다.

그러한 의식의 전환은 러일전쟁 이후부터 조금씩 진행된 것 같다. 예를 들어 나중에 군사 사가史家가 되는 마쓰시타 요시오는, 1906년 9월 센다이 지방의 유년학교에 입학했을 때, 입학식에서 교장이 훈시 도중에 '천황 폐하' 혹은 '칙유'라는 말을 할 때마다 상급생이 발뒤꿈치를 붙이고 부동자세를 취하는 것을 보고 놀랐다고 한다. 또 재학 중에 황태자(훗날의 다이쇼 천황)가 방문했을 때, 안경을 끼고 있는 사람은 안경을 벗으라는 명령을 받았다고 한다. "안경을 쓰고 황태자 전하를 우러르는 것은 불경하다"라는 이유에서였다.

군기軍旗의 존엄을 필요 이상으로 강조하게 된 것도 메이지 말기부터 다이쇼에 걸쳐서 진행되었다. 원래 군기는 신사에 참배할 때나 천황·황후를 대할 때 이외에는 경례를 위해 아래로 내리는 것이 금지되어 있었는데, 1910년 육군 예식의 개정으로 "군기는 천황을 대할 때와 신사참배의 경우를 제외하고는 경례하지 않는다"라고 명확하게 규정되었다. 즉, 기수·군기 위병·군기 중대는 군기를 지키는 동안에는 상관이든, 누구든 천황 이외에는 경례하지 않는 것이었다. 군기는 천황의 분신과 같은 것이었다. 군기의 취급은 어진영(천황의 초상 사진)[34]을 연상케 할 만큼 너무나도 정중하고 엄격했다. 이리하여 메이지 말기부터 천황의 존엄성과 그에 대한 충성심의 표현이 약간 정상적인 궤도를 벗어나고 있었는데, 국체론의 강조가 여기에 더욱 박차를 가했다.

국체론이 강조된 또 하나의 이유는 민주주의적인 사회 상황 때문이었다. 직접적으로는 앞에서 인용했듯이 "최소한 잘못된 생각을 하지 않도록 해야 한다"와 같은 사상적 대책이었다. 특히 우려하고 경계한 것은 군주제를 부정하는 사회주의가 징병을 통해 군대에 영향을 끼치는 것이었다.

1908년 2월, 1907년에 입대한 무정부주의자가 막사 벽에 '불경'이라는 글자를 써 놓고 탈주한 사건이 발생했다. 또 훗날 대역사건으로 처형되는 고토쿠 슈스이[35]는 입대하는 장정에 격문을 나눠주려고 했다고 한다. 육군성의 『밀대일기』에는 1910년부터 '사회주의'라는 항목이 추가되어, 입대한 사회주의 병사에 관한 기밀문서가 철해져 있다. 1911년의 『밀대일기』의 「사회주의에 관한 사항」에는 14건의 문서가 포함되어 있다. 그 후에도 사회주의에 대한 경계는 강해질망정 결코 약해지지 않았다.

사상 대책의 대상은 사회주의만이 아니었다. 사실은 민주주의도 사상 대책의 대상이었다. 그 이유는 단지 일부 군인들이 민주주의를 사회주의의 온상으로 간주했기 때문만은 아니다. 또 민주주의를 적대시하는 군인이 많았기

---

34 어진영(御眞影). 천황의 사진(나아가 천황 부부의 사진), 즉 어진영은 천황과 같이 정중하게 취급되었다. 지도자의 신격화가 사진에까지 적용된 것인데, 현대의 북한이 김일성, 김정일, 김정은의 초상화를 취급하는 방식과도 유사하다.

35 고토쿠 슈스이(幸德秋水, 1871~1911). 근대 일본의 사회주의자이자 무정부주의자. 사회주의 전파에 노력하는 한편, 제국주의를 비판하고 러일전쟁에 반대했으며, 노동자의 직접 궐기를 촉구하기도 했다. 천황의 암살을 기도했다는 이른바 '대역사건'에 연루되어 처형당했다.

군인칙유의 봉독. 이른 아침 도쿄의 중앙 유년학교의 요배소(遙拜所)에서 군인칙유를 봉독하는 두 명의 생도(앞쪽). 다른 생도들은 황거·황태신궁을 요배하고, 고향의 양친에게 인사드리고 있다(『陸軍画報』).

때문만도 아니다. 민주주의에 대한 평가와 상관없이 어떤 경우이든 국체와 민주주의의 관계를 명확히 해야 했기 때문이다.

앞에서 설명했듯이 그리고 구로사와 후미타카가 지적했듯이 국체를 민주주의적으로 해석하려는 시도가 군인들 사이에도 없지는 않았다. 그러나 최종적인 군의 선택은 군주제의 존엄성을 비합리적으로 강조한 국체론이었다.

사상 대책을 포함해서 그런 식의 군대교육을 총괄한 것이 육군성·참모본부와 함께 천황 직속의 기관이었던 교육총감부이다.[36] 교육총감부는 사상문제에 관한 연구 성과를 『가이코샤 기사』에 게재하거나 서적으로 출판해서 장교들에게 참고가 되게 했다. 훗날 만주사변의 주모자로 유명하게 되는 이시와라 간지(21기)는 1919년 7월, 교육총감부에서 근무하며 사상문제에 대처하고 있었다. 이시와라는 국체에 대한 신념에 대해, 유년학교 시절부터 군인으로 교육을 받은 장교는 괜찮지만, 과연 하사관과 병사에게는 그것이 제대로 통할지 확신이 없었다고 한다.

이시와라는 국체에 대한 신념이 명령복종 관계의 기초를 구성한다고 생각했다. 그래서 자각과 이해에 기초를 둔 복종 속에서, 천황에 대한 충성을 유지하는 것에 대해 고민했다. 어쨌든 복종의 근거는 천황에 대한 충성이었기 때문이다. 그러므로 이시와라는 왜 복종해야 하는지를 이해시키고 자각시키기 위해 "우리 국체가 만국의 으뜸이기 때문"이라고 주장하며 하사관에게 이를 납득시켜야 했다. 국체에 대한 신념이 흔들리면, 군대의 근간인 명령복종의 관계가 흔들릴 것으로 생각했던 것이다.

원래 복종의 근거로 천황에 대한 충성을 내세우는 것은 봉건적 신분 질서를

---

36 교육총감부는 육군의 교육 전반을 관장하는 기관이다. 육군성, 참모본부와 나란히 존재하며, 그 3개 기관이 합쳐져 '육군'이라는 조직을 이루었다.

부정하고 근대적 군사 조직의 계급 질서를 철저히 가르치기 위함이었다. 또 국민 의식에 눈을 뜨지 못한 병사들을 강한 군대로 만들기 위함이었다. 물론 여기서 강조된 절대복종의 관념은 나폴레옹전쟁 시대의 명령복종 관계에서 유래한다.

그러나 제1차 세계대전 후의 시대는 메이지 초기의 시대와 크게 달랐다. 근대화가 진행됨에 따라 사회 풍조가 변하고 사람들이 추구하는 가치도 다양화되었다. 입헌주의와 의회정치하에서 정치참가의 범위도 확대되었다. 민주주의라는 새로운 사조의 영향을 받은 사람들은 아직 국민이라는 관념조차 모르던 시대의 일본인과는 완전히 달랐다. 게다가 제1차 세계대전의 양상도 나폴레옹전쟁의 그것과는 크게 달라져 있었다. 이제는 절대복종이 아니라, 작은 전투 단위의 자주적인 판단·임기응변적 대응이 필요하게 되었다.

그러한 변화를 알고 있었기에 군 당국은 자각과 이해에 기초를 둔 복종을 강조하게 된 것이다. 하지만 현실은 달랐다. 보다 근본적으로 군 당국은 복종의 근거를 천황에 대한 충성과 그것을 떠받치는 국체론에서 찾고 있었다.

현상 논문

이 무렵 『가이코샤 기사』는 몇 가지 현상 논문[37]을 모집하고 그 당선작을 실었다. 현상 논문은 당시의 군인들이 어떤 일에 관심을 보였고, 무엇을 과제로 하고 있었는지를 보여준다. 현상 논문의 대표적인 주제를 몇 가지 소개한다(괄호 안은 당선작의 권호).

---

37 현상금이 걸린 논문.

미래의 전쟁에 대한 일반 국민의 각오(1917년 11월호, 12월호)

일반 국민에게 군사사상을 보급하는 구체적 방안(1918년 6월호, 1919년 1월호)

장교의 상식 증진안(1920년 3월호)

최근의 국민 사상의 변화 및 이에 대응하는 군대교육의 착상(1920년 4월호, 10월호)

역사를 근거로 세계 평화의 장래를 논한다(1921년 5월호, 8월호, 11월호)

현대 사조를 감안해 사람들이 점차 장교를 신뢰하도록 하는 방법(1921년 7월호)

청년 장교의 체력 및 기력 증진안(1922년 6월호)

하사관·병사의 자각심을 환기시키는 구체적 방안(1922년 11월호)

병졸에게 우리 국체의 존엄을 가르치는 강연안(1924년 3월호)

시대의 추세를 감안해 중대장으로서 병졸을 대하는 정신교육 방안(1925년 5월호)

청년 자제에게 군비 충실의 필요성을 자각시키는 통속적 강연안(1926년 1월호)

위와 같은 현상 논문은 병사들과 직접 접촉하는 청년 장교들이 그들을 교육할 때 어떤 문제에 부딪혔는지, 그리고 그 문제를 극복하려고 어떻게 노력했는지를 보여준다.

내무의 실태

그와 같은 노력이 부대의 병사교육에 얼마나 반영되었는지는 알기 어렵다. 단, 교육이 꼭 「군대내무서」대로 실시된 것은 아니었던 것 같다. 「군대내무서」의 취지는 철저하게 시행되지 않았고 오해도 종종 있었다. 자각과 이해에 기초를 둔 복종의 강조, 그리고 군대 내무의 완화는 방종·무조건적 자유·

규율 저촉·명령 불이행 등으로 왜곡되기도 했다. 그 결과 군 내에서는 「군대내무서」의 개정을 '약한 병사 양성'의 원인으로 간주했고, 그러한 약한 병사를 단련시키기 위해 다시금 '사적 제재'를 필요악으로 보게 되었다.

원래 일본군에는 메이지 창설 이래 사적 제재의 전통이 있었다. 그것은 신병에 대한 기합이라는 측면이 강한데, 일반 사회의 풍습이 군대 내로 들어온 것이다(이러한 풍습은 오늘날에도 쉽게 찾아볼 수 있다). 군대에서는 일반 사회를 '사회', '지방'이라고 칭했는데, 고참들은 모든 것이 낯선 신병에게 군대 생활·전투의 실태를 빠르고 엄격하게 가르치기 위해 사적 제재를 더욱 심하게 행하곤 했다.

물론 「군대내무서」는 사적 제재를 장려하지도 않았고, 허용하지도 않았다. 그러나 「군대내무서」의 개정은 의도치 않게 사적 제재의 범위를 넓혀버렸던 것 같다. 앞에서 언급한 것처럼 1908년의 개정은 하사관의 역할을 강화했고, 하사관이 물리적 강제를 이용해 부하를 복종시키려는 것을 가능케 했다. 1921년의 개정은 군대 내무의 완화라는 취지가 오해를 사서 방종·규율 저촉을 낳았고, 그 문제를 교정한다는 대의명분(혹은 구실)으로 사적 제재를 묵인하거나 부추기게 되었다. 여기에도 일본군의 역설이 작용했다고 볼 수 있다.

어쨌든 1921년의 「군대내무서」는 이후, 시류에 영합했다는 비판을 받게 되었다. 그래서 자각과 이해에 기초를 둔 복종 부분, 군대 내무의 간략화·완화를 지향한 부분은 1934년의 개정으로 삭제되었다. 그런데 군대 내무의 간략화·완화는 부정되었을망정 국체론은 그대로 남았다. 그리고 더욱 강조되게 된다.

3. 총력전의 도전

군에 대한 도전은 정당과 사회로부터 만이 아니었다. 정당·사회로부터 도전받고 있는 동안에 군은 더욱 중대한 도전에 직면하고 있었다. 그것은 제1차 세계대전이 초래한 전쟁 양상의 획기적인 변화이다.

널리 알려진 것처럼 제1차 세계대전은 그 이전의 예상을 훨씬 뛰어넘어, 장기간(1914.7~1918.11), 격렬하고 대규모로 전개되었다. 그 규모는 참전 제국의 동원 병력에 잘 나타나 있다. 앞서 소개한 브루스 포터에 의하면 각국이 동원한 병력은 영국이 620만 명, 독일이 1,325만 명, 프랑스가 820만 명이었다. 동원율(동원된 사람이 전 인구에서 차지하는 비율)은 독일과 프랑스가 거의 20%, 영국이 13%를 기록했다. 프랑스 혁명 직후, 유럽을 휩쓴 나폴레옹의 프랑스군 병력은 180만 명이었고, 동원율은 약 7%였다. 이렇게 볼 때, 제1차 세계대전은 규모 면에서 대단히 획기적이었다고 말할 수 있다. 참고로 앞에서 언급한 것처럼 일본의 동원율은 청일전쟁에서 0.6%, 러일전쟁에서 2.3%에 불과했다(이것은 육군만의 동원율인데, 해군을 더해도 별 차이는 없다). 어마어마한 동원이 이루어졌을 것 같은 태평양전쟁에서도 일본의 동원율은 11%에 그쳤다.

제1차 세계대전의 규모와 격렬함은 전사자의 수에서도 잘 나타난다. 제1차 세계대전의 전사자는 영국이 자치령을 포함해서 90만 명, 프랑스 140만 명, 러시아 170만 명, 이탈리아 50만 명, 오스트리아 90만 명, 독일 180만 명이었다. 격전으로 유명한 베르됭전투에서는 쌍방의 전사자가 40만 명, 부상자가 80만 명을 헤아렸다. 솜전투에서는 영국군이 42만 명, 프랑스군이 20만 명 가까운 사상자를 냈다. 솜전투의 일부로서 1916년 7월 1일의 전투에서 영국군은 무려 6만 명의 사상자(이 중 전사자는 2만 명)를 냈다고 한다.

이것과 비교해서 연합국(영국과 프랑스 편)으로 참전한 일본의 군사적 개입은 정말로 미미했다. 전사자도 1,000명 남짓에 불과했다. 육군의 본격적인 전투는 독일의 동아시아 근거지인 청도 공략 정도였다. 또 해군이 열강의 요청으로 인도양과 지중해의 경비 작전, 호송 작전에 참여하기도 했다.

결국, 일본은 참전국이면서도 제1차 세계대전에 별로 개입하지 않았고, 일반적인 관심도 높지 않았다. 당시에는 제1차 세계대전을 '유럽 대전'이라고 불렀는데, 일본인의 입장에서는 정말로 그랬다. 즉, 일본인의 눈에서 제1차 세계대전은 세계 각국이 휩쓸린 대전이 아니라, 머나먼 유럽의 전쟁일 뿐이었다.

그러나 군인들의 경우는 달랐다. 무기의 질과 양, 그 무기를 사용한 전략과 전술, 장기간의 혹독한 전쟁을 수행하기 위해 채택한 국가 시스템 등 모든 면에서 획기적인 변화가 이루어졌기 때문이다. 이와 같은 새로운 전쟁 양상에 대처하기 위해 일본군은 스스로 그 조직, 편제, 전략 등을 근본적으로 바꾸어야 했다. 그것은 정당·사회에 못지않은 중대한 도전이었다.

국가총력전

제1차 세계대전에 관한 군인들의 관심은 단연 무기였다. 전장에서 비행기, 자동차가 본격적으로 사용되고, 독가스나 탱크(전차)도 등장했다. 탱크가 처음으로 모습을 드러낸 것은 솜전투에서였다. 처음에는 '육상의 드레드노트'라는 이름으로 소개되었다. 드레드노트급의 거대한 전함이 육지에 나타났다는 뜻이다. 탱크를 본 적이 없는 사람에게 그러한 이름으로 탱크를 묘사한 것이다. 신무기의 등장뿐만 아니라 사용된 무기·군수품의 양도 일본군에게 큰 충격을 주었다. 공격 전 단계에서 이루어진 포격으로 소비된 포탄의 양, 보병 부대가 휴대하는 기관총의 수도 일본군의 상식을 초월한 것이었다.

더구나 그러한 무기의 사용은 전투 방법을 변화시켰다. 제1차 세계대전 이전에 사람들은 대포의 발달, 보병의 기관총 휴대로 인해 전투에서 공격자 측이 유리해졌다고 생각했다. 그러나 실제로 전쟁이 시작되고 보니 유리한 쪽은 방어자 측이었다. 공격자 측은 적의 기관총 세례 앞에서 무수히 쓰러졌고, 그 시체는 산을 이룰 정도였다. 러일전쟁의 상황이 더 크게 재현된 셈이다. 제1차 세계대전은 참호전으로도 유명하다. 쌍방은 전선의 고착화에서 벗어나기 위해 참호를 파고 공방전을 벌였고, 그 과정에서 엄청난 희생자가 나왔다.

길고 긴 전선에 걸쳐 대치를 이어가고, 막대한 희생을 보충하기 위해서는 대규모의 보충 동원이 필요했다. 그 결과, 각국은 앞에서 언급한 것처럼 극한까지 동원율을 끌어올렸다. 일본 측은 스스로 러일전쟁 당시 국력의 한계치까지 병력을 동원했다고 생각하고 있었다. 그런데 제1차 세계대전에서 각국의 동원율은 그 몇 배가 되었다.

그렇게 각국은 대규모 병력을 동원했고, 나아가 무기·탄약 등 군수품을 보급하는 군수공장에 노동자(여성도 포함)를 대량으로 동원했다. 그리고 군수품의 대량 생산을 위해 온갖 물자를 전쟁 수행에 투입했고, 무역이 끊기자 식료품·일용품을 통제(혹은 배급)했다. 이처럼 각국은 전쟁 수행을 위해 대대적으로 국가 시스템을 바꾸었다. 국가의 자원을 총동원해서 싸운다는 의미로 이를 '국가총력전'이라고 한다.

일본인 화가의 견문을 토대로 그린 제1차 세계대전의 신무기. 비행선과 비행기가 폭격을 가하고
있다(『欧州大戦乱画報』).

군인들은 전쟁의 양상 변화에 민감했다. 이를 가리켜 어떤 군인은, 청일전쟁이 손가락으로 싸웠다고 하면 러일전쟁은 팔로 싸웠다고 할 수 있고, 총력전은 그 규모를 훨씬 뛰어넘어 온 힘으로 대결하는 것이라고 표현했다. 표현은 단순하지만, 총력전의 규모를 잘 이해한 말이다. 우가키 가즈시게(1기)는 제1차 세계대전의 경험으로부터 미래의 전쟁을 총력전이라고 파악한 전형적인 인물이다. 그는 일기에 다음과 같이 적었다.

> 미래의 전쟁은 군의 교전・군의 조종술에 그치지 않고, 국가를 구성하는 모든 에너지의 대 충돌, 모든 에너지의 전개 운용에 따라 승패가 결정된다.

쉽게 말해서, 총력전이란 군대가 전장에서 전투를 벌일 뿐만 아니라 병기・탄약・식량・피복・약품 등 한 국가가 생존하는데 필요한 모든 자원을 투입해서, 국민 전체가 적국과 싸우는 것이라고 정의한 것이다.

총력전이 국민 전체가 싸우는 것이라면 국방은 더 이상 군인만의 점유물이 아니게 된다. 우가키의 말을 빌리자면 "앞으로의 전쟁은 국민의 모든 지력, 모든 재력, 모든 노력의 조직적 결합력(문명)의 싸움이 될 것이다"라는 것이다. 여기에서 '국방의 국민화'라는 주장이 생겨난다. 국방이 군사 이외의 영역도 포함한다면, 군인만으로 국방의 임무를 다할 수 없는 법이다. 그래서 병역에 종사하는 사람뿐만 아니라, 국민 전체가 각기 역할에 맞추어 국방의 임무를 수행해야 한다는 생각이 퍼졌다.

국방 자원

과연 일본은 총력전을 수행할 능력이 있었을까? 오늘날 당시를 되돌아보면 당연히 의문이 든다. 하지만 당시의 군인들은 그렇게 생각하지 않았다. 그들은 일본이 총력전을 수행해야 한다고 생각했다. 그런데 여기에는 문제가 있었다. 바로 총력전에 투입할 자원과 그 자원을 전력화시키는 공업 능력이다.

전쟁에 사용되는 군수품은 방대한 양이고 거의 모든 물자를 포괄한다. 그 때문에 평시에 자원의 획득을 고려해야 했다. 그러나 일본 국내에서 획득할 수 있는 자원에는 한계가 있기에 애초에 자급자족은 불가능했다. 그래서 사람들은 대륙[38]의 자원을 떠올렸다.

이러한 생각의 가장 전형적인 예는, 고이소 구니아키(1880~1950) 소좌(12기, 후에 대장, 수상 역임)를 중심으로 하는 참모본부병요지지반参謀本部兵要地志班이 정리한 『제국국방자원』(1917년 8월 간행)이다. 여기서는 우선, 전시 소요 물자의 양을 예측하고, 당시 이용할 수 있는 경제 데이터를 통해 국내 산출량과 비축량을 산출했다. 결론은 국내 생산과 비축만으로는 아무래도 부족하다는 것이었다. 고이소와 그의 부하들은 다음과 같이 주장하며 부족한 자원을 대륙의 군수 자원에서 찾았다.

제국은 이제 완전한 전시 독립 경제를 경영할 수 없다. 그래도 다행히 이웃 나라인 중국의 국산 원료로 우리의 부족한 원료를 대부분 보충할 수 있다. 그런고로 우리는 전시에 필요로 하는 중국 원료의 이용법을 평소에 치밀하게 준비해 두어야 한다.

---

38 일본 근대사에서 대륙이라고 하면, 보통 중국을 중심으로 한 유라시아 대륙을 의미한다.

또한, 『제국국방자원』은 맨 마지막 부분에서 장대한 구상을 늘어놓았다. 전시에도 대륙으로부터의 군수 자원의 수송을 안정적으로 추진하기 위해 규슈에서 쓰시마를 거쳐 조선에 이르는 해저 터널을 건설해야 한다는 것이다. 터무니없다고 할 수도 있지만, 대륙 자원의 획득에 얼마나 고심했는지를 잘 알 수 있는 대목이다.

자원의 자급자족을 위해 대륙의 군수 자원을 중요하게 여겼다고 해서 그것이 바로 만몽(남만주와 동부 내몽고를 가리키는 약어)의 영유, 대륙 지배와 같은 정책으로 직결되는 것은 아니었다. 중일 관계가 안정되고 우호적이라면, 필요한 자원을 공급받는 것이 불가능한 것은 아니기 때문이다. 하지만, 만약 우호 관계를 구축할 수 없는 경우에는 어떻게 될까? 일부 군인들은 무력을 써서라도 자원을 확보해야 한다고 생각했다. 이런 생각을 가진 군인들은 점차 늘어갔다.

총력전 준비에 있어서 또 하나의 약점은 앞에서 언급한 것처럼 공업 능력, 즉 공업력을 꼽을 수 있다. 1921년 10월 육군성과 참모본부는 전시 소요 병력량을 산정했는데, 이때 무기·탄약 등의 생산 능력을 고려해서 30개 사단이 한계라는 결론이 나왔다. 단, 전시 병력량은 장기 목표로서 고려해야 한다는 참모본부의 주장에 따라 결론은 40개 사단을 전시 총병력량을 40개 사단으로 결론을 내렸다고 한다. 아무리 유럽식의 총력전을 목표로 해도, 당시 일본의 자원, 공업력, 그리고 과학 기술에는 뚜렷한 한계가 있었다.

군비의 근대화

제1차 세계대전의 결과, 일본 육군이 세계적으로 이류가 되었다는 것은 명백해졌다. 그 이전에는 일류였는지는 몰라도, 적어도 러일전쟁에서 일류 육군인 러시아와 대등하게 싸웠다. 그러나 제1차 세계대전 당시 각국이 신무기를 개발하며 총력전을 수행하면서, 일본 육군은 현저히 뒤처지게 되었다.

낙후된 상태의 극복을 위해 어떻게 하는 것이 좋을까? 가장 합리적인 답은 군의 근대화·과학화였다. 군비를 근대화하자는 주장은 군인들만의 주장이 아니었다. 정치가들 사이에서도 적지 않은 사람이 군비 근대화를 주장했다. 예를 들어 1918년 의회에서는 항공기의 증강, 화약의 개량 등 군비의 개선·확충을 요망하는 동의가 제출되어, 만장일치로 가결되었다. 같은 해에 군용자동차보조법, 군수공업동원법이 통과된 것도 총력전·군비 개선에 관한 인식이 작용한 결과이다. 또한, 하라 다카시는 암살되기 전에 종종 항공전력 충실의 필요성을 강조하곤 했다.

이처럼 군비 근대화에 대한 정치가들의 저항은 거의 없었다. 그러나 문제는 이를 위한 재원이었다. 육군은 21개 사단 체제를 정비한 상태였는데, 추가적인 군비 확장을 요구할 만한 입장이 아니었다. 제1가상적국이었던 러시아가 제1차 세계대전 말기에 무너졌기 때문에 강력한 적도 존재하지 않았다. 러시아의 혁명 정권(후의 소련)은 이데올로기적으로는 위협적이었지만, 아직 군사적인 위협은 아니었다. 명확한 위협이 없기에 군비 확장을 위해 예산을 늘리기가 어려웠다.

게다가 육군은 통상의 군사비뿐만 아니라 시베리아 출병의 경비도 부담하고 있었고, 해군은 8·8함대의 예산 획득에 성공한 상태였다. 그 결과, 1919

연도	세출 총액 (A)	군사비 (B)	군사비의 백분율 (B/A)	육군비 (C)	육군비의 백분율 (C/A)	해군비 (D)	해군비의 백분율 (D/A)
1917	735	286	38.9	123	16.8	162	22.1
1918	1,017	368	36.2	152	15.0	216	21.2
1919	1,172	537	45.8	220	18.8	316	27
1920	1,360	650	47.8	247	18.1	403	29.6
1921	1,490	731	49.0	247	16.6	484	32.5
1922	1,430	605	42.3	231	16.2	374	26.2
1923	1,521	499	32.8	224	14.7	275	18.1
1924	1,625	455	28.0	207	12.7	248	15.3
1925	1,525	444	29.1	215	14.1	229	15.0
1926	1,579	434	27.5	197	12.5	237	15.0
1927	1,766	492	27.8	218	12.4	274	15.5
1928	1,815	517	28.5	249	13.7	268	14.8
1929	1,736	495	28.5	227	13.1	268	15.4
1930	1,558	443	28.4	201	12.9	242	15.5
1931	1,477	455	30.8	227	15.4	227	15.4
1932	1,950	686	35.2	374	19.2	313	16.0
1933	2,255	873	38.7	463	20.5	410	18.2
1934	2,163	942	43.5	459	21.2	483	22.3
1935	2,206	1,033	46.8	497	22.5	536	24.3
1936	2,282	1,078	47.2	511	22.4	567	24.9

비고 : 수치는 모두 반올림했기 때문에 합계가 맞지 않는 경우가 있다.

거의 일관되게 육군비보다 해군비가 많다(〈표 1〉). 한때 세출의 50%에 가까웠던 군사비가 1923년도부터 30% 전후로 감소한 것은 워싱턴해군군축조약의 효과라고 할 수 있다. 1920년대 후반은 군축기였는데, 이러한 상황은 육군비에도 반영되었다. 1932년도 이후 군사비가 증가(상대적으로도, 절대액으로도)한 이유는 만주사변 이후 국제정세가 긴장 관계에 돌입했기 때문이다.

출전 : 海軍歷史保存会 編, 『日本海軍史』第7巻(第一法規出版)

년도 군사비는 국가세출(일반회계 결산)의 45%를 넘었고, 1921년도에는 거의 50%에 도달했다. 육군 군비 근대화를 위한 새로운 경비를 마련하기란 거의 불가능했다. 게다가 제1차 세계대전이 끝난 지 얼마 안 되어 전후 불황이 시작되었다. 재정적인 여유가 있을 리 만무했다.

참고로, 각국의 국가세출에서 군사비가 차지하는 비율은 제1차 세계대전 직전인 1913년, 영국이 40%, 프랑스가 25%, 독일이 56%였다(일본은 34%). 이렇게 볼 때 일본은 제1차 세계대전이 끝나고 평화가 도래했음에도 불구하고, 군비 확장에 광분했던 유럽 열강 이상으로 군사비를 투입한 것이다. 이상하다고밖에 볼 수 없다.[39]

결국, 지나친 군사비로 인해 의회와 여론은 재정에 맞는 경제적 군비, 즉 군축을 요구하게 된다. 하라 내각[40]은 해군의 군축을 결심하고 워싱턴회의에 전권단全權團을 보냈다. 또한, 해군 군축과 함께 육군 군축을 요구하는 목소리도 높아져 갔다.

육군 군축

1921년, 아직 워싱턴회의가 열리지 않았고 개최하려는 움직임조차 없을 때의 일이다. 국민당 총재 이누카이 쓰요시(1855~1932)는 산업입국주의를 주

---

39 하지만 세계대전이 끝나도 열강의 해군력 경쟁은 계속되었다. 특히 일본은 경제력 격차가 상당한데도 불구하고 미국과 대대적인 해군력 경쟁을 벌였고, 이를 위해 거액의 해군비를 지출해야 했다. 그 결과, 제1차 세계대전 이후에도 일본의 군사비 지출은 크게 높아졌다.

40 정당 정치가 하라 다카시를 수반으로 하는 내각(1918~1921).

창하며, 현역 1년제와 사단 수 절반 삭감을 주장했다. 그는 총력전의 견지에서 산업력의 강화를 호소하고, 그것이 근대적 군비를 만들어 내는 기초라고 하면서 다음과 같이 주장했다.

> 오늘날의 전쟁은 군인만의 전쟁이 아니라 국민 전체의 전쟁이며, 무력만의 전쟁이 아니라 무력과 경제를 합친 국력 전체의 싸움이다. (…중략…) 아무리 정에 무기가 있어도, 탄약이 있어도, 경제력을 동반하지 않으면 결국 패배로 끝날 수밖에 없다는 것을 이번 대전이 증명한 것이다. 이와 같은 상태이기 때문에 일본의 육해군이 아무리 힘을 써도 현재와 같은 산업 상태에서는 도저히 전쟁을 수행할 수 없다. (…중략…) 그보다는 평소에 산업 발달에 전력을 기울여 만일의 경우, 국력 전부를 기울여 대항할 수 있는 실력을 양성해 두는 것이 시급하다.

한편, 정당 정치가로서 이누카이와 함께 높은 평가를 받았던 오자키 유키오(1858~1954)는 미국·영국·일본 3대 해군국의 해군 군축과 국제연맹의 육군 군축을 요구하는 결의안을 의회에 제출했다. 결의안은 압도적 다수로 부결되었으나, 그 후에도 오자키는 반년에 걸쳐 전국을 유세하며 군축을 주장했고, 이는 큰 반향을 불러일으켰다. 그리고 1921년 11월에 워싱턴회의가 시작되자 육군 군축에 대한 목소리가 갑자기 커졌다. 의회에서는 입영 기간의 단축과 불필요한 기관의 정리를 통해 경비를 절감하도록 하는 군축건의안이 상정되었는데, 이는 압도적인 다수로 가결되었다.

앞에서 언급한 것처럼 이 시기에는 러시아의 위협이 크게 줄었고, 해군 군축에도 성공해서 미국과의 충돌 가능성도 거의 없었다. 일본에 대한 직접적인 위협이 사라진 셈이다. 그러한 상황에서 해군은 대규모 군축을 추진하고 있었고, 이 때문에 육군도 군축 요구를 외면할 수 없게 되었다.

마침내 1922년, 가토 도모사부로(1861~1923) 내각의 육상 야마나시 한조(구8기)가 군축을 단행했고, 이듬해인 1923년에도 소규모 군축을 단행했다. 이를 야마나시 군축이라고 한다. 두 차례에 걸친 야마나시 군축은, 장병 약 6만 명, 말 1만 3,000마리를 감축했다. 그럼에도 야마나시 군축은 철저하지 못하다는 강한 비판을 받았다. 한편, 1923년에 관동대지진이 일어나자 정부는 대지진의 복구·부흥을 정책의 최우선으로 하면서, 행정·재무의 구조조정을 추진하고자 했다. 이 때문에 육군 군축 문제도 다시 제기되었다.

그래서 1924년, 가토 다카아키(1860~1926) 내각의 여당을 구성하는 3개 정당에서는, 헌정회가 7개 사단 삭감, 정우회가 6개 사단 삭감, 혁신구락부가 10개 사단 삭감을 주장하기에 이르렀다. 이후 3당은 통일안을 만들어 6개 사단 삭감, 복무 기간 단축, 군부대신무관제 폐지에 합의했다. 여기서 주목할 것이 군부대신무관제 폐지이다. 만약 무관(군인)이 아닌 사람이 군부대신이 된다면 정당의 지위·군에 대한 압력은 더욱 높아질 것이 틀림없었다. 이러한 의미에서 군부대신무관제를 폐지하라는 요구는 군축에 대한 압력과도 연결된다.

한편, 육상 우가키 가즈시게는 정부 안팎에서 제기되는 군축 요구에 대해, 1925년에 4개 사단 삭감을 내용으로 하는 군축을 단행했다. 3차례에 걸친 군축으로 일본 육군은 평시 병력의 약 3분의 1을 줄였다. 그렇게 큰 군축이었기 때문에 군 내부의 저항이 있을 수밖에 없었다. 군축은 정당 측과의 항쟁·타협의 산물이었다. 하지만 동시에 총력전 준비를 둘러싸고 육군 내부가 논쟁한 결과이기도 했다.

과학화 VS 상비병력 유지

육군 내부의 논쟁은 「국방방침」의 개정에도 나타나 있다. 1907년에 제정된 「국방방침」은 제1차 세계대전 말기인 1918년에 개정되었다. 이 개정된 「국방방침」의 정문正文은 아직 발견되지 않았지만, 구로노 다에루黒野耐의 연구에 의하면 그것은 기존의 단기 결전 사상에 총력전의 지구전 사상을 병행 표기한 것이라고 한다. 결국, 개전 초기부터 공세를 취하는 단기 결전을 지향하면서, 그것으로 전쟁이 끝나지 않는 경우 장기 지구전으로 이행해 총력전으로 싸운다는 구상이었다.

그런데 워싱턴회의 후인 1923년, 또 한 번 「국방방침」이 개정되어 총력전식의 발상이 후퇴하고, 다시금 단기 결전이 강조되었다. 이것이 「국방방침」의 제2차 개정이다. 이 시기에 야마나시 군축이 이루어졌는데, 야마나시 군축 자체가 제2차 개정의 취지가 반영된 것으로 보인다.

단기 결전론은 종종 정신력을 강조하는 주장과 연결된다. 그 논리를 조금 단순화시켜서 요약하면 다음과 같다.

일본은 자급자족 능력이 없기 때문에, 유럽 대전과 같은 장기전을 견뎌낼 수 없다. 따라서 단기 결전을 국방의 기본 방침으로 하고, 개전 초기에 가능한 한 다수의 병력으로 적에게 큰 타격을 가하는 것을 작전의 기본으로 해야 한다. 서구 각국과 비교해서 국방 자원이 빈약하고 공업 수준이 떨어지는 일본이 열국(列國)과 군비의 근대화로 경쟁하는 것은 의미가 없다. 오히려 일본은 개전 초기에 적에게 큰 타격을 주기 위해, 다수의 정예 부대를 상비해 둘 필요가 있다. 무기의 질적 열세는 부대의 무형적인 요소, 즉 정신력으로 충분히 보완할 수 있다.

다이쇼 시기 육군의 상황 인식에 대해 가장 정력적으로 연구했던 구로사와 후미타카의 지적처럼, 일본이 단기 결전론을 채택한 것은 단기전의 가능성이 높기 때문이 아니라, 장기전을 두려워했던 이유가 더 컸다. 또 정신력을 강조했던 것은 당분간 물질적인 국력을 키우는 것이 불가능하다고 판단한 측면도 있다. 즉, 가까운 미래에 자원을 늘리고 공업 수준을 높이는 것은 어렵지만, 정신력은 장병을 단련시켜 강화할 수 있다고 본 것이다. 단기 결전론이 총력전의 발상을 전면 부정한 것은 아니다. 단지 유럽의 총력전은 특수한 것으로, 일본의 전쟁에 그대로 적용되는 것은 아니라고 판단했을 뿐이다.

여기서, 다시 한번 야마나시 군축을 살펴보자. 야마나시 군축은 약 5개 사단분의 인원을 줄였지만, 근대화라는 점에서는 주목할 만한 것이 없었다. 보병연대에 보병포대를 편성하고, 비행 대대를 확충한 정도에 지나지 않았다. 인원을 줄여도 사단 수는 유지하는 것에 중점을 두었기 때문이다. 인원을 줄여도 사단 수를 그대로 유지하면, 상황을 봐서 다시 인원수를 늘릴 수 있었다. 또 전쟁이 나는 경우, 사단을 새롭게 편성하기보다는 기존의 사단을 전시편제로 바꾸는 것이 한결 수월한 면도 있었다. 한마디로, 일단 사단을 폐지해 버리면 단시간에 사단을 도로 만들 수가 없었던 것이다. 이러한 점에서 야마나시 군축은 단기 결전을 전제로 한 것이며, 되도록 많은 상비병력(상설 사단)을 유지한다는 「국방방침」의 제2차 개정의 취지와도 연결되어 있었다.

반면, 우가키 가즈시게가 추진한 군축(우가키 군축)은 달랐다. 우가키 군축은 4개 사단과 그 외 여러 기관을 폐지하고, 이를 통해 얻은 경비의 대부분을 군비의 근대화에 투입했다(따라서 육군의 예산은 거의 변화가 없었다). 그래서 인원 3만 4,000명·말 6,000마리를 정리하는 대신에 전차대, 비행연대, 고사포연대, 통신학교, 자동차학교 등이 새롭게 설치되었다.

우가키의 목적은 단기전뿐만 아니라 장기전이 될 수도 있는 총력전을 겨냥해 군비를 근대화하는 것이었다. 군비의 근대화를 위해서는 거액의 경비가 필요한 법이다. 만약 예산 증액이 어렵다면, 사단을 삭감해 스스로 경비를 짜낼 수밖에 없었다. 게다가 정당은 여당과 야당을 막론하고 사단의 삭감을 요구하고 있었고, 어떻게든 이에 대한 대응이 필요했다.

그렇지만 육군 내부에서는 우가키 군축에 대한 강한 반대가 있었다. 사단 삭감이 상비병력의 약체화를 가져와, 단기 결전을 불가능하게 한다는 것이 반론의 골자였다. 원래 육군의 소요 병력은 1907년의 「국방방침」에서는 평시 25개 사단·전시 50개 사단이었다. 그 후 평시 21개 사단까지(1921년 현재 병력 약 28만 명)는 달성할 수 있었으나 그 후의 정치·경제 정세에 따라 그 이상 사단을 늘리는 것은 무리였다. 그래서 1923년의 제2차 개정에서는 소요 병력이 평시 21개 사단·전시 40개 사단으로 바뀌었고, 야마나시 군축도 이 병력을 유지하려 한 것이다. 그런데 우가키 군축은 추가로 사단을 삭감하려 하고 있었다. 이 때문에 육군 내부에서 저항이 생긴 것이다. 하지만 우가키는 4개 사단을 삭감하는 대신, 장비를 근대화하고 보강해서 평시 17개 사단(병력 약 20만 명)·전시 32개 사단 체제를 구상하고 있었다.

우가키의 개혁안은 육군의 군사참의관회의(육상, 참모총장, 교육총감 그리고 육군의 장로 격으로 보직이 없는 현역 대장 수 명으로 구성된 자문기관)에서 5대 4의 근소한 차이로 승인되었다. 상층부에서도 저항이 컸던 셈이다. 그 후 얼마 안 되어 우가키는 자신의 군축안에 반대한 군사참의관 중 대장 3명을 예비역으로 편입시켰다. 군비 근대화(당시의 용어로서는 군제개혁)를 향한 우가키의 열의와 실행력은 보통이 아니었다. 그렇게 우가키는 반대파 장로 군인을 물리치고 육군의 주도권을 쥐게 된다.

우가키 군축의 여파

우가키와 그 반대파가 벌인 군비 논쟁에서 빼놓을 수 없는 점이 있다. 도대체 그들은 어떤 나라를 상대로 그런 군비를 구상했을까? 하는 점이다. 제2차로 개정된 「국방방침」은 제1가상적국을 미국으로 했고, 여기에 소련과 중국이 뒤를 이었다. 단기 결전을 주장하는 반 우가키파는 일본이 미국·소련과 결탁한 중국과 싸우는 것을 생각했던 것 같다.

하지만 아직 소련의 군사적 위협은 아직 현실화되지 않은 상태였다. 미국과는 얼마 전 워싱턴회의에서 협력관계를 맺었기 때문에, 전쟁을 준비한다는 것이 맞지 않았다. 설사 미국과 전쟁이 벌어져도 미국이 대규모 육군을 동아시아에 보내는 것은 대단히 어려웠다. 그렇다면 상대국은 중국만 남는다. 상대가 중국뿐이라면, 단기 결전을 전제로 하면서 그렇게 많은 병력을 상비병력으로 둘 필요가 있을까?

이렇게 볼 때, 반 우가키파가 중국 대륙에서 미국·중국·소련과 싸우는 것을 상정한 이유는 21개 사단 체제를 정당화하기 위해서라고 볼 수 있다. 그렇다면 우가키의 생각은 어땠을까? 그는 어떤 나라를 상대로 근대화된 군비를 구축하려고 했을까? 사실 우가키는 가상적국을 분명하게 상정하지 않았다. 소요 병력의 기준도 특정 가상적국에 두지 않았다. 우가키는 특정 가상적국과 싸우는 군비가 아니라 총력전을 수행하기 위한 군비를 목표로 했던 것 같다. 이것은 가상적국이 뚜렷하지 않은 상황에서 육군의 조직적 이익을 지킬 수 있는 편리한 목표였다.

더욱이 우가키는 상설 사단을 감축하는 대신에 전시동원을 고려한 포석을 깔았다. 그중 하나가 1925년 4월부터 실시되었는데, 이것은 중학교 이상 각

학교에서 현역 배속 장교가 군사교련을 실시하는 제도였다.[41] 이 교련 검정에 합격하면 징집되는 경우에 복무 기간이 2년에서 1년으로 단축되고, 예비역 장교가 되는 간부후보생의 자격이 주어졌다. 한편, 사범학교 졸업생은 원래 '단기현역제'라는 이름으로 6주 복무를 하게 되어있었고, 1918년 이후 그 복무 기간이 1년으로 연장된 상태였는데, 교련 검정에 합격하면 복무 기간이 5개월로 줄어들게 되었다. 이러한 조치는 전시동원을 위해 많은 예비역 장교를 육성하기 위한 것이기도 하고, 사단 감축으로 보직이 줄어든 현역 장교를 구제하기 위한 것이기도 했다(1925년 말을 기준으로 배속 장교는 1,000명이 넘었다).

1926년에는 청년훈련소가 문을 열었다. 이것은 의무교육을 마친 청소년을 대상으로 한 사회인 교육 기관으로, 여기서 군사교련을 받은 사람은 복무 기간이 1년 반으로 단축되었다. 청년훈련소의 군사교련도 전시동원에 대비한 조치였는데, 물론 여기에는 교련을 통해 군에 대한 국민의 이해를 높이고 국방 지식을 보급하려는 목적도 존재했다. 즉, 총력전을 위해 군뿐만 아니라 국민 전체가 국방을 담당해야 한다는 '국방의 국민화'를 추진한 것이다. 국방의 국민화란 앞에서 언급한 것처럼 제1차 세계대전의 교훈 중 하나이다. 이 무렵, 규정이 바뀌어 국방 지식의 보급에 적극적으로 관여하게 된 재향군인회의 활동에도 '국방의 국민화'라는 의도가 담겨 있었다.

이와 같이 우가키 군축은 사단 감축뿐만 아니라 다양한 측면을 가지고 있었다. 우가키는 4개 사단 감축에 따른 악영향을 부대 주둔지의 주민이 깨닫도록 노력을 기울였다. 다시는 사단 감축 요구가 나오지 않도록 하기 위함이었

---

41 한국에도 교련 과목이 있어서, 예비역 장교 출신의 교사가 각 고등학교에 배치되고, 1990년대까지 군사훈련이 행해지기도 했다. 이후 점차 축소되다가 현재는 교련이 완전히 없어졌다.

다. 사실, 폐지될 사단의 부대명은 발표 전까지 비공개였지만, 폐지를 예상한 부대 주둔지에서는 마을의 경제적 효과를 위해 부대가 없어지지 않게 해달라는 건의가 많았다. 지역의 부탁을 받은 국회의원도 부대의 존치를 호소했다. 우가키가 노린 것이 바로 이런 현상이었다. 결국, 육군은 상당수의 부대를 이동시켜, 부대가 전부 없어지는 주둔지가 나오지 않도록 함으로써 주민의 요청에 응했다.

그럼에도 불구하고 4개 사단의 폐지로 인해 16개의 보병연대가 폐지되었다. 거의 러일전쟁 때 신설된 연대였는데, 그 폐지는 예상하지 못한 영향을 남겼다. 군인의 연대감, 단결 의식에 큰 상처를 남겼기 때문이다. 군기(연대기)의 반납은 종종 감상적인 장면을 만들어 냈다. 병사들은 그렇게 꼭 큰 영향을 받지 않았지만, 연대가 폐지되어 다른 부대·직장으로 옮기거나 군을 떠나야 했던 장교(야마나시 군축과 우가키 군축을 합쳐 약 2,500명)와 하사관은 군축에 강하게 반발했다. 이것은 육군 내부에서 잠재적인 반 우가키 움직임, 정당 정치에 대한 반발을 초래하는 하나의 원인이 되었다.

군인을 경시하는 분위기

일반적으로 각 학교의 군사교련은 그다지 환영받지 못했던 것 같다. 학생들이 배속 장교를 노골적으로 경멸하거나 교련을 거부하는 일도 있었다. 이처럼 군인을 경시하는 분위기가 생겨난 데는 몇 가지 요인이 있다.

우선 다이쇼 정변 이후의 군벌 비판을 들 수 있다. 게다가 참혹했던 제1차 세계대전을 일으킨 책임도 독일 군국주의에 있다고 보고, 그 연장선에서 일본의 군국주의를 비판하며 육군에게 화살을 돌렸다. 더욱이 시베리아 출병이 그러한 비판을 강하게 했다.

시베리아 출병은 제1차 세계대전 말기인 1918년에 시작되었는데, 파견 병력은 최대 7만 3,000명이었고, 파견을 경험한 군인은 총 24만 명에 달했다. 그러나 국제적인 악평, 9억 엔의 비용과 3,000명의 전사자만 남긴 채, 1925년에 철군했다. 이것만으로도 비판받기에 충분했지만, 여기에 더해 군기 위반까지 겹쳤다. 원래 군기 위반은 조선, 만주, 천진天津 등 외지 주둔 부대에서 많이 발생했는데, 명분 없는 출병이었던 시베리아 출병에서도 군기 이완과 비행이 많이 발생했던 것이다. 결국, 육군에 대한 비판은 더욱 강해졌다.

하라 데루유키와 요시다 유타카의 연구에 따르면, 하사관·병사 중 출병 목적을 이해하고 있는 사람은 적었고, 심지어 나랏돈으로 만주를 여행하는 기분의 장병이 많다는 비판이 있을 정도로 사기가 낮았다고 한다. 초급 장교의 불합리한 명령에 대해 불평하는 병사가 있는가 하면, 불평하는 병사를 곧바로 사회주의자로 단정하는 분위기도 있었다. 또한, 부하의 반항이 두려워 비위를 맞추는 장교도 있었다고 한다. 어떤 기관총 부대에서는 중대장이 병사를 때리자, 중대 전원이 중대장에게 폭행을 가해 중상을 입힌 사건이 발생했다. 이러한 군인의 비행, 군기 위반은 소문을 통해 국내에까지 전해져, 육군을 비판하는 소재가 되기도 했다.

외적 위협이 낮아진 것도 군인을 경시하는 분위기를 낳았다. 제1차 세계대전이 끝나자 사람들은 '전쟁의 희생이 어마어마했기 때문에 더 이상 이런 어리석은 짓은 반복되지 않을 거야, 이제 큰 전쟁은 일어나지 않을 거야'라고 생각하게 되었다. 게다가 북방을 위협하던 러시아제국이 무너졌기에 일본인들은 더욱 그렇게 느꼈다. 해군도, 육군도 모두 군축을 실행하고 있었다. 어느

시베리아 출병. 이르쿠츠크 주재를 명령받은 무토 노부요시(武藤信義) 소장을 역에서 마중하는 일본군(『西伯利亜出征記念写真帖』)

초급 장교는 『가이코샤 기사』의 기고문을 통해, 입대 장병들에 대한 교육이 어렵다고 하면서 장병들은 더 이상 전쟁이 일어나지 않는다고 생각한다고 밝혔다. 1923년의 징병 검사 때 진행된 상식 시험 문제에는 "전쟁이 없어질 것으로 생각하는가?", "일본이 먼저 군사력을 없애면 어떻게 되는가?"라는 등의 질문이 있다. 이런 질문들은 당시의 평화주의적 분위기를 단편적으로나마 보여준다. 그리고 그러한 분위기가 군인을 경시하는 태도로 이어졌다는 것은 의심할 여지가 없다. 특히 군인들은 자신들이 비판받고 경시 받는 주요 원인이 평화주의적 분위기에 있다고 느꼈다.

군인을 경시하는 사회적 분위기에는 군인 측의 문제도 있었다. 특히 민주주의 사회와의 관련성이라는 면에서 더욱 그랬다. 당시 군인들은 사회적 상식이 없다는 비판을 받았다. 특히 육군 군인의 상식 결여는 신문과 잡지에서 비난·공격을 받았고 의회에서도 문제가 되었다. 장교들도 이를 자각하고 있었다. 그래서, 우리 군인들은 군과 민의 일치를 주창하면서도, 한편으로는 사회를 밑으로 보고 유아독존적인 태도에 빠진 것은 아닐까? 과연 우리는 사회의 존경을 받을 만큼의 교양을 갖추고 있는가? 라는 반성의 목소리도 나왔다. 교육총감부에서도 군인에 대한 경시, 그 사회적 지위의 저하는 장교 자신이 초래한 것이기도 하다고 평가했다. 그리고 장교들의 반성을 촉구할 정도였다.

군인의 사회적 지위

군인을 경시하는 사회적 분위기는 군인의 사회적 지위가 낮아지고 있다는 것을 반영하는 것이기도 했다. 원래 장교들은 그 대부분이 옛 엘리트 무사 계급 출신이었다. 그래서 사회적 지위도 상대적으로 높은 편이었다. 또한, 초기에는 재능 있는 청소년을 유년학교, 사관학교로 데려와서 우수 인재를 확보할 수도 있었다. 그래서 사람들은 군인을 사회적으로 중요한 엘리트라고 생각했고, 군인 자신도 그렇게 자부했었다. 여기에 청일전쟁·러일전쟁에서의 승리는 군인의 위상을 더욱 높였다. 그런데 제1차 세계대전을 전후해서 그 위상에 그늘이 드리워졌다.

군인의 사회적 지위 저하는 군사학교 지원자의 감소로 나타나기 시작했다. 러일전쟁 이후 다이쇼 중기까지 군사학교 지원자는 계속 증가했다. 그래서 육사(육군사관학교)는 1916년에 지원자 수(단, 육군유년학교로부터의 입학자는 제외) 약 4,300명, 경쟁률 19대 1, 육군유년학교(유년학교)는 1917년에 지원자 수 약 5,700명, 경쟁률 19대 1로 입시의 정점에 도달했다. 그런데 1918년에는 육사 지원자가 전년인 1917년과 비교해 1,000명 가까이 줄어 내외에 큰 충격을 주었다. 육군은 1918년의 지원자 감소를 '격감'이라고 평가하며, 합격점을 크게 내리지 않으면 정원을 확보할 수 없을 것이라고 우려했다. 이는 지망자의 감소가 군인의 질적 저하로 연결될 것이라는 위기감과도 연결되었다.

1920년에는 중앙 유년학교가 폐지되고 사관학교 예과가 설치되었다. 당시 문부성은 중학교 4년을 수료(원래 졸업을 위해서는 5년의 이수가 필요함)하면 고등학교에 진학할 수 있도록 규정했는데 이를 육군에도 적용하도록 했다. 그래서 중학교 4년 수료자에게도 고등학교에 상당하는 육사의 예과 진학이 허용되었다. 그러나 육사 지원자는 1921년에 1,000명을 조금 넘겼고, 유년학교 지원자도 1923년에는 1,000명대로 떨어졌다.

지원자가 격감하게 된 커다란 이유는 두말할 것도 없이 군인을 비판·경시하는 분위기였다. 그 외에 제1차 세계대전의 호경기로 인해 소년들이 실업계를 지향하게 된 것도 중요한 이유였다. 육사 지원자는 1924년 이후에 다시 증가했는데, 이것은 아마도 경제 사정의 변화 때문인 것 같다.

그런데 지원자 수는 회복되었지만, 그 내실에는 변화가 있었다. 히로타 데루유키의 연구에 따르면, 중학교 성적 우수자의 군사학교 지망이 줄어들고, 도시에 살며 경제적으로 유복하고 성적이 우수한 중학생은 대개 사관학교보다는 고등학교를 목표로 했다고 한다. 요컨대 사회 상층부에서는 더 이상 군인을 매력적인 엘리트로 보지 않게 된 것이다.

군인의 경제적 상황도 사회적 지위와 관련이 있는 법이다. 가령, 물가 상승과 다른 직업의 임금 수준에 맞춰 군인의 봉급·연금도 조금 인상되긴 했다. 그러나 군인들이 체감 월급은 여전히 낮은 수준이었다. "돌려막는 중위, 겨우 사는 대위"라는 당시의 표현은 군인들의 빠듯한 경제 사정을 잘 나타내고 있다.

그러한 경제적 상황에는 몇 가지 이유가 있다. 우선, 육군의 봉급 제도에 문제가 있었다. 같은 공무원이라도 문관과 비교해서 군인은 계급에 따른 급여 차가 컸다. 즉, 문관의 경우 같은 급수라도 그 안에 몇 단계의 호봉이 있어서, 승진이 안 돼도 연차가 쌓이면 월급이 올랐다. 그러나 군인은 대위·중위를 제외하고는 같은 계급 내에서 급여의 차이가 없었다. 따라서 아무리 연차를 쌓아도 계급이 오르지 않는 한 월급도 오르지 않았다.

이와 같은 봉급 제도를 개혁하고, 급여 체계를 획기적으로 개선하려는 시도가 없었던 것은 아니다. 그러나 군 내부에서는 급여 개선이 군인 우대라는 비판을 받지 않을까 우려했다. 또 제한된 예산으로 군비의 근대화를 우선시했기 때문에, 예산을 할당할 여유도 없었다. 그 외에 또 다른 이유도 있었다.

(사관후보생·육사 예과) 지원자 수와 채용자 수의 추이

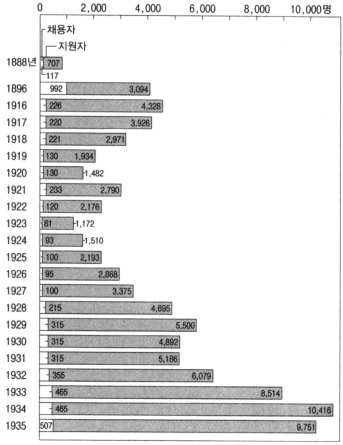

비고 : 1921년은 사관후보생과 육사 예과를 합한 수.[42] 1922년 이후는 육사 예과의 수.

출전 : 広田照幸, 『陸軍将校の教育社会史』(世織書房) ;
熊谷光久, 『日本軍の人的制度と問題点の 研究』(国書刊行会)

---

42 1921년 이전은 사관후보생의 수.

바로 인사의 정체였다. 인사의 정체는 청일전쟁 이후 다이쇼 중기까지 거의 매년 500명에서 800명의 육사 졸업생을 배출한 결과였다. 육군으로서는 전시의 필요를 고려해 사관후보생의 수를 산출했다. 따라서 평시에는 장교의 수가 많은 편이었고, 그 때문에 예비역으로의 편입도 빨랐다. 게다가 군축으로 인해 보직이 줄면서 인사가 적체되기까지 했다. 이는 승진의 지연을 초래했고, 승진이 늦어지자 월급도 오르지 않았다. 그래서 오랫동안 같은 계급에 있다가 정년을 맞이하는 사람이 늘어났다. 더욱이 계급이 낮을수록 정년도 빨랐기 때문에 출세가 늦으면 아직 박봉으로 생활의 여유가 없을 때 퇴직해야만 했다. 물론, 퇴직 후의 연금도 그렇게 충분한 것이 아니었다.

경제적으로 장교가 얼마나 힘들었는지를 판단하기란 쉽지 않다. 많은 경우, 불만은 다른 직업과의 비교에서 생겨났다. 또 경제적으로 넉넉하지 않았다고 해도, 장교의 체면을 유지하고 그에 어울리는 번듯한 생활을 하기가 어렵다는 것이지 꼭 극심한 곤궁을 의미하는 것은 아니었다.

그래도 군인의 경제적 처우에 대해 논란이 일었다는 점은 중요하다. 이는 그들의 경제 상태가 이전과 비교해서 그다지 좋아지지 않았다는 것을 의미한다. 적어도 하급 장교의 생활은 여유 있는 편이 아니었다. 특히 40대 중반에 대위 혹은 소좌로 퇴직한 군인들이 곤란을 겪었다. 그런 경우, 종종 생계 불안마저 따라왔다. 재취업이 어려웠기 때문이다. 이와 같은 사정 때문에 군축은 군인에게 심각한 위협이 되기도 했다. 군축으로 약 2,500명의 장교가 정리되었다는 것이 당시의 사정을 말해준다(군축 전인 1921년 말, 장교의 수는 1만 6,000명).

"군축의 폭풍이 휘몰아쳐 먹구름 속에서 헤매고 있고, 단두대 위의 짙은 안개가 가리듯 앞을 예측할 수 없다. 오늘은 다른 사람, 내일은 나 자신!"이라는 『가이코샤 기사』의 감회는 아마 당시 군인들의 공통된 심정이었을 것이다.

후환을 걱정하지 않고 안심하며 국가를 위해 충성을 다하기 위해서는, 중대한 문제가 없는 한 대좌까지 보장해야 한다는 다소 무리한 주장도 있었다.

이 외에도 군인의 사회적 지위가 낮아져서 결혼 상대자의 사회적 지위도 낮아지고 있다거나, 장교들의 사윗감(혹은 며느릿감)의 사회적 지위도 낮아지고 있다고 우려하는 군인도 있었다. 종합해서 말하면 당시 군인(장교)의 상황은, 사회적 지위는 하향곡선이고 경제적 처지도 좋지 않으며, 군축으로 인해 실업의 위협까지 있는 데다 사회에서도 무시를 당하고 있었다. 이러한 상황은 군인들의 우려를 심화시켰고, 좋지 않은 경향을 낳았다. 좋지 않은 경향이란, 청년 장교는 전직 준비에 힘을 쏟고, 노년·장년 장교는 생활고 걱정에 군인의 직무에 충실하지 못하는 것이었다. 이것이 사실이라면 장교의 사기가 저하되는 것이 조금도 이상하지 않다. 한편, 인사적체 현상이 계속되자 소장 장교 사이에는 출세 경쟁이 치열하게 벌어졌다. 당연한 일이기도 하다. 하지만 그러한 출세 분쟁이 노골화된 경우, 종종 그것은 사기의 앙양과 반대로 작용하는 법이다.

군인의 반발

사회에서는 군인을 경시하고, 종종 신랄하게 비판했다. 도쿄의 전차電車에서는 승객들이 군인에게 장교의 망토, 승마용 구두의 박차가 성가시다면서 싫은 소리를 했다고도 한다. 군복을 입고 시가지를 걷는 것을 꺼리는 장교도 있었다. 1923년의 관동대지진 때는 군대가 출동해 치안 유지와 도시 복구에 크게 공헌했는데, 이때 군대·군인을 다시 보게 되는 시선도 있었다. 그러나 비판이 없어진 것은 아니었다.

군인에 대한 비판에 커지자 군인 측도 반발했다. 군인 비판에 대한 군인 측의 반발은 『가이코샤 기사』에 게재된 다음의 의견에 잘 나타나 있다. "군인에 대한 일반 사회의 혐오는 증오가 되고, 나아가 모멸로 변했는데, 이제는 박해가 되는 것 같다." 그 실태는 과장된 것으로 보이지만, 그 과장도 군인들의 반발에서 생겼다는 것에 주목할 필요가 있다.

특히 군축에 대한 반발은 말할 것도 없었다. 『가이코샤 기사』에는 다음과 같은 비판이 투고되었다. 그 내용은 대략, 최근에 전쟁이 없다고 하면서 함부로 군인을 학대하고, 무의미하게 군축! 군축! 이라고 연발하더니, 군인 편중은 말도 안 된다면서 은급법恩給法(연금법)까지 개정하려고 한다는 비판이었다. 야마나시 군축으로 현역에서 물러난 어느 소좌는 퇴직부터 재취업까지의 고생담을 정리한 저서에서, 군축으로 퇴직을 강요받은 군인을 "진정한 정신적 전사자이다"라고 하고 "세계적인 재난을 맞아 국가 사회의 대중을 구한 희생자다"라고 묘사했다. 그는 퇴역 군인을, 번창하는 가문으로부터 이혼당한 '조강지처'에 비유했다.

또 군인들이 사회적 상식을 갖추지 못했다는 비판에 대해서도 반론이 나왔다. 예를 들어 원칙적으로 장교가 지식을 갖추는 것에 반대하지는 않지만, 혹시라도 거기에 열중한 나머지 군인으로서의 직무 지식에 소홀해진다면, 본말의 전도가 아닌가 하는 의견도 나왔다. 사회가 복잡해짐에 따라 기능이 분화되고 있는데, 전문직 지식을 익히는 것만으로도 한계라는 것이다. 군인이라는 전문직의 입장에서, 사회적 상식(지식)이라는 문제를 반박한 것이다.

결국, 사회적 상식에 대한 부정적 평가는 육군의 공식 견해가 된다. 1930년 가이코샤의 사장을 맡은 육군차관 아베 노부유키(9기, 후에 수상)는 다음과 같이 지적했다.

상식이라는 것은 어디까지나 전문 지식을 보조하는 것으로, 이것이 전문 지식의 영역을 침범하게 해서는 안 된다. (⋯중략⋯) 과거에 일시적으로 상식 양성이라는 목소리가 과도하게 높았던 적이 있고, 이로 인해 직책상 당연하고도 필수적인 군사 능력의 증진 내지는 군인으로서의 수양이 다소 방해받은 면이 없지 않다. (⋯중략⋯) 다분히 특이성을 필요로 하는 군인은 군인으로서 능력과 수양의 증진을 제1로 하고 그 뒤에 사회인으로서의 지식에 신경을 써야 할 것이다.

군인은 자신들을 비판하는 의회와 미디어에 대해서도 반발심을 가졌던 것 같다. 물론, 군인은 「군인칙유」에 따라 군인의 정치 관여는 엄격히 금지되어 있었다. 그래서 특정한 정치 문제에 대해 구체적으로 발언하거나 정부 정책을 공공연히 비판하지는 않았다. 단지 국방 문제의 취급·군인 비판에 대해 이따금 불만을 토로하고, 반발했을 뿐이다. 『가이코샤 기사』에도 그들의 불만·반발이 실려 있다. 예를 들어 그들은 의회에서 국방 문제를 논의하는 것에 대해 다음과 같이 비판했다.

공평무사한 입장에서 신중하게 심의해야 할 의회에서 의원의 언행과 태도는 무척 저열하고, 질의에서 사용하는 자료도 대단히 천박하다. 특히 군사적인 지식이 너무나도 빈약해서 실태의 관찰은 겉치레에 불과하고, 당파적인 입장에서 국방 문제를 아무렇게나 다루면서 정쟁의 도구로 삼고 있다. 이 점이 심히 우려된다.

당시 발행 부수를 크게 늘리고 있었던 신문의 저널리즘에 대해서도 비판을 가했다. 그래서 군사 관련 기사의 내용이 대단히 부실하고, 국방의 대의를 망각하고 정쟁의 도구로 삼거나 혹은 군대를 오해하고 군사 사상의 발달을 저해하는 기사만 나열하고 있다고 비판했다. 또한, 모든 언론기관이 일제히 군인을 공격하는 데도 군이 하나도 반론하지 않는다면 국민은 군인에게 변명의 여지가 없다고 오해해 버린다고 하면서, 군 당국이 국민에게 진상을 알리고 오해를 풀어야 한다고 호소하는 군인도 있었다.

앞에서 언급한 것처럼 제1차 세계대전의 교훈 중 하나는 '국방의 국민화'였다. 그래서 더 이상 국방은 군대·군인만의 몫이 아니라, 총력전에서 모든 국민이 주체적으로 국방을 담당해야 한다는 생각이 퍼지게 되었다. 그럼에도 불구하고, 군인들의 눈에는 국민의 대표라는 의원도, 여론·민의를 반영해야 하는 신문도 국방에 정당한 관심을 보이지 않고 충분히 이해하지도 않는 것처럼 비쳤다.

'국방의 국민화'에 대한 기대가 컸기에, 기대에 응하지 않는 현재 상황에 크게 실망한 것이다.

트라우마

이전에 장교는 사회의 '악습'에 물든 청소년을 교육하고자 했다. 이 때문에 사회교육가로서 군인은 사회 현상에 대한 충분한 인식과 날카로운 통찰력을 가져야 했다. 그런데 어느새 사회적 상식이 부족하다고 비판받고, 평화주의적인 풍조 속에서 꼰대 취급을 당하게 되었다. 심지어 퇴역 장교의 지식수준을 중학교 졸업 정도로 평가하기도 했다. 확실히 군인의 사회적 지위는 낮아지고 있었다.

위와 같은 사회의 비판과 대우에 군인들은 무척 힘들어했다. 더구나 한때 그들은 사회의 교육가이기도 했다. 그랬던 만큼 사회의 비판과 대우는 그들을 아프게 했고 심리적으로 깊은 상처를 남겼다. 우리는 군인들의 반응에서 그들의 심리적 상처가 매우 깊었다는 것을 짐작할 수 있다.

물론, 그렇다고 심리적 상처가 그들을 충동적으로 움직이게 했다고 보는 것은 단편적인 해석에 불과하다. 또 군축으로 인해 사회적 지위를 위협받은 군인들이 그들의 생활상의 불안을 국방의 불안으로 간주하고, 이를 기회로 만주사변 같은 대륙에서의 돌출 행동을 촉구했다거나 5・15사건[43]이나 2・26사건[44] 같은 쿠데타 계획의 원인을 제공했다고 하는 것도 지나치게 단편적인 해석이다. 그 인과관계를 세밀하게 증명할 수는 없을 것이다.

하지만 다음과 같이 평가할 수는 있다. 일부 과격한 군인들이 대륙에서 군사적 모험을 시도하거나 국내에서 적극적인 정치 개입을 시도할 때, 많은 군인들은 그것을 묵인하거나 지지했다. 그 이유 중 하나는 이전에 경험했던 신랄한 비판・수모가 그들의 마음속에 깊은 상처로 남아 있었기 때문이다.

---

43 1932년 5월 15일에 발발한 쿠데타이다. 해군 장교가 중심이 되어 일으켰으며, 현직 수상인 이누카이 쓰요시가 살해되어 충격을 안겨 주었다.

44 1936년 2월 26일에 벌어진 쿠데타이다. 급진적 국가개조론을 앞세운 청년 장교들이 일으켰다. 약 1,500여 명이 참가했고, 4일 만에 진압되었다.

제4장

변용

1. 국가 개조

군인의 횡포

나가이 가후의 일기 『단장정일승^{斷腸亭日乘}』의 1932년 4월 부분에는 다음과 같은 기록이 있다.

> 밤에 긴자(銀座)에 가서 식사했다. 노천의 완구점에서는 군인 복장을 전시하고 군인 인형을 비롯해 비행기, 전차, 수뢰정 같은 장난감 무기들을 판다. 축음기 판매점에서는 작년부터 매일 밤 군가를 틀어놓는 것 같다. 아직도 사람들은 군가를 싫증 내지 않고 듣는다. (⋯중략⋯) 이번 전쟁의 인기는 러일전쟁보다도 더 높은 것 같다. 군대의 개선을 환영하는 모습은 마치 축제처럼 떠들썩하다. 이제 일본 전국

이 전승의 영광에 취해있는 것 같다.

또 1932년 12월에는 "여종업원이 말하길, 육군 사관의 군복을 입고 카페, 무도장에 출입하는 일이 요즈음에는 드문 일이 아니라고 한다"라고 적고 있다. 이듬해인 1933년 정월의 일기에는 "최근 2, 3년간 군인들이 공적을 자랑하는 것이 심하다. 전쟁에서 몇 명만 살아 돌아온다는 것은 다 옛날이야기이고, 이제는 모두 다 돼지처럼 살이 쪄서 돌아온다"라고 적고 있다.

여기서 가후가 언급한 전쟁이란 말할 것도 없이 전년도(1931) 9월에 발발한 만주사변이었다. 만주사변이 확대됨에 따라 사회의 분위기도 크게 변했다. 이전에 성행했던 군인 비판도 적어도 겉으로는 없어졌다. 군인을 우습게 알던 풍조도 사라졌다. 오히려 군인은 인기와 갈채의 대상이 되었다. 그런 사회 풍조의 변화에 영향을 받은 것 때문인지, 아니면 군인을 경시하던 과거에 대한 반동 때문인지 일부 군인은 의기양양하게 사회에서 함부로 행동하고 행패를 부리기 시작했다. 가후가 묘사한 것처럼, 밤에 군복을 입은 채로 긴자의 카페, 댄스홀에 출입하는 사람도 나타났다. 만주사변에서 공적을 세웠다고 자랑하듯이 말이다.

이와 같은 군인의 발호, 우쭐한 태도를 잘 나타낸 것이 바로 고스톱go stop 사건이다. 1933년 6월, 오사카 덴진바시의 교차로에서 한 병사가 신호를 무시하고 차도를 횡단하려고 했다. 그러자 교통 담당의 순사가 주의를 주었는데, 이 병사는 오히려 순사의 주의를 무시하며 반항했다. 그러자 순사는 그 병사를 파출소로 연행했는데, 거기서도 양자 간의 다툼이 계속되었다. 이것이 사건의 개요다.

하지만 문제는 여기서 끝나지 않았다. 군인이 경찰에게 괴롭힘을 당하고 있다고 생각한 행인 한 명이 헌병대로 전화하자, 헌병 측은 이 사건을 군인에 대한 모욕, "황군의 위신"에 대한 중대한 문제로 간주해서, 병사가 소속된 제8연대와 제4사단에 보고했다. 그러자 제4사단은 오사카부[1]에 사죄를 요구했고, 이에 대해 오사카부 측도 강경한 태도로 나왔는데, 여기에 신문이 가세해서 군과 오사카부의 대립을 대대적으로 보도했다. 결국, 병사는 순사를 고소하기에 이르렀다. 이후 효고현 지사의 조정으로 1933년 11월경, 문제가 간신히 수습되었다. 사건 발생 5개월이 지난 뒤였다.

병사와 순사 중 어느 쪽이 먼저 폭행을 시작했는지는 문제가 아니다. 어떻든 간에 교통 법규를 위반하고 순사의 주의를 무시한 병사가 잘못한 일이다. 그런데도 이 사소한 일을 헌병대와 사단이 "황군의 위신"에 대한 모욕이라고 문제삼은 것 자체가 말이 안 된다. 어쨌든 이 사건의 처리 과정은 당시의 군인·군대의 태도가 무척이나 오만했다는 것을 잘 나타내고 있다. 별로 대단치 않은 사건을 두고 군은 위압적으로 자신의 존재와 위신을 과시하려고 했던 것이다.

정당 정치의 쇠락

이전에 군은 군인 비판에 대해 공공연히 반박하려는 시도조차 하지 않았다. 그러나 이제는 그 위신을 정면으로 내세우며 사회를 위압하기 시작했다. 사회도 그것을 용인하는 것 같았다. 만주사변 이후, 군을 둘러싼 환경은 그와 같이 변하고 있었다.

---

1   오사카부(大阪府). 대도시 오사카의 행정 구역을 지칭함.

변화를 초래한 주요 요인은 정당 정치에 대한 불신이었다. 당시 일본의 정당 정치는 성숙하지 못한 상태였다. 어쩌면 보통선거[2]를 필두로 한 국민의 정치 참가가 너무 빨리 이루어졌기 때문일 수도 있다. 사실 국민의 정치 참가가 급속히 확대되었는데도 정당은 이에 대해 제대로 대응하지 못했다. 여당은 선거보다 의회 내의 다수파 공작을 통해 정권을 유지하려 했다. 이에 대해 야당은 정책 대결이 아닌, 여당의 실책을 폭로하는 것으로 맞섰다. 그 결과 정당 정치는 진흙탕 싸움으로 비치는 경우가 많았다.

여기에 1929년 10월 뉴욕 주식시장의 대폭락으로 시작된 세계적인 대공황은 일본을 심각한 불황의 늪에 빠뜨렸다. 1930년도의 무역 총액(조선·대만은 제외)은 전년도 대비 69%에 불과했다. 농촌은 흉작으로 극도로 힘들었고, 도시에서는 실업자만 늘어갔다. 하지만 각 정당은 이러한 사태를 수수방관할 뿐 속수무책이었다.

만주사변은 바로 이러한 상황에서 발발한 것이다. 사람들은 만주사변이 암울한 사회 경제적 상황을 타파해줄 것으로 기대하며 환영했다. 나중에 언급하겠지만, 만주사변 발발 후에 10월 사건이라는 군사 쿠데타 계획이 발각되었는데, 그 소문을 들은 나가이 가후는 자신의 일기 『단장정일승』에 다음과 같이 적었다.

오늘날 우리나라가 정당 정치의 부패를 일소하고, 사회의 기운을 새롭게 하기 위해서는 무단 정치 외에 다른 길은 없는 것 같다. 요즘 세상에 무단·전제 정치가 영속되는 것은 안 된다. 그러나 폐단을 일소하고 인심(人心)을 각성시키는 효과는 크다.

---

2 1925년의 보통선거법의 성립을 가리킴. 25세 이상의 남자에게 선거권을 부여했다.

가후와 같이 대단히 비정치적인 사람조차 정당 정치를 구제 불능으로 본 것이다. 시대의 암울 상황을 타개하기 위해 일시적으로나마 군에 기대를 걸었던 사람은 가후만이 아니었을 것이다.

군의 정치화

당시 정권은 정당 정치를 기반으로 하고 있었는데, 시간이 흐름에 따라 점차 집권 세력으로서의 정통성을 상실해 갔다. 정권의 정통성이 흔들릴 때, 군이 정치적으로 바뀌는 것은 동서고금에서 흔히 나타나는 현상이다. 1930년대의 일본군도 그 전형적인 경우이다. 앞서 언급한 헌팅턴은 전문화가 진행되면 진행될수록 군대는 비정치적으로 변한다고 주장했다. 그러나 현실에서는 전문화된 군대가 정치적으로 변한 예도 적지 않다. 실제로 일본 육군도 창건 후 반세기를 거치며 상당히 전문화되었음에도 정치적 집단으로 변했다.

비교정치학의 관점에서 군의 정치화를 분석한 영국의 새뮤얼 파이너라는 연구자가 있다. 그는 전문화가 꼭 군의 비정치화를 유도하는 것은 아니며, 오히려 군의 정치 개입으로 이어지는 경우도 있다고 지적한다. 그렇다면 왜 군은 정치적으로 변하는가? 파이너에 따르면, 군인은 그 사회적 책임을 수행함에 하는 데 있어서 특별한 사명감을 가지며, 스스로가 정권에 봉사하는 것이 아니라 국가에 봉사한다고 생각한다. 따라서 군인은 그들이 생각하는 국익과 일체화되기 마련이며, 그 국익이 위협당하는데도 정부가 돌아보지 않으면 스스로 국가의 후견인·구원자를 자임하며 정치에 개입한다.

이와 같은 파이너의 지적은 일본군에게도 해당한다. 당시의 일본 군인들도, 국익이 위협받고 있는데 정부가 이를 돌아보지 않는다고 하면서, 이제 정부 담당자는 정치를 담당할 자격이 없다고 주장했다. 그리고 공공연히 정치에 관여하기 시작했다. 예를 들어, 1930년 여름에 결성된 급진 장교 그룹 사쿠라회의 취지서는 다음과 같다.

> 지금의 사회를 보면, 위정자와 정당의 부패, 자본가의 대중 무시, 언론기관의 유도에 따른 국민사상의 퇴폐, 농촌의 황폐, 실업, 불경기, 문화의 문란, 학생의 애국심 결여, 관리의 보신 등등 국가적으로 한심하기 짝이 없는 현상이 쌓여만 가고 있다. 그런데 정부에는 이러한 문제를 해결할 정책이 없고, 또 조금의 성의도 보이지 않는다. 따라서 정부의 위신은 점점 땅에 떨어지고 국민은 실로 불안한 상태에 놓여 있으며, 국민의 정신은 점차 해이해지고, 국세(國勢)는 날로 떨어지고 있다. 더욱이 외교 방면에서 위정자는 국가의 백년대계를 망각하고 열국의 눈치를 살피는 데 급급해, 대외 발전을 위한 아무런 열의가 없고, 그 때문에 인구·식량 문제 해결의 전망은 어두워, 시시각각 국민을 위협하고 있다. 우리나라의 전도에 드리워진 암초를 제거하라고 절규하는 우리들의 주장은 위정자들에 의해 비웃음을 당하고 있다.

이 취지서는, 일본이 직면한 사활적 문제와 위기 상황에 대해 정부가 얼마나 무위무책無爲無策으로 일관하고 있는지를 강조하고 있다. 이제 정부한테 무언가를 기대해도 소용없다는 태도를 표명한 셈이다. 그리고 사쿠라회는 그 강령에서 "본 모임은 국가 개조를 최종 목적으로 하고 이를 위해 필요하다면 무력행사도 할 수 있다"라고 규정했다. 여기에는 군사 쿠데타마저 용인한다는 정치 운동의 논리가 드러나 있다.

사쿠라회

처음 사쿠라회를 만든 사람은 참모본부의 러시아 반장 하시모토 긴고로(육사 23기) 중좌이다. 하시모토는 터키 주재 무관으로 근무하며 케말 아타튀르크[3]의 터키혁명에 공감하고 있었다. 사쿠라회의 회원은 중좌 이하로 제한되었는데, 육대(육군대학교) 출신으로 육군성·참모본부에 근무하는 소장 엘리트 장교 십수 명으로 출범했다. 그리고 출범 후 1년 남짓한 사이에 회원이 100명 전후로 불어났다. 그들은 단순한 수양·연구 그룹이 아니라, 국가 개조를 목표로 횡적으로 결합했다. 본래 군 조직에서는 있을 수 없는 일이다.

사쿠라회는 최소한 2번의 쿠데타 미수 사건에 관여했다. 그중 한 번은 1931년 3월로 예정되었던 3월사건이었다. 이 사건은 하시모토 등 사쿠라회의 급진 그룹과 소장 장교들에게 사상적 영향을 주었던 국가주의자 오카와 슈메이(1886~1957)와의 모의에서 시작되었다. 그리고 모의를 통해, 오카와가 노동자 1만 명을 동원해 의회를 포위하고, 군대가 의회 보호를 구실로 출동하면 내각을 총사퇴하게 한 다음, 우가키 가즈시게를 수반으로 한 우가키 내각을 출범시킨다는 계획을 세웠다. 오카와는 육상인 우가키 가즈시게(1기)에게 궐기를 촉구했는데, 육군차관 스기야마 하지메(12기), 군무국장 고이소 구니아키

---

3 케말 아타튀르크(Mustafa Kemal Atatürk, 1881~1938). 터키의 독립과 근대국가 창설을 이끈 정치가, 군인. 오스만투르크 제국의 군인으로 활동하다가 1921년 제국이 해체되기 직전 독립을 선포하고 독립전쟁을 이끌었다. 뛰어난 전략가로서 연합군 세력과 그리스군을 격파하며 터키의 영토를 확보했다. 1923년 독립이 확정된 후에는 초대 대통령이 되어 근대국가 건설을 위한 개혁을 추진했고, 그 과정에서 헌법 제정, 정교분리, 산업화, 문자 개혁, 군사력의 증강이 이루어졌다. 그 결과 터키는 열강의 간섭을 물리치고 독립과 서구화를 달성한 나라가 되었다. 케말이 이끈 독립전쟁과 일련의 개혁은 당시 열강의 침략에 시달리던 여러 나라의 모범이 되었다. 일본의 일부 군인들도 그러한 과정에 매력을 느낀 것이다.

(12기), 참모차장 니노미야 하루시게(12기), 참모본부 제2부장 다테카와 요시쓰구(13기) 등 육군성・참모본부의 수뇌부 상당수가 계획에 동조했다고 한다.

거사를 꾀하게 된 배경에는 국내의 혼란한 상황도 한몫했다. 전년도인 1930년 런던해군군축조약을 둘러싼 논쟁에서 하마구치 오사치(1870~1931) 수상은 천황의 통수권을 침범했다고 비난받았고, 끝내는 우익 청년에게 저격당하기까지 했다.[4] 이러한 상황에서 정국을 타개할 지도적 인물・세력이 제대로 나타날 리가 없었다. 또한, 군인들은 당시의 정치・경제를 사쿠라회의 취지서에 나타나듯이 상당히 비판적으로 보고 있었다. 또 육군에서는 총력전에 대비하기 위해 군비를 늘리고 근대화를 추진하려고 했지만, 군축을 추진하는 정당 내각에게 그러한 예산을 기대할 수는 없었다. 육군성과 참모본부의 수뇌부가 오카와의 계획에 호응한 한 것도 이러한 사정 때문이었다.

사실 우가키 육상이 쿠데타 계획에 어느 정도까지 관여되었는지는 알 수 없다. 중요한 것은 우가키의 반대로 쿠데타 계획이 중지되었다는 것이다. 일설에 의하면 우가키는 처음에는 마음이 움직였지만, 정당 측에서 당 총재 또는 수상으로 밀어줄 가능성이 있다는 점을 고려했다고 한다. 그래서 자신의 정치적 야심을 달성하기 위해 쿠데타같이 위험한 행동을 할 필요는 없다고 판단했다고 한다. 또 육군성과 참모본부 관계자 사이에서 쿠데타 계획의 엉성

---

4   1930년 국제적인 해군력 축소를 논의하기 위해 런던회의가 열렸다. 이때 주요 해군국인 미국, 영국, 일본은 해군력의 일부인 보조함 비율을 합의했는데, 그 내용은 일본의 보조함 총톤수를 미국, 영국의 70%(단, 대형순양함은 60%)로 제한하는 것이었다. 이것이 런던해군군축조약인데, 이때 일본 해군 내의 강경파와 민간의 우익 단체는 하마구치 오사치가 추진한 런던해군군축조약에 크게 반발했다. 그리고 내각의 군비 축소는 천황의 통수권을 침해하는 것이라며, 이를 통수권 간범 문제로 규정하고 정부를 공격했다. 하마구치 내각은 이후 런던해군군축조약에 따른 해군력 축소를 밀어붙였고, 이 과정에서 하마구치 오사치 수상은 우익 청년에게 저격당해서 이듬해 사망했다.

함을 지적하는 목소리가 나왔는데, 우가키도 같은 생각이었는지도 모른다.

어쨌든 이렇게 해서 쿠데타는 미수로 끝났다. 그러나 육군성과 참모본부의 수뇌부가 관련되었기에 누구도 책임을 추궁당하거나 처벌받지 않았다. 사건은 비밀에 붙여졌으나, 사쿠라회를 통해 일부 군인 사이에는 알려지게 되었다. 비록 계획은 중단되었지만 군 수뇌부가 국가 개조의 필요성을 인정한 것은 소장 장교들의 움직임에 힘을 불어넣었다.

그래서 사쿠라회의 활동은 그 후에도 수그러들지 않았다. 하시모토는 육군성과 참모본부의 막료들을 끌어들여 동지를 늘렸을 뿐만 아니라, 위관급 부대 배속 장교를 상대로도 동조자를 찾았다. 이것은 10월사건이라는 또 하나의 쿠데타 미수 사건으로 연결된다. 사건의 중심인물은 참모본부 제2부장(정보부장)에서 제1부장(작전부장)이 된 다테카와 소장 그리고 하시모토 중좌였다. 그들은 1931년 9월에 시작된 만주사변(어떤 의미에서 만주사변은 대외적 쿠데타라고도 할 수 있음)에 호응해서 국내에서도 폭력적 수단을 동원해 국가 개조를 실행하려고 했다.

원래의 계획에 따르면, 수도에 주둔하는 부대와 근처의 군용기를 동원해 내각을 급습하고 수상 이하를 참살하는 한편, 경시청을 점령하고 동시에 육군성과 참모본부를 포위하고 궁중을 상대로 공작을 전개해서 자신들의 동지로 내각을 조직한다는 시나리오였다. 그러나 계획은 군 수뇌부에게 누설되었고, 10월 중순에 관계자가 헌병대에 의해 검거되면서 쿠데타는 미수로 끝났다.

그런데 왜 사건이 발각되었을까? 그 원인에 관해서는 여러 설이 있다. 일이 너무나 커져서 하시모토가 계획이 흘러나가도록 꾸몄다는 설도 있다. 당사자의 조심성 없는 태도도 사건이 발각된 원인의 하나였다. 그들은 자신들이 메이지유신의 지사志士라도 되는 것처럼 근무 대기 상황에서도 호화판으로 놀았다고 한다. 하지만 사건에 대한 당국의 처분은 어정쩡했다. 당국은 관련자들을 군법회의(형법이 적용됨)에 부치지 않고, 행정 처분을 내리는 데 그쳤다. 가장 무거운 처분을 받은 하시모토가 중근신 20일 정도였다. 근신 중에도 여관을 잡아서 아침부터 술을 나눠 마셨다는 거짓말 같은 이야기도 있다. 그리고 3월사건처럼 10월사건에 관련해서도 함구령이 내려졌다.

이처럼 처벌을 거의 내리지 않은 것은 이후에 상당히 나쁜 사례를 남겼다. 어느 사쿠라회 회원은 "국군을 파괴하고 하극상의 정신을 퍼뜨린 자가 약간의 징벌 처분으로 끝난 이상, 이와 같은 일은 장래에도 속출할 것이다"라고 지적했다. 그 말 그대로 쿠데타 시도는 그 후에도 반복되었고, 악질적인 하극상 풍조는 점점 군대 안으로 침투했다.

청년 장교 운동

10월사건에는 사쿠라회 회원 이외에도 일선 부대의 젊은 위관급 장교도 참가했다. 그들은 사쿠라회와는 별도로 국가 개조를 지향하는 군인들이었다.

그들의 정치·사회적 인식도 사쿠라회의 취지서와 거의 비슷했다. 단, 그들에게는 사쿠라회 소속의 엘리트 장교와는 다른 측면이 있었다. 그들은 대부분 부대 배속 장교로서 자신들이 교육하는 병사들과 직접 접하고 있었다는 점이다. 그들은 병사들의 처지를 보면서, 극도로 심각한 농촌의 피폐함과 불황을 피부로 느끼고 있었다. 그들의 국가개조론 또한 그와 같은 현실 인식을 기반으로 했다.

그러한 현실 인식이 부대 배속이라는 직무 때문만은 아닐 것이다. 그들은

20대부터 30대 전반의 감수성이 풍부한 젊은이들이었다. 그래서 그들의 활동을 청년 장교 운동이라고 부른다. 그들은 민주주의적 풍조의 영향을 받은 시대의 청년들이었다. 또 시대의 거친 사나이들이라고 할 수도 있다. 그러나 한편으로는, 민주주의와 대비되는 관념적 국체론과 그 국체론으로 유지되는 특유의 천황상을 내면화하고자 하는 군인이기도 했다.

그러한 그들의 사고방식은 1933년에 작성된「황군 본연의 임무에 대하여」라는 문서에 잘 나타나 있다. 여기서는 "국가는 천황, 국민, 국토로 이루어지고, 특수 국가인 일본은 천황이 곧 국민, 국토로서 천황을 떼어놓고 일본국의 존재는 없다. 따라서 천황 수호는 국가 수호의 최대 임무"라고 하면서 군인은 단지 "싸우는 사람"이 아니라고 주장했다. 그러면서 "전쟁은 군인이 달성하는 임무의 일면에 지나지 않으며 군인의 임무는 전장으로 제한되는 것이 아니다"라고 했다.

따라서 군인은 "외적과 내부의 적을 구분하지 않으며, 황실과 국가를 해하려는 자를 모두 적으로 보고 섬멸해야 한다"라고 규정했다. 적을 섬멸하기 위해서는 무력을 행사하지 않으면 안 된다. 그렇다면 누구의 명령을 근거로 무력을 사용하는가? 천황의 군대이기 때문에 천황의 명령에 따르는 것이 원칙이지만, 천황의 명령이 늘 내려오는 것은 아니다. 그래서 '신의神意(신의 뜻)라는 단어가 등장한다. 즉, "신의를 몸으로 하고 천황의 크나큰 어심御心을 마음으로 삼아 죄를 자신이 짊어진다"면 독단도 허용된다는 주장이다. 그리고 "중요한 것은 임무이며, 임무를 기초로 독단적인 결심을 하는 것은 결코 복종에 반하는 것이 아니라는 것은 전투 강요에 명시돼 있다"라고 규정했다. 반대로 "칙명이 없으면 움직이지 않아서 역적과 간신이 날뛰어도 군인이 이를 토벌하지 않고, 또 상관의 명령이 없으면 움직이지 않기 때문에 역적이 된 상관을 방관하며 천황·국가를 수호하지 않는다"라는 것은 "천황에게 활을 당기는 것"과 같은 결과가 된다고 판단했다.

그러나 이러한 행위는 「군인칙유」에서 금지한 정치 관여에 해당한다. 그러나 이 문서는 그렇지 않다고 다음과 같이 주장한다. 즉, "진정으로 황실과 국가 본위에 입각하고, 정당 정파를 초월해서 국적國賊을 토멸하고, 황실과 국가를 수호하는 것은 결코 정치에 구애받지 않으며 군인 본연의 임무를 다하는 것이다"라고 것이다. 이렇게 해서, 그들의 독특한 국체론은 정치 개입, 나아가 가장 폭력적인 정치 개입을 허용하는 논리로 발전했다.

장교들의 출신

청년 장교들이 병사들을 접하고 그들의 처지에 공감하며, 그 문제를 해결하기 위해 국가 개조를 주장했던 데에는 그들의 출신도 간접적으로 영향을 미친 것 같다. 육군 장교들의 출신·계층에 관해서는 히로타 데루유키, 가와노 히토시의 충실한 연구가 있다. 이를 토대로 검토해 보고자 한다.

메이지 초기, 장교의 압도적 다수는 사족이었다. 그러나 육사 합격자의 비율로 보면, 확실히 처음에는 사족 출신이 많기는 했으나 평민 출신과 차이가 크지는 않았다. 1890년대에는 평민 출신이 약 40%를 차지했고, 1900년대에는 50% 혹은 70%, 1910년대에는 70%, 1920년대에는 80%를 넘었다. 따라서 1930년대에는 청년 장교의 태반이 평민 출신이었을 것이다.

이것은 장교들 사이에서 '무사도' 정신이 자주 강조되고 있었음에도, 그들의 압도적 다수는 사실 무사의 직계 자손이 아니었음을 의미한다. 청년 장교

육사 합격자의 부모 직업

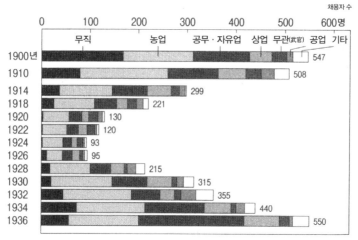

비고 : 유년학교에서 진학한 자는 제외.
'무직'은 대부분 연금 생활 중인 군인과 군인 유족으로 추정된다. '공무·자유업'에는 공무원, 의사, 변호사, 학교 직원, 은행원, 회사원, 의사 등이 포함된다.

출전 : 広田照幸, 『陸軍将校の教育社会史』(世織書房)

들이 무사로서의 도덕, 관념적인 국체론에 과도하게 동조했던 것은 그들의 출신 배경이 오히려 무사가 아니었기 때문인지도 모른다.

유럽의 장교들에게는 귀족적 전통의 색채가 짙게 남아 있었다. 가령 독일, 영국의 장교단은 귀족이나 상층계층 출신자가 많았다. 이와 비교해 일본 육군의 장교는 평민적인 분위기였다고 말할 수 있다. 평민 출신인 까닭에 그들은 병사를 전혀 별개의 사회 계층의 사람, 즉 타인이라고 보지 않았고, 병사의 처지에 공감하며 관심을 가졌던 것이다.

청년 장교들의 부모의 직업은 어땠을까? 1920년대에 육사에 합격한 사람(육군유년학교에서 올라온 진학자는 제외)의 부모 직업 중에서 가장 많은 것은 농업으로, 전체의 40% 전후를 차지한다. 히로타 데루유키의 분석에 따르면 육사 합격자 중 농업 출신자의 비율은 서서히 낮아졌지만, 총인구에서 차지하는 농업 인구도 크게 줄었다고 한다. 따라서 농촌 가정의 군사학교 진학률은 오히려 증가했다고 볼 수 있다. 그들은 빈농 출신은 아니었지만, 심각한 흉작과 농촌 출신 병사의 처지에 큰 관심을 보였다.

물론 지나친 일반화는 금물이다. 사실 청년 장교 운동에 관련된 군인 중에는 사족에 속하거나 농촌 출신이 아닌 사람도 적지 않다. 또 평민의 농촌 출신의 청년 장교가 모두 국가 개조 운동에 가담한 것도 아니다. 그래도 청년 장교들의 출신과 농촌 출신 병사들과의 접촉, 그리고 이에 따른 현실 인식이 그들의 국가개조론을 지탱하는 있는 하나의 요인이었다고는 말할 수 있다.

2 · 26사건

청년 장교 운동이 사쿠라회 등 육군 엘리트의 국가 개조 운동과 결을 달리
해 독자적으로 전개되기 시작한 것은 10월사건 이후였다. 10월사건에서 주
모자들은 자신들이 메이지유신 당시의 지사라도 되는 양 행동했기 때문에 비
판을 받았다. 게다가 사건이 발각된 경위 또한 석연치 않았다. 이러한 상황에
서 일부러 엘리트 코스를 피하고, 성적이 우수함에도 육대에 진학하지 않는
청년 장교들이 나왔다. 청년 장교 운동에 가담한 인원이 얼마나 되었는지는
확실하지 않다. 하지만 적어도 전국에서 100명은 넘었던 것 같다.

청년 장교의 국가 개조 운동은 기타 잇키[5] 등의 민간 사상가나 사회 운동가
의 영향을 받는 한편, 육사 37기생(1925년 졸업)·38기생(1926년 졸업)을 리더로
삼아 활동을 전개했다. 나중에 언급하겠지만, 황도파皇道派가 군 수뇌부를 차
지한 시기에 청년 장교 운동은 황도파의 비호를 받으며 반쯤 공인되는 위치에
있었다. 그러나 황도파가 쇠퇴하면서 곧 육군성과 참모본부의 엘리트 장교들
과 청년 장교운동과 사이에는 깊은 균열이 생겼다.

엘리트 장교들이 보기에 청년 장교 운동은 「군인칙유」에서 금지하는 노골
적인 정치 개입과 다를 바 없었다. 군인이 노골적으로 정치에 개입하면 외부
의 정치 세력(예를 들면 기타 잇키 등의 우익 단체)에게 이용당할 우려가 있었다. 또
군 내부의 격렬한 대립을 초래할 수도 있었다. 군 내의 당파 대립은 전투 조직
으로서 군대의 결속력을 약하게 하기 마련이다. 그러므로 엘리트 장교들은

---

5   기타 잇키(北一輝, 1883~1937). 급진적인 국가개조론을 주장한 사상가. 특히 그의
     저작 『일본개조법안대강(日本改造法案大綱)』은 국가 개조를 추구하는 청년 장교들에
     게 적지 않은 영향을 미쳤다. 2·26사건 후, 청년 장교들의 사상적 배후로 지목되어
     처형당했다.

청년 장교 운동을 인정하지 않았다.

1933년의 어느 회합에서 막료급 엘리트 장교들은 청년 장교 운동의 리더들에게 당부했다. 그 내용은 대략 이렇다.

> 군대의 국책 수행은 국무대신인 육군대신이 담당하고 이를 보좌하는 것이 성부(省部, 육군성과 참모본부) 막료의 역할이다. 그 이외의 사람은 결코 정치 공작에 관여해서는 안 된다. 청년 장교가 정치 구상을 만들어 그 실행을 상사에 압박하는 것은 본말이 전도된 것으로, 혹시 그러한 풍조가 하사관·병사에게까지 전파되면 '황군'은 붕괴된다. 군인인 이상, 조직으로서 군의 통제에 복종하지 않으면 안 된다. 혹시 그것이 싫다면 군인을 그만두어야 한다.

이러한 논리에서 성부 막료 그룹은 통제파統制派라고 불리게 되었다. 통제파는 청년 장교 운동을 옹호한 황도파와 대립했다.

그 후 청년 장교들은 성부 막료 그룹을 당면의 적으로 간주하며 통제파와 더욱 격렬하게 대립했다. 그리고 그 대립의 절정이 1936년 2월 26일에 일어난 쿠데타 즉, 2·26사건이다. 2·26사건 당시 궐기한 청년 장교들은 보병 제1연대, 제3연대와 근위보병 제3연대 등 1,400명의 병력을 이끌고 내대신,[6] 장상(대장대신), 육군의 교육총감 등을 살해하고, 시종장에게 중상을 입혔다. 여기서 주목할 만한 것은 그들의 행동이 지휘관(궐기 장교)의 명령에 따른 부대 행동이었다는 점이다. 또 그들의 상관인 교육총감을 살해한 것도 주목할 만하다.

6 　내대신(內大臣). 궁중에서 천황을 보좌하는 대신.

궐기 부대는 수상 관저, 경시청 등을 습격하고, 정치의 중추부, 나가타초[7] 일대를 점거하고 즉각적인 국가 개조를 요구했다. 그러나 곧 반란군으로 규정되어 토벌 대상이 되었고, 사건 발생 이틀 후에 정부군에 귀순했다. 특별군 법회의의 심리는 신속했고, 처벌도 엄했다. 그 결과 기타 잇키 등의 민간인을 비롯해 19명이 사형당했다.

궐기 장교의 상당수는 군 측의 간군側の奸(천황의 사악한 측근)을 제거하면 천황의 진정한 뜻이 드러나고, 드러난 천황의 진의에 기초해서 국가 개조가 이루어질 것으로 기대했다. 그러나 궐기를 반란으로 간주하고 가장 크게 분노하며, 신속한 토벌을 주장한 이는 다름 아닌 쇼와 천황이었다. 사건 발생 직후, 육군의 수뇌부가 우왕좌왕하고 있었을 때 천황은 육군이 움직이지 않는다면 스스로 근위사단을 거느리고 반란군을 토벌하겠다고 말했다고 한다. 실제 천황의 뜻, 그리고 궐기 장교들이 기대한 천황의 뜻 사이에는 실로 커다란 괴리가 있었다.

2·26사건은 다케바시 사건 이래, 처음으로 군대가 반란을 일으킨 사건이었다. 게다가 다케바시 사건이 병사들의 '호소'였는데 비해 2·26사건에서는 장교가 부대를 이끌고 쿠데타를 시도했다. 하사관·병사들의 입장에서는 청년 장교들의 국가개조론에 동조한 사람이 있을 수도 있었겠지만, 사실은 그것과 상관없이 상관인 장교의 명령에 복종해서 행동했을 뿐이었다. 명령에 대한 복종이 결과적으로 반란 행위가 된 셈이다. 상관에 대한 복종이 반란이 된다고 한다면 군대의 근간인 명령 복종 관계가 흔들리고 만다. 그래서 이 사건은 군에 커다란 충격을 주었다.

---

7   나가타초(永田町). 도쿄도 지요다구(千代田區) 남단에 있다. 국회의사당, 수상 관저 등이 있어서 정계를 가리키는 단어로 쓰인다.

또한, 육군 수뇌부는 사건의 배후에 육대 출신 엘리트에 대한 부대 배속 장교의 반발이 있다고 보았다. 그래서 1936년 5월, 엘리트의 상징으로서 육대 졸업을 나타내는 덴포센 휘장을 폐지했다. 사건의 본질을 이해한 조치는 아니었지만, 군 조직이 느낀 충격을 잘 보여주는 사례이기는 하다.

2·26사건의 역사적 중요성은 아무리 강조해도 지나치지 않는다. 하지만 이 사건을 쇼와기 육군의 대표적인 정치 관여 또는 정치 개입으로 규정하기에는 약간 무리가 있다. 군과 정치와의 관계라는 맥락에서 보면, 2·26사건이 발생했다는 사실뿐만 아니라 그 이후, 비슷한 사건이 발생하지 않았다는 사실 역시 중요하다.

바꾸어 말하면, 그 후, 청년 장교 운동과 같은 정치 운동, 쿠데타 방식을 통한 육군의 정치 개입은 사라졌다. 그렇다고 해서 군이 정치에 전혀 개입하지 않았던 것은 아니다. 육군은 쿠데타와는 다른 방식으로 정치에 대한 개입을 강화해 나갔다.

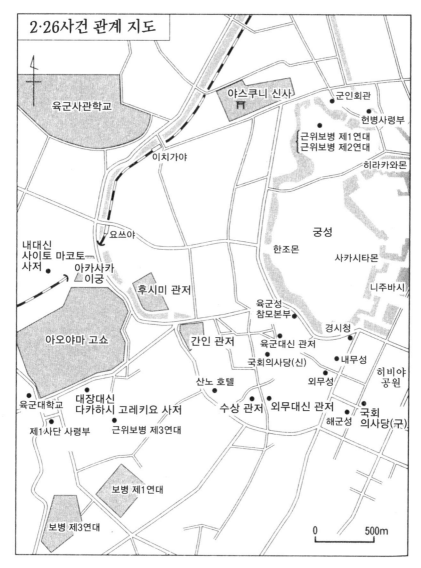

2·26사건 관계 지도

육군사관학교

야스쿠니 신사

군인회관

헌병사령부

근위보병 제1연대
근위보병 제2연대

이치가야

히라카와몬

궁성

요쓰야

한조몬

사카시타몬

내대신
사이토 마코토
사저

아카사카
이궁

후시미 관저

니주바시

육군성
참모본부

경시청

아오야마 고쇼

간인 관저

육군대신 관저

국회의사당(신)

내무성

산노 호텔

외무성

히비야
공원

육군대학교

대장대신
다카하시 고레키요 사저

수상 관저

외무대신 관저

국회
의사당(구)

해군성

제1사단 사령부

근위보병 제3연대

보병 제1연대

보병 제3연대

0   500m

반란을 일으킨 부대는 제1사단 보병 제1연대와 제3연대, 근위보병 제3연대를 출동시켜 총리대신 관저, 내대신 사저, 대장대신 사저, 시종장 관저, 교육총감 사저, 내무대신 관저, 육군대신 관저, 경시청, 참모본부, 아사히신문사 등을 습격했다. 高橋正衛, 『二·二六事件』(中公新書)을 토대로 작성했다.

2. 막료 정치

다마레[8] 사건

1938년 3월, 중의원 위원회에서 국가총동원법[9]을 심의할 때의 일이다. 당시 법안 설명을 담당하던 육군성 군무과 사토 겐료 중좌(29기)는 한 의원이 집요하게 야유를 날리자 "입 다물어(다마레)!"라고 소리쳤다. 사토의 회상에 따르면, 소관 대신의 답변을 이해할 수 없어 답답해하던 한 의원이 당사자의 설명을 요구했다. 그래서 사토가 실무자로서 약 30분 정도 답변을 하고 있었는데, 도중에 한 의원이 고래고래 소리를 지르며 설명을 방해했다. 그래서 자기도 모르게 "입 다물어!"라고 말이 나왔다고 한다.

이 사건으로 육군에서는 육상이 유감의 뜻을 표해야 할 정도로 곤란해했다. 그렇다고 해도 일개 중좌가 국회에서 국민의 대표인 국회의원에게 "입 다물어!"라고 하는 것은 세간을 놀라게 하기에 충분했다. 다마레 사건은 당시 육군성·참모본부의 중견 막료들이 정치에 대해 어떠한 태도를 갖고 있었는지를 잘 보여준다.

이듬해인 1939년 8월 말, 당시 히라누마 기이치로(1867~1952) 내각은 소련을 겨냥해서 독일과의 동맹을 논의하고 있었다. 논의는 지지부진한 채 결론이 나지 않고 있었는데, 그때 청천벽력과도 같이 독소불가침조약이 공표되었

---

8   일본어로 "입 다물어!"에 해당한다.
9   1937년, 중일전쟁이 발발하자 일본은 사실상 전시체제에 돌입하게 되었다. 1938년에 통과된 국가총동원법도 전시체제의 일환이었는데, 그 요지는 전쟁을 위해 물자와 인원을 통제하고 운용하도록 정부에게 광범위한 권한을 부여하는 것이었다.

다.[10] 결국, 히라누마 기이치로는 "유럽의 정세는 복잡 괴기하다"라는 이해할 수 없는 말을 남기고 내각과 함께 사퇴했다. 후계 수상은 육군의 장로 아베 노부유키(1875~1953)였다. 그는 내각을 조직할 때, 국회의원인 나가이 류타로를 입각시키고자 했는데, 그가 소속된 민정당이 반대했다. 그러자 육군성 군무과장 아리스에 세이조 대좌(29기)가 "민정당이 육군에 도전하면, 육군도 그 도전에 응할 것이다"라고 위협했다고 한다. 군무과장이라는 중견 막료가 내각의 구성에까지 관여한 것이다. 본래의 지위에 걸맞지 않을 정도로 큰 영향력을 행사한 셈이다.

이렇게 볼 때, 쇼와기 육군의 문제는 단지 정치 개입에만 있는 것이 아니다. 개입의 주체(혹은 추진력)가 육군성·참모본부의 중견 막료였다는 것 또한 그에 못지않게 중요하다. 도대체 이런 일은 어디서, 어떻게 생겨난 것일까? 그럼 중견 막료층을 형성하는 소장 장교들이 어떻게 정치 무대에 등장했는지 그 과정을 살펴보도록 하자.

바덴바덴 맹약

소장파 장교들이 정치에 관여하게 된 기원은 바덴바덴 맹약으로 거슬러 올라간다. 1921년 10월, 유럽 출장 중이었던 오카무라 야스지 소좌(16기)는 육사 동기생이며 러시아 주재 무관(러시아에 입국하지 못하고 베를린에 체류 중이었음)인 오바타 도시로 소좌, 스위스 주재 무관 나가타 데쓰잔 소좌와 독일의 휴양지

---

10 당시 독일은 일본에 알리지 않고 소련과 독소불가침조약을 맺었다. 이것은 외교적으로 독일이 일본을 저버린 것을 의미했다.

바덴바덴에서 회합하고, 육군 혁신을 위해 동지를 모으고 협력할 것을 약속했다. 여기서 말하는 혁신이란 파벌을 해소하고 인사를 쇄신하는 것, 군제개혁을 추진해서 총동원 체제를 확립하는 것이었다고 한다. 마침 도조 히데키 소좌(17기)도 독일에 체류하고 있었기에 그들의 모임에 참여하게 되었다고 한다.

그런데 이 회합이 그렇게 획기적인 것이었는지, 또 거기서 맹약이라고 부를 만한 것을 결정했는지는 의문이다. 쓰쓰이 기요타다가 지적하는 것처럼, 그들은 전부터 군을 혁신해야 한다고 이야기했을 것이다. 그리고 독일에서의 회합도 해외에 근무하는 동기생들이 모처럼 만나 밤새워 이야기한 것에 불과한 것 같다. 단, 그 3명(혹은 도조를 추가한 4명)은 귀국한 뒤 동지를 모았고, 곧 육군의 혁신을 지향하는 핵심 세력이 되었다.

그들은 후타바회라는 20명 전후의 그룹을 만들었다. 회원은 육사 15기에서 18기가 주를 이루었다. 후타바회는 비합법적인 수단을 동원해서라도 국가개조를 실행하려고 했던 사쿠라회 같은 정치적 그룹이 아니라, 육군 개혁을 목표로 한 점진적 개혁 그룹이었다. 당면 목표는 인사의 쇄신이었는데, 이는 구체적으로 조슈 벌의 타파를 의미했다.

하지만 과거와 달리 당시에는 조슈 벌이 그렇게 위세를 떨치고 있지 않았다. 구마가이 데루히사의 연구에 따르면, 다이쇼 후기에도 중장 이상의 장성급 중 야마구치현 출신자의 비율이 높은 것은 사실이지만(1922년 시점에 83명 중 13명), 이는 메이지기와 비교하면 그리 높지 않은 편이다. 또 육군성의 경우 다이쇼기에 들어서도 야마구치현 출신자가 요직에 많이 들어간 것은 사실이지만, 이러한 경향도 1920년대에는 거의 사라진 상황이었다. 적어도, 조슈 벌의 독점·전횡 같은 상황은 아니었다. 조슈 벌의 영향력이 아직 남아 있긴 하지만 상당히 약해진 상태였던 셈이다. 이를 상징하듯 1922년에는 육군의 실력자 야마가타 아리토모가 세상을 떠났다.

그렇다면 왜 소장파 군인들은 조슈 벌 타파를 주장했을까? 아마도 '조슈 벌 전횡'이라는 메이지기 이래의 이미지가 여전히 강하게 남아 있었기 때문인 것 같다. 비록 그 실체가 희박해졌다고 해도 말이다. 또 조슈 우대의 인사 원칙이 조금이라도 남아 있었다면, 그것이 그 아무리 적다고 해도 군 에서는 상당히 반발했을 것이다. 당시에는 메이지기에 이루어진 육사 대량 합격으로 인해 인사 적체가 심해지고 있었다. 육대(육군대학교)를 졸업해서 엘리트 코스에 합류한 후타바회 회원들도 그러한 분위기를 느꼈을 수도 있다. 일설에는 그들이 조슈 벌 타파를 위해, 야마구치현 출신자가 육대에 합격하지 않도록 획책했다는 이야기가 있다. 그러나 구마가이는 그러한 계획이 성공할 가능성은 대단히 낮고, 그것이 성공한 흔적도 없다고 말한다.

일석회

후타바회의 주된 활동은 한 달에 한 번 열리는 연구회였다. 후타바회에게 자극을 받았는지 1927년 겨울에는 그들보다 조금 젊은 세대가 스즈키 데이이치(1888~1989, 22기)를 중심으로 목요회木曜會를 조직했다. 회원은 나가타, 오카무라, 도조 등 후타바회와 중복되는 사람도 있는데, 모두 십 수명이었다. 기수로는 육사 30기까지를 포함하고 있었다. 이시와라 간지(12기)도 목요회 회원이었다. 후타바회의 논의가 지지부진했기 때문에 나가타가 보다 젊고 적극적인 사람들과의 제휴를 꾀했다고도 한다.

실제로 목요회에서는 「국방방침」이나 만몽(남만주와 동부 내몽고를 가리키는 약어) 문제 등 상당히 정치적인 문제가 논의되었다. '제국 자존'을 위해 만몽에 완전한 일본의 정치 권력을 확립하고, 이것을 방해하는 소련과의 전쟁을 각오한다는 것을 방침으로 정했다고 한다. 특히 주목되는 것은 만몽 문제를 중점적으로 다루었다는 점이다. 중국에서 이루어진 국민당의 북벌 완료(1928.6, 북경에 입성함으로써 완료됨), 북방의 위협이 부활한 것(같은 해 10월, 소련은 제1차 5개년 계획 발표했음) 등 대외 정세의 변화 속에서 목요회는 만몽 문제에 대해 더욱 관심을 기울였다.

1929년 5월, 후타바회와 목요회의 통합으로 일석회一夕會가 결성되었다. 육사 14기에서 25기까지 40명 정도의 그룹이었다. 일석회는 육군의 인사를 쇄신하고 각종 정책을 추진할 것, 만몽 문제 해결에 중점을 둘 것, 아라키 사다오(9기), 마자키 진자부로(9기), 하야시 센주로(8기) 3명의 장성을 추대해서 육군을 개혁할 것, 이상 3개 항목에 합의하고 이를 방침으로 정했다.

위의 3명의 장성을 옹립하려는 것은 조슈 벌을 타도하기 위해서였다. 앞에서 언급한 것처럼 조슈 벌 세력은 별로 남아 있지 않았다. 그러나 일석회 측에서는 당시 육군을 주도하던 우가키 가즈시게가 조슈 벌의 유산을 계승했다고 보았고, 이 때문에 사쓰마 벌(조슈 벌에 대항할 만한 세력)과 연결되어 있던 3명의 장성에게 주목했던 것 같다. 아라키가 1931년 8월 교육총감부본부장에, 같은 해 12월에 육상에 취임할 수 있었던 것은, 일석회의 지지와 획책 덕분이라고 한다.

일석회가 중점을 두고 있던 만몽 문제와 관련해서는 고모토 다이사쿠(15기)가 일석회 회원이라는 점이 주목할 만하다. 고모토는 관동군 고급 참모로서 1928년 6월, 북벌군에 패하고 북경에서 봉천으로 돌아오는 장작림張作霖을 폭탄으로 암살한 장본인으로 유명하다. 일석회와 함께 여전히 존속하고 활동하고 있었던 후타바회는 고모토에 대한 처벌이 가벼워지도록 노력했다. 결국, 고모토는 군법회의에 회부되지 않았고, 경비 감독을 제대로 하지 못한 책임으로 행정 처분만을 받았다.

사실 만주사변의 시나리오 중 일부도 일석회에서 썼다고 할 수도 있다. 만주사변의 주모자 즉, 이시와라 간지(관동군 작전주임 참모)와 이타가키 세이시로(관동군 고급 참모, 16기)도 일석회 회원이었다. 물론 그렇다고 일석회가 유조호 사건(봉천 교외의 유조호에서 남만주철도의 선로가 폭파된 사건. 관동군은 이것을 중국군의 소행으로 간주하고, 방어를 위해서라고 주장하며 만주사변을 일으켰음)과 같은 모략을 합의했다는 것은 아니다. 또한, 만주국 같은 독립 국가 수립에 대해서도 사전 합의는 없었다. 다만, 만몽 문제 해결을 위해 조만간 무력행사가 필요하다는 암묵적인 양해는 있었던 것 같다.

일석회는 회원들을 중요한 보직에 앉히면서 행동을 위한 포석을 깔았다. 이시와라와 이타가키가 관동군에 근무하게 된 것도 그런 포석 중 하나였다. 만주사변이 발발한 1931년 9월 시점에는 과장급으로서, 육군성 군사과장에 나가타 데쓰잔, 보임과장에 오카무라 야스지, 참모본부 편제동원과장에 도조 히데키가 포진하고 있었다.

물론 이 시점에서 일석회가 무력행사를 사전에 합의하고 있었던 것은 아니다. 하지만 막상 일이 벌어지자 관동군이 만주사변을 실행하는 데 간접적으로 도와주기도 했다. 사쿠라회가 10월사건이라는 테러(또는 쿠데타)로 위협하며 만주사변의 수행을 도왔다고 한다면, 일석회는 실무 면에서 만주사변을 지원한 셈이다. 당시 일본 정부(정권을 구성하는 내각)는 만주사변의 확대를 원하지 않았다. 그런데도 일석회는 만주사변의 확대를 돕고 그 수행을 지원했었다. 쿠데타까지는 아니라고 해도, 불순한 정치 행동임에는 틀림이 없었다.

일석회 주요 회원의 각 사건 당시 계급·(연령)·직위

	육사 (기)	만주사변 발발 (1931.9.18)	중일전쟁 발발 (1937.7.7)	태평양전쟁 개전 (1941.12.8)	패전 (1945.8.15)
나가타 데쓰잔	16	대좌·47세 육군성 군사과장	(중장 1935년 사망)		
오바타 도시로	16	대좌·46세 육대 교관	(중장 1936년 예비역 편입)		
오카무라 야스지	16	대좌·47세 육군성 보임과장	중장 제2사단장	대장 북지나방면군 사령관	대장 지나파견군 총사령관
오가사와라 가즈오 (小笠原数夫)	16	대좌·47세 항공본부 1과장	중장 항공본부 배속	(1938년 사망)	
이소가이 렌스케 (磯谷廉介)	16	대좌·45세 교육총감부 2과장	중장 제10사단장	(1939년 예비역 편입)	
이타가키 세이시로	16	대좌·46세 관동군 고급 참모	중장 제5사단장	대장·조선군 사령관	대장·제7방면군 사령관
도조 히데키	17	대좌·46세 참모본부 동원과장	중장 관동군 참모장	대장 육상, 수상	(1944년 예비역 편입)
와타리 히사오 (渡久雄)	17	대좌·45세 참모본부 구미과장	중장 참모본부 정보부장	(1939년 사망)	
이다 사다카타 (飯田貞固)	17	대좌·45세 육군성 마정(馬政)과장	중장 기병감(騎兵監)	(1941년 예비역 편입)	
야마시타 도모유키 (山下奉文)	18	대좌·45세 보병 연대장	소장 보병 여단장	중장 제25군 사령관	대장 제14방면군 사령관
오카베 나오자부로 (岡部直三郎)	18	대좌·43세 포병감 부원	소장 기술본부 총무부장	중장 기술본부장	대장 제6방면군 사령관
구사바 다쓰미 (草場辰巳)	20	대좌·43세 참모본부 철도선박과장	소장 보병 여단장	중장 관동방위군 사령관	(1944년 예비역 편입)
시치다 이치로 (七田一郎)	20	중좌·44세 보임과 고급과원	소장 보병 여단장	중장 예과사관학교장	(1945년 예비역 편입)
이시와라 간지	21	중좌·42세 관동군 작전참모	소장 참모본부 작전부장	(중장 1941년 예비역 편입)	
요코야마 이사무 (横山勇)	21	중좌·42세 자원국 기획2과장	소장 내각자원국 기획부장	중장 제4군 사령관	중장 제16방면군 사령관
혼다 마사키 (本多政材)	22	중좌·42세 보병학교 교관	대좌 교육총감부 1과장	중장 제8사단장	중장 제33군 사령관
기타노 겐조 (北野憲造)	22	중좌·42세 육군성 보임과원	대좌 보병 연대장	중장 제4사단장	중장 육사 교장
무라카미 게이사쿠 (村上啓作)	22	중좌·42세 군사과 고급과원	대좌 육대 교관	중장 과학학교장	중장 제3군 사령관
스즈키 요리미치 (鈴木率道)	22	중좌·41세 육대 교관	대좌 지나주둔 포병 연대장	중장 항공총감부 총무부장	(1943년 예비역 편입)
스즈키 데이이치 (鈴木貞一)	22	중좌·42세 군사과 지나반장	대좌 보병 연대장	(중장 1941년 예비역 편입)	
무다구치 렌야(牟田口廉也)	22	중좌·42세 참모본부 서무반장	대좌 지나주둔 포병 연대장	중장 제18사단장	(1944년 예비역 편입)
시미즈 노리쓰네 (清水規矩)	23	중좌·41세 참모본부원	대좌 보병 연대장	중장 제41사단장	중장 제5군 사령관
오카다 다스쿠 (岡田資)	23	중좌·41세 참모본부원	대좌 제4사단 참모장	사가미(相模) 조병창장	중장 제13방면군 사령관
네모토 히로시 (根本博)	23	중좌·40세 참모본부 지나반장	대좌 보병 연대장	중장 제24사단장	중장 북지나방면군 사령관
누마타 다카조 (沼田多稼蔵)	24	중좌·39세 육군성 동원과원	대좌 보병 연대장	중장 제3군 참모장	중장 남방군 총참모장
쓰치하시 유이쓰 (土橋勇逸)	24	중좌·40세 육군성 외교반장	대좌 보병 연대장	중장 제48사단장	중장 제38군 사령관
시모야마 다쿠마 (下山琢磨)	25	소좌·38세 육군성 군사과원	대좌 만주국 군정부 고문	중장 항공병단 참모장	중장 제5항공군 사령관
무토 아키라	25	소좌·38세 참모본부 병참반장	대좌 참모본부 작전과장	중장 육군성 군무국장	중장 제14방면군 참모장
다나카 신이치 (田中新一)	25	소좌·38세 교육총감부원	대좌 육군성 군사과장	중장 참모본부 작전부장	중장 동북군관구 사령부 배속
도미나가 교지 (富永恭次)	25	소좌·39세 병기본창 배속	대좌 관동군 참모	중장 육군성 인사국장	(1945년 예비역 편입)

출전: 簡井淸忠, 『昭和期日本の構造』(有斐閣); 秦郁彦編, 『日本陸海軍綜合事典』(東京大学出版会)에서 작성했음.

만주사변

만주사변은 쿠데타적인 측면이 있는 사건이다. 주모자들은 자신들이 철로를 폭파한 뒤 중국인이 폭파한 것처럼 위장했다. 애초에 모략으로 시작한 셈이다. 그 후에는 정부의 방침을 무시하고 사변의 확대를 꾀했고 나아가 의도적으로 대외적 위기를 만든 다음, 그것을 수단으로 일본 국내를 개조하려고 했다. 주모자 이시와라는 "모략으로 기회를 만들고, 군부가 주도해서 국가를 이끈다"라고 주장하며, "자유주의 전성기였던 몇 년 전과는 달리 지금이야말로 군부가 공세로 전환해야 할 때다"라고 말했다.

만주사변의 전개 과정을 보면, 군인들의 독단전행獨斷專行과 하극상이 두드러지게 나타난다. 예를 들면, 이타가키와 이시와라는 군사 행동 확대에 소극적인 혼조 시게루(9기) 관동군 사령관에게 압력을 가해 봉천에 군의 주력을 집중시키도록 했다. 나아가 관동군 막료들은 만주사변의 확대를 위해, 재만 거류민에 대한 위협이라는 프레임을 만들어 조선군의 지원을 촉구했다.[11] 조선군 사령관 하야시 센주로는 관동군으로부터 병력 지원 요청을 받고는, 천황의 재가를 받지 않은 채 국경을 넘어 만주로 병력을 이동시켰다. 국외에 병력을 파견하기 위해서는 반드시 천황의 명령(혹은 재가)이 필요하고, 만약 이를 어기면 군법회의에 회부되어야 했다. 그러나 독단 월경(독단전행을 이용해 월경을 단행함)을 결정한 하야시는 문책을 받지 않았고, 오히려 사람들로부터 '월경 장군'이라는 갈채를 받았다. 모략을 계획하고 만주사변의 확대를 획책한 관동군 막료들도 처벌을 받지 않았다.

---

11 조선군은 식민지 조선에 주둔하는 일본군 부대를 말한다. 일본의 식민지였던 조선의 일본군 부대가 중국 영토인 만주로 이동하는 것은 상당히 이례적인 일이다.

원래 독단전행은 전장의 유동적인 상황에 유연하게 대처하기 위한 것인데, 일선의 지휘관에게 세세한 명령을 내리지 않고, 작전의 목적과 대강만을 제시한 다음, 현장의 판단과 처리를 맡기는 것을 말한다. 그러므로 일선의 지휘관은 모든 사태에 대해 일일이 상급 사령부에 지시와 명령을 청하지 않고, 일정한 범위 안에서 자주적으로 판단하고 그 판단을 토대로 행동해야 했다. 부대의 전투 효율을 높이기 위해서인데, 전투 단위가 작아진 제1차 세계대전의 교훈으로 독단전행의 유용성은 더욱 강조되었다.

그러나 독단전행은 양날의 칼이었다. 상황의 변화에 유연하게 대처할 수 있기도 하지만, 한편으로는 상황을 확대해석할 수도 있기 때문이다. 그래서 상사·상관의 의도나 목적을 대강 짐작한 다음, 그 의도와 목적에 맞는 행위라면 어떤 것도 허용된다고 보는 군인들이 생겨났다. 앞에서 언급한 문서 「황군 본연의 임무에 대하여」는 그 대표적인 예다. 「황군 본연의 임무에 대하여」는 임무를 기초로 "천황의 크나큰 어심"을 마음먹고 결심하면 독단도 허용된다고 주장하며 상당한 정도의 독단을 허용하고 있다. 이 논리에 따르면, 만몽 문제 해결이라는 목적을 내세우면 만주사변의 확대를 위해 노력하는 것도, 조선군의 독단 월경도 모두 허용되기 마련이다. 심지어 군 수뇌부가 국개 개조를 인정한다면, 국가 개조를 지향하는 쿠데타도 독단전행의 범위에 들어간다고 곡해하는 군인도 있을 정도였다.

기본 규정을 일탈한 독단전행을 정당하게 처벌하지 않는다면, 다음에 더 큰 독단전행이 나타나기 마련이다. 가령 만주사변 이전에 장작림 폭살 사건이 있었는데, 그 주모자는 제대로 처벌받지 않았다. 그러자 관동군 막료들은 만주사변을 일으키고 이를 확대하고자 했으며, 이 과정에서 조선군은 독단 월경을 감행하기까지 했다. 나쁜 선례가 하나둘 만들어진 셈이다.

만주사변과 관련해 이번에는 하극상에 대해 살펴보자. 하극상과 관련해서 육군대학교 교육의 결함을 지적하는 의견이 있다. 이미 언급한 것처럼 육군대학교에서는 참모를 양성하는지, 그렇지 않으면 고급 지휘관을 양성하는지 교육의 목적이 애매하다는 문제가 있었다. 그 때문에 지휘관인 양 행세를 하는 막료가 생겨나고, 본래 지휘관을 보좌해야 할 막료들이 상관인 지휘관의 판단과 조치를 비판하고 자신의 의견을 끝까지 고집하는 경우도 종종 있었다고 한다.

한편, 하극상이 만주사변을 전후에서 두드러지게 나타난 데에는 다른 이유도 있었을 것이다. 이것은 후타바회 이후에 본격화된 육군의 혁신 운동과 관계가 있는 듯하다. 사실 소장파 장교들이 지향하는 혁신이란, 국가총동원체제의 확립, 만몽 문제의 해결 등 주요 현안을 더이상 구세대에게 맡길 수 없다는 것이었다. 이것은 자신들이 구세대보다 육군의 주요 문제에 대해 더 잘 알고, 더 잘 이해하고 있다는 자부심의 표현이기도 했다. 소장파 장교의 이러한 의식이 하극상의 토양이 된 것 같다.

혁신 운동의 중핵이 된 오카무라, 나가타, 오바타는 육사 26기생(1930년 시점에서 40대 중반)이었는데, 후타바회, 목요회, 일석회(혹은 사쿠라회) 회원의 대부분은 그 3명보다 나이가 어렸다. 여기서 주목할 만한 것은 16기생(1904년 10월 졸업) 이하는 러일전쟁에서 실전에 참가하지 못했다. 사실상 실전 경험이 없다는 뜻이다. 다수의 소장파 장교들은 자신들의 능력에 자부심을 지녔으면서도 실전 경험을 갖지 못했기 때문에 더욱 공명심에 들떠있었는지도 모른다.

어쨌든 그들은 만주사변을 일으켜서 대외적 위기를 만들어 내는 데 성공했다. 장교의 대부분에게 이것은 "바람직한 상황"이었다(히로타 데루유키의 표현). 당시 장교들은 자신들의 사회적 지위, 경제적 처지가 불우하다고 생각하고 있었다. 그러한 상황에서 대외적 위기감이 조성되고 이에 따라 군의 발언권이 증대되자, 군인의 위상이 올라가고 처우가 개선될 것을 기대했던 것이다. 앞에서 소개한 나가이 가후의 표현처럼 군에 대한 일반 사회의 태도도 크게 변했다. 1921년에 1,000명대까지 떨어졌던 육사(정확하게는 육사 예과) 지원자는, 1928년에 4,000명을 넘어서 옛 최고 경쟁률을 능가했으며 만주사변 이후 1932년에는 6,000명, 1933년에는 8,000명, 1934년에는 무려 1만 명을 넘었다.

황도파와 통제파

만주사변의 발발로 일석회의 계획은 더욱 현실에 가까워졌다. 특히 육군 혁신을 위해 옹립하려고 했던 3명의 장성 중, 아라키는 1931년 12월에 육상이 되었고, 이듬해 1월에는 마자키가 참모차장에, 5월에는 '월경 장군' 하야시가 교육총감에 취임했다. 결국, 육군의 최고위직을 일석회가 후원해 온 3명의 장성이 차지하게 된 것이다. 참고로, 참모본부의 경우, 참모총장이 황족 간인노미야 고토히토 친왕이었기 때문에, 참모본부의 실세는 마자키 참모차장이라고 할 수 있었다.[12]

3명의 장성 중, 아라키와 마자키는 일석회와 사쿠라회를 중심으로 성부(육군성과 참모본부) 막료층의 지지를 받고 있을 뿐만 아니라, 청년 장교 운동에 가담한 부대 배속 장교들로부터도 지지를 받았다. 국체의 존엄성을 주장하는 두 사람의 언동이 청년 장교들의 주장과 맞아떨어졌기 때문이다. 또 계급에

12　정치·군사의 고위직에 부임한 황족은 정치적 책임을 지지 않기 위해 주도적인 역할을 하지 않았다. 즉 황족의 고위직 부임은 일종의 명예(예우)라는 측면이 강했다.

상관하지 않고 청년 장교들과 직접 만나서 그들의 주장에 귀를 기울였기 때문이기도 했다. 이 무렵, 육군은 조직 전체를 동원해서라도 국가 개조에 매진할 것처럼 보였다. 적어도 청년 장교들은 그렇게 기대했다. 이누카이 수상을 암살했던 1932년의 5 · 15사건에 청년 장교 운동 관계자가 거의 참가하지 않은 것도, 그러한 기대가 높았기 때문이라고 한다. 그래서 5 · 15사건은 국가 개조를 목표로 한 해군 청년 장교들이 주체가 되었고, 육군에서는 육사 생도만이 참가했을 뿐이다.

그러나 일석회의 구상을 토대로 육군이 하나가 될 것 같은 시기는 그리 길지 않았다. 아라키 · 마자키와 나가타를 리더로 하는 성부 막료들 사이에 서서히 균열이 생겼기 때문이다. 균열의 첫 번째 원인은 육상 아라키의 정치력에 대한 실망이었다. 아라키는 나가타를 포함해서 막료층이 요구하는 예산 · 정책을 내각에서 관철하지 못했다. 육군대신 아라키 사다오는 내각에서 육군을 대표하는 존재이다. 그러므로 대신(장관)으로서 다른 대신과 협의해 육군의 정책과 예산을 실현해야 할 책임이 있었다. 그러나 아라키는 군의 의향을 제대로 대변하지 못했고, 토론에서 지는 경우도 많았다. 이렇게 해서 아라키는 총동원체제의 확립을 원하는 나가타 등 성부 막료층의 지지를 잃게 되었다.

균열의 두 번째 원인은 아라키와 마자키의 편중 인사에 있었다. 그들은 이제까지 자신들과 대립했던 주류파, 즉 우가키 가즈시게 계통의 군인들을 중앙의 보직에서 몰아냈다. 여기까지는 막료층의 의도와 일치했다. 하지만 그들은 자리가 빈 중앙의 보직에 그들과 가까운 인맥의 사람들을 앉혔다. 아라키 사다오와 마자키 진자부로를 정점으로 한 이 인맥을 황도파라고 부른다. 그들이 사사건건 '세계 으뜸'의 국체와 황도의 이념을 설명하며, 국군을 '황군'

이라고 불렀기 때문이다. 실무 능력을 기반으로 하지 않은 이와 같은 파벌 인사는 나가타와 그의 동료들뿐만 아니라, 많은 군인의 반감을 샀다.

균열의 세 번째 원인은 황도파가 청년 장교 운동과 제휴해, 그 운동을 부추기는 듯한 행동을 했기 때문이다. 앞에서 언급한 것처럼 나가타를 포함한 성부 엘리트 막료들은 청년 장교 운동을 노골적인 정치 운동으로 간주하고, 억압적인 태도를 보였다. 나가타와 그의 동료들은 육군은 육상을 내세워 조직을 일체화시킨 다음에 행동해야 하며, 군인은 모두 조직의 통제에 복종해야 한다고 주장했다. 나가타를 중심으로 한 통제파는 황도파가 자신들의 권력 유지를 위해 본래 단속해야 할 청년 장교 운동을 이용하고 있다고 여겼다.

황도파와 통제파의 대립은 음산한 파벌 싸움으로 번졌다. 후타바회 이후의 동지들도 양파로 분열했다. 나가타는 통제파의 리더가 되었고, 그의 동기생이며 라이벌인 오바타 도시로는 황도파에 속하게 되었다. 결국, 파벌 싸움은 통제파의 승리로 끝났다. 즉 군 내부의 대세가 조직의 결속력을 중시하고, 노골적인 정치화를 피하는 방향으로 기울어진 것이다. 더구나 육군 내부뿐만 아니라 여러 정치 세력들도 국가 개조를 내세우며 반체제적인 방향으로 향하는 청년 장교 운동, 그리고 이를 부추기는 듯한 황도파에 대해 우려했다. 한편, 1935년에는 천황기관설[13]을 둘러싸고 국체명징(국체를 명확하게 밝힌다는 뜻) 문제가 발생했다. 천황의 절대성을 부인하는 천황기관설에 대한 공격이었다.

---

13 천황기관설(天皇機關說). 근대 일본의 헌법 즉, 메이지 헌법에 대한 해석으로서, 국가의 통치권은 법인인 국가에 속하고 천황은 그 최고기관에 해당한다는 학설이다. 천황제를 당시의 민주주의의 조류에 맞게 해석한 것으로 도쿄대학 교수인 미노베 다쓰키치(美濃部達吉)가 주장한 것으로 유명하다. 다이쇼 데모크라시 시대에 지배적인 학설이 되었다가 1930년대, 특히 1935년에 우익과 군부 세력에 의해 심하게 배척당했다. 그 후 국가적·사회적으로 천황기관설은 부인되고, 천황 권력의 절대성이 강조되었다.

이때 참모차장에서 교육총감으로 자리를 바꾼 마자키는 전군에 천황기관설을 배격하는 국체명징 훈시를 하달하고, 나아가 재향군인회까지 끌어들여 정부의 태도가 미온적이라고 비판했다. 하지만 이러한 행동은 황도파에 대한 우려와 경계심을 높이는 데 일조했다.

아라키 사다오를 대신해 육상이 된 하야시 센주로는 나가타 데쓰잔을 군무국장에 발탁하고, 육군성과 참보본부의 중앙 보직에서 황도파를 배제했다. 그 결과, 마자키 진자부로는 교육총감에서 파면되기에 이른다. 통제파의 정치적 승리인 셈이다. 그러나 이 승리는 전혀 생각하지 못한 희생을 불렀다. 1935년 8월, 마자키 파면의 흑막으로 지목된 나가타는 광신적인 장교에 의해 군무국장실에서 참살당했다.[14] 군무국장(소장)이 대낮에 자신의 집무실에서 같은 군인(중좌 = 중령급)에 의해 암살당한 사건은 당시의 파벌 싸움이 얼마나 음산하고 비정상이었는지를 말해준다.

따지고 보면 2·26사건도 이러한 파벌 싸움의 연장선에서 발발한 것이다. 황도파의 일부는 2·26사건을 통해 자신들의 세력을 회복하려고 했던 것 같다. 그러나 쿠데타는 진압되고 황도파는 오히려 궁지에 몰리게 되었다.

군부대신현역무관제의 부활

2·26사건 이후, 육군은 '숙군肅軍'이란 구호 아래, 파벌 싸움에 관련된 고급 군인, 특히 황도파 장관을 예비역으로 편입시키고, 동시에 육군성 관제를

---

14 당시 황도파였던 아이자와 사부로(相澤三郎) 중좌가 군무국장실에서 집무를 보고 있던 나가타 데쓰잔을 일본도로 베었다.

개정해서 군부대신현역무관제를 부활시켰다. 부활 이전에도 예비역 장성이 군부대신(육군대신·해군대신)에 취임한 예는 없었다. 그러나 군이 관제 개정을 결정한 것은 예비역으로 편입된 황도파 장성이 육상에 취임하는 것을 완전히 봉쇄하기 위해서였다. 그래서 제도를 고친 것인데, 당시의 수상 히로타 고키 広田弘毅도 관제 개정의 이유를 그렇게 받아들였던 것 같다. 이와 같이 육군 수뇌부는 청년 장교 운동을 옹호하던 황도파를 크게 경계했다.

2·26사건으로 청년 장교 운동은 사실상 소멸했다. 또 그 후에 단행된 숙군 인사를 통해 황도파도 사실상 육군에서 물러났다. 청년 장교 운동과 황도파가 소멸하자 그에 맞서 형성되었던 통제파의 존재 의미도 없어졌다. 그렇게 음산한 파벌 싸움은 겨우 끝이 났다.

그렇다고 해서 육군의 정치 개입이 사라진 것은 아니었다. 그 후 육군은 '숙군'을 내세우면서, 2·26사건 같은 불상사의 원인이 정치 그 자체에 있다고 주장했다. 그리고 히로타 내각의 조각組閣(내각의 조직)에 간섭하며, '자유주의자'의 입각을 저지했다. 1937년 1월, 히로타 내각이 총사직하고, 예비역이었던 우가키에게 조각의 명령이 내려졌을 때, 이를 방해한 것도 육군이었다. 육군 측은 적임자가 없다고 하면서 육상(육군대신) 후보자를 추천하지 않았고, 이는 우가키 내각에 치명적인 타격을 주었다.[15] 육상이 없는 내각이란 성립할 수 없기 때문이다. 그렇다고 예비역 장성을 육상에 기용할 수도 없었다. 얼마

15 　근대 일본에서 육상(육군대신)과 해상(해군대신)은 기본적으로 육군과 해군이 논의 끝에 후보자를 선출하고, 선출한 후보자를 내각에 추천하는 형태로 기용되었다. 이를테면 육군과 해군이 자신들의 대표를 내각에 보내는 형태인 셈이다. 그래서 육군과 해군은 출범한 내각이 마음에 들지 않으면 대신 후보자를 추천하지 않았고, 육상 혹은 해상을 얻지 못한 내각은 얼마 가지 않아서 무너졌다. 이와 같은 영향력을 이용해서 육군과 해군은 자신들이 반대하는 내각, 즉 정권을 무너뜨리기도 했다.

전에 군부대신현역무관제가 부활했기 때문이다. 젊은 시절에 우가키는 군부대신현역무관제를 주장하며 그 제도를 개정하는 것에 반대했다. 그래서 괴문서까지 뿌리면서 군부대신현역무관제가 손상되는 것을 막으려 했다. 그런데 이번에는 자신이 그렇게나 고집했던 그 제도 때문에 내각 구성에 실패하고 수상이 될 수 없게 되었다. 역사의 아이러니라고 할 수 있다.

또한, 육군 출신인 우가키가 육군에 의해 거부당한 것도 아이러니하다. 우가키가 기피된 이유 중 하나는 그가 육상 시절 군축 과정에서 사단을 줄인 것에 있었다. 군축을 실행한 것 자체가 정당 세력과의 타협으로 평가되었기 때문이다. 또 3월사건에 대한 우가키의 태도도 정당에 대한 추파, 야심의 표출이라며 육군으로부터 비판받았다. 하지만 최대의 이유는 육군이 우가키의 실력을 경계했기 때문이었다. 즉, 육군은 우가키가 수상이 되면 육군 이외의 여러 정치 세력들의 지지를 받을 것이고, 그렇게 되면 우가키가 정치력을 발휘해서 중견 막료층을 억누를 것이라고 경계한 것이다.

당시, 참모본부 전쟁지도과장으로 재직 중인 이시와라 간지를 리더로 한 중견 막료층은 자신들의 정책 구상을 현실로 옮기기 원했다. 그래서 자신들의 계획에 방해가 될 수 있는 우가키 내각의 등장을 저지한 것이다.

광의국방

육군성과 참모본부의 중견 막료층이 지향한 것은 총력전을 수행하기 위한 국가 시스템, 즉 총동원체제의 구축이었다. 그 개략적인 사항은 1934년 10월, 육군성 신문반이 발간한 책자 『국방의 본의와 그 강화의 제창』에 간략하게 묘사돼 있다.

이 책자는 "전쟁은 창조의 아버지, 문화의 어머니"라고 전쟁을 찬미하는 부분으로 악명이 높기도 하다. 그 중심 부분에는 다음과 같은 내용이 있다.

> 마땅히 국가의 모든 기구를 국제 경쟁의 견지에서 재검토하고 재정·경제·외교·정략(政略) 나아가 국민 교화에 근본적인 수정을 단행하여 황국이 가진 위대한 정신적, 물질적 잠재력을 국방의 목적을 위해 조직·통제하고, 이를 일원적으로 운영함으로써 최대한의 세력이 되게 한다.

이것이 육군이 말하는 '광의국방廣義國防', '고도국방국가'의 형태였다. 그리고 그것을 위해 경제의 조정, 국민 생활의 안정, 농산어촌의 갱생, 국민 교화의 진흥, 사상전 체계의 정비, 창의·발명의 조직화 등을 요구했다.

사실 총력전은 국력의 모든 요소를 전력화할 필요가 있었다. 그래서 육군은 총력전 준비와 관련이 있다고 하면서 거의 모두 문제에 간섭했다. 당시에 이미 육군은 최대의 정치 세력이 되어있었고, 그래서 육군의 간섭은 상당한 영향력으로 나타났다.

하지만 총력전에 관련된 모든 영역을 군이 단독으로 커버할 수는 없었다. 또 그렇게 해서도 안 되었다. 원래 군의 정치 간섭을 정당화하는 최대의 근거는 천황의 통수대권이었다. 메이지 헌법에 명시된 통수대권을 방패 삼아, 온갖 정치·사회 문제를 국방의 문제(통수권의 문제)로 간주하고 간섭한 것이다. 그렇지만 천황에게는 행정대권도, 입법대권도, 사법대권도, 외교대권도 있다. 군이 그 모든 대권을 장악하는 것은 불가능했다. 그렇게 하려면 헌법을 정지시키거나 개정해야 했다.

물론 군 내에서 쿠데타를 통해 헌법을 일시 정지시킨다는 발상이 있기는 했다. 그러나 2·26사건 이후, 그런 생각은 부정되었고, 계획은 폐기되었다. 만약 군이 통수대권 이외의 대권까지 장악하려고 한다면, 그러한 대권에 의거한 각 정치 세력(예를 들면, 입법대권에 의거한 정당 세력, 행정대권에 의거한 관료 세력 등)의 반발을 초래하고, 이것이 격렬한 싸움으로 발전할 것은 불을 보듯 뻔했기 때문이다. 특히 1937년 7월에는 중일전쟁(지나사변)[16]이 시작되어 대외적 위기가 계속되었다. 그러한 상황 속에서 군이 권력 독점을 요구해서 분열과 싸움을 초래할 필요는 없었다.

이렇게 해서, 군은 기존 헌법 질서 내의 통수대권에 의지하면서, 그것을 최대한으로 확장하려고 했다. 즉, 어떤 문제가 국방과 관련이 있으면 거기에도 통수대권이 적용된다고 주장하면서, 군사적 합리성을 적용하도록 요구한 것이다. 물론 이것은 군사적 합리성을 가장해서 군의 이익을 추구하는 것이기도 했다. 그렇게 통수권의 독립은 본래의 목적에서 벗어나 군의 요구를 뒷받침하는 제도로 이용되었다. 단, 군이 모든 대권을 독점하고 통제한 것은 아니었다. 쉽게 해서, 군부의 영향력은 강해졌으나, 군부 독재에는 이르지 않았다는 뜻이다.[17]

이러한 상황에서 군은 압력을 행사하며 정치를 자신들의 뜻대로 끌고 갔다. 군사 이외의 분야에 손을 대면서도 그 책임은 지지 않는 것이었다. 그래서 국방 문제에 대해 자신들의 주장과 요구를 강요하는 한편, 결정은 정치 세력에게 맡겼다. 그렇게 군은 스스로는 책임을 지지 않으려 했다.

---

16 중일전쟁을 당시의 일본에서는 지나사변(支那事變)이라고 불렀음.
17 이후에도 군부 독재는 실현되지 않았다.

테크노크라트

군은 1930년대의 여러 정치 세력 중 가장 큰 정치적 영향력을 행사했다. 그런데 군의 정치적 영향력이 커지는 것과 함께 군의 실질적 권력은 아래로 이동했다. 즉, 군의 실질적 의사 결정이 육상·차관 혹은 참모총장·참모차장과 같은 수뇌부급이 아닌, 국장·부장·과장과 같은 중견 막료급으로 옮겨간 것이다. 이와 같은 현상은 2·26사건 이후에 특히 두드러졌다. 사토 겐료의 '다마레 사건', 아리스에 세이조가 민정당을 위협했던 것이 그 대표적인 예이다.

조직의 실질적인 의사 결정이 과장급으로 내려간 것은 일본의 관료조직에서 흔히 있는 현상이다. 군도 일본의 관료조직이기 때문에, 그러한 경향이 나타나는 것이 이상하지는 않다. 단, 군대라는 조직은 상하 간의 명령·복종 관계가 크게 강조되는 조직이다. 그럼에도 그러한 경향이 더욱 현저하게 나타났다. 아마도 육군대학교 교육의 문제점, 거듭된 하극상을 방임한 것이 문제를 키웠던 것 같다.

일단 권력의 핵심이 국장·부장·과장급으로 내려가자 육군은 강한 통제력을 발휘할 것 같은 리더를 배제하기 시작했다. 우가키 가즈시게의 수상 취임을 방해한 것도 그 예이다. 게다가 황도파와 통제파와의 파벌 싸움으로 지도력을 갖춘 고급장교들이 암살, 예비역 편입이라는 형태로 사라졌다. 결국, 파벌 싸움은 수뇌부급 인재의 전멸이라는 뜻밖의 결과를 낳은 셈이다.

기타오카 신이치가 지적하듯이, 수뇌부급의 리더가 없으면 중견급에서 분파주의sectionalism가 만연하기 마련이다. 이에 따라 뭐라고 설명하기 어려운, 희한한 구도가 나타났다. 즉, 육군은 최대의 정치 세력으로서, 육상을 앞세워 조직이 하나가 되어 정치에 개입했다. 하지만 핵심 권력은 아래로 옮겨갔으며, 분파주의가 만연하면서 여기저기서 권력을 휘둘렀다(혹자는 이러한 권력 행사를 과도하게 해석해서 '군부 독재'로 표현하기도 한다).

실질적인 권력의 핵심은 중견층으로 옮겨갔고 그들의 상당수는 전문직으로서의 의식이 강한 소장파 장교들이었다. 일반적으로 그들은 육사·육대 혹은 유년학교 이래의 학교 수재들로, 일선 부대보다는 육군성과 참모본부에서 막료로 근무하는 기간이 훨씬 길었다. 그래서 자신의 전문 직종 이외의 것은 잘 모르는 군사 관료의 성격이 강했다. 군사 관료로서 그들은 완고하게 군사적 합리성과 조직적 이익을 추구했다. 그리고 이것은 분파주의 만연의 하나의 원인이 되었다.

그들은 어디까지나 군사 테크노크라트였다. 그래서 특정 전문 분야에서는 유능했다. 하지만 특정 분야에서의 유능함이 정치적 통찰력을 보장하지는 않는다. 오히려 세부 분야의 전문가가 독선적인 태도를 견지하기 쉬운 법이다. 독선적 테크노크라트가 강대한 권력을 쥐고 군사 이외의 분야에까지 간섭하는 것, 그것이 불안에 가득 찬 당시의 상황이었다.

3. 대소 군비

이시와라 간지의 초조함

1935년 8월, 이시와라 간지는 참모본부 작전과장에 취임했다. 그가 참모
본부로 처음 출근한 날은 공교롭게도 육군성 군무국장 나가타 데쓰잔이 암살
된 날이었다. 육군의 중추 조직인 작전과장에 취임한 이시와라는 깜짝 놀랐
다. 일본과 소련 간의 병력 차이가 해마다 벌어지고 있었기 때문이다. 전년도
인 1934년 6월 시점에 있었던 참모본부의 판단에 의하면, 극동에 주둔하는
소련군 병력은 일본 육군의 총병력에 필적하고, 만주와 조선에 주둔한 일본
병력의 3배 이상이었다.

대체 무슨 이유로 소련과의 병력 차에서 일본이 밀리게 된 것일까? 이유는
분명했다. 그 최대의 이유는 만주사변이었다. 일본이 만주국을 수립해서 사
실상 만주 전국을 지배했기 때문에 소련과 일본 간의 중립 지대가 없어졌고,
일본의 위협을 통감하게 된 소련이 극동의 군비를 강화했기 때문이다. 사실
이시와라 등은 장기적인 소련 대책을 시야에 넣고 만주사변을 일으켰다. 자
신들이 일으킨 사변이 소련에 대한 대책에 도움이 될 것으로 생각한 것이다.
그러나 실제로는 오히려 역효과를 불러일으킨 셈이다. 극동에서 소련군의 병
력이 자꾸 늘고 있었으니 말이다.

일본이 열세에 놓이게 된 또 하나의 이유는 육군의 군비 확장이 충분히 진
척되지 않았기 때문이다. 이전에 우가키는 정당과 협조해서 군축으로 절약한
경비를 군비의 근대화로 돌리려고 했다. 그러나 그렇게 짜낸 군비 확장 경비

만주·조선 주둔 일본군과 극동 소련군의 병력 추이

		1931.9	1932.9	1933.11	1934.6	1935 말	1936 말
사단	일본군	3	6	5	5	5	5
	소련군	6	8	8	11	14	16
항공기	일본군		100	130	130	220	230
	소련군		200	350	500	950	1,200
전차	일본군		50	100	120	150	150
	소련군		250	300	650	850	1,200

출전 : 吉田裕, 「満州事変下における軍部」, 『日本史研究』, 238号

도 정부의 긴축 재정하에서 지출이 연기되었다. 그러자 육군성과 참모본부의 소장파 막료들은 정당 내각하에서는 열강을 따라잡기 위한 군비 근대화가 대단히 어렵다고 생각하기에 이르렀다. 이러한 생각이 그들의 정당 비판 그리고 정당과 제휴한 우가키에 대한 비판으로 이어진 것은 말할 것도 없다.

게다가 육군은 또 한 번 군축 요구를 받고 있었다. 1930년, 런던해군군축조약이 성립하자 육군도 그에 상응해서 경비를 삭감해야 한다는 군축 압력이 있었다. 1932년에는 제네바에서 국제연맹의 주최로 일반 군축회의가 개최되기로 했는데, 거기서도 주제는 육군 군축이었다.

이런 상황에서 발발한 것이 만주사변이다. 만주사변은 군축의 열기를 단숨에 날려 버렸다. 하지만 그것만으로 금방 군비 확장이 추진된 것은 아니었다. 특히 정신력을 강조하는 황도파가 육군성과 참모본부의 수뇌부를 차지했던 시절에는 군비의 근대화가 그다지 진척되지 못했다. 통제파는 황도파를 향해 그러한 문제점을 비판하기도 했다.

1933년에 육군성 조사반이 발표한 수치에 의하면, 일본 육군은 비행기 600대(그 외에 예비기 600대), 전차 150대, 고사포 150문을 보유하고 있었다. 이는 열강과 비교해서 현저히 적다고 평가받았다. 사실은 무기 기술 수준도 상당히 낙후되어 있었는데, 중국군을 상대로 한 만주사변이나 제1차 상해사변에서는 아무런 불편함도 느끼지 않았다. 하지만 그것은 나중에 커다란 문제로 발전한다.

요컨대, 일본 육군의 군비 확장이 완만했던 시기에 소련군은 극동에서의 군비를 급격히 강화하고 있었다. 이 상태가 계속되면 소련과의 병력 격차가 점점 벌어져, 상황이 더욱 심각해질 것이 뻔했다. 특히 가장 열세인 부분이 항공 병력이었는데, 그래도 여기에 관해서는 이시와라가 작전과장에 취임하기 전부터 확장이 이루어지고 있었다.

국방 국책

이시와라의 조치 중 주목할 만한 것은 대소 군비의 확충을 지향했을 뿐만 아니라, 만주사변 이후의 새로운 국방 환경에 맞게 새롭게 국방 국책을 정하고, 이에 따라 「국방방침」을 수정하려고 한 것이다. 이시와라의 시도는 1936년 6월의 「국방방침」 제3차 개정으로 실현되는 듯했다. 그러나 개정 과정에서 육군과 해군의 주장이 일치되지 않아, 양쪽의 주장을 나란히 반영하는 형태로 타협이 이루어졌다. 예를 들어 제1가상적국은 동등하게 미국과 소련으로 정해졌다. 즉, 해군의 가상적국과 육군의 가상적국 사이에 우선순위가 명시되지 않은 것이다. 육군과 해군의 대립을 피하기 위한 '문장 만들기'였다.

「국방방침」에 규정된 육군의 소요 병력은 전시 50개 사단, 비행 142개 중대였다. 여기에 근거해서 육군은 1937년도부터 시작되는 군비충실계획을 세웠다. 이것은 1942년도까지 항공 병력은 소요 병력을 그대로 반영해서 비행 142개 중대로 하고, 지상 병력은 만주와 조선에 전시 편제인 13개 사단, 일본 본토에 14개 사단을 편성하는 것을 골자로 했다. 그렇게 해서 도합 평시 27개 사단, 전시 41개 사단 체제를 완성한다는 것이다. 당시의 군비는 비행 54개 중대, 17개 사단(만주·조선에 5개 사단)에 불과했다. 따라서 이 계획으로 상당한 군비 강화가 이루어져야 했다. 단, 이 계획이 완성된다고 해도, 극동 소련군과 대등한 전력이 될 수는 없었다. 육군 측도 그렇게 예상했다.

이시와라는 이처럼 대규모적이고 빠르게 군비 증강을 실현하기 위해서는 그 기반이 되는 일본의 산업구조를 바꾸어야 한다고 생각했다. 그래서 민간인으로 이루어진 그의 전문가 집단에 이를 위한 계획을 입안하게 했다. 쉽게 말해서, 국가 경제를 통제하고 군수를 위한 중공업화 정책을 강하게 추진하고자 한 것이다. 앞에서 언급한 것처럼, 이시와라를 중심으로 한 소장파 막료들은 우가키 내각의 탄생을 저지했다. 그 핵심적인 이유는 위와 같이 강력한 통제 경제 계획을 정부가 채택하도록 해야 하는데, 우가키가 순순히 그들이 말을 들을 것 같지 않기 때문이었다.

군비충실계획과 중화학공업 정책과 함께, 육군에서는 새로운 기관이 만들어졌다. 예를 들어 1936년 8월, 육군성 군무국에서는 군무과軍務課가 설치되었다. 그 소관 사항은 국방 국책, 국회와의 협상, 국방 사상의 보급 등이었다. 소관 사항을 보면 알 수 있듯이, 군무과의 임무는 정치와의 접점에서 육상을 보좌하는 것이었다. 그러나 사토 겐료와 아리스에 세이조의 예에서 알 수 있듯이, 군무과는 자칫 잘못하면 정치에 깊이 관여하게 되는 곳이었다.

거의 같은 시기에 참모본부에서도 국방 국책, 전쟁 지도를 담당하는 부서(통칭 전쟁지도과)가 만들어졌다. 초대 과장은 이시와라 간지였다. 이시와라가 육군성과 참모본부에 커다란 영향력을 유지하는 동안, 전쟁지도과는 육군의 정책 입안에서 무시할 수 없는 역할을 담당했다.

중일전쟁

이시와라가 추진한 군비충실계획, 중공업화 정책은 대외적인 분쟁이 일어나지 않는다는 것을 전제로 했다. 이시와라는 특히 중국과의 분쟁 회피를 중시하면서, 만주국 육성에 전념해서 만주국의 중공업화를 추진해야 한다고 주장했다.

당시 관동군은 중국 북부에 대한 공작, 내몽고에 대한 공작 등 중국에 대한 군사적 간섭을 거듭 시도했다. 그러자 이시와라는 현지로 날아가서 중국과의 분쟁 회피, 간섭 중지를 호소했다. 그러한 이시와라에 대해, 관동군 참모 무토 아키라(25기)는 "만주사변 때 당신이 했던 것과 똑같은 일을 하고 있을 뿐입니다"라고 대답했다고 한다. 만주사변 당시 이시와라는 독단전행을 밀어붙이고, 상급 지휘관에 대해 하극상까지 한 바 있었다. 그런데 이제는 후배들이 자신에게 반항한 것이다. 마치 앙갚음을 하는 것처럼 말이다.

1937년 7월, 노구교 사건[18]으로 중일전쟁[19]이 시작되었다. 참모본부 작전부장이 된 이시와라 간지는 중일 간의 전투 행위가 확대되는 것에 반대했다. 그리고 문제의 조기 해결을 주장했다. 군비충실계획이 이제 막 시작되었기 때문에 중국에 양보해서라도 분쟁의 확대를 피하려고 한 것이다. 이시와라는 중국 문제에 집착하면 진흙탕 싸움에 끌려 들어갈 뿐이라고 주장했다.

하지만 육군에서 그의 주장은 소수파에 속했다. 다수파는 일격을 가하면 중국은 금방 굴복할 것으로 예측했다. 그들은 미래의 대소전(대 소련 전쟁)을

---

18 1937년 7월, 노구교(蘆溝橋) 부근의 중국군과 일본군이 충돌한 사건. 사건 자체는 사소했지만, 일본 측의 강경책이 사건의 확대를 초래해 중일전쟁으로 발전했다.
19 원서에서는 '지나사변'이라고 칭함.

위해서는 일본이 실질적으로 화북 지방을 통제할 필요가 있다고 보았다. 그래서 일본의 화북 지배를 중국 정부가 받아들이도록 해야 한다고 주장했다. 강경파의 대표는 작전과장으로 취임한 무토 아키라였다. 결국, 작전부장과 작전과장의 주장이 정면으로 충돌했는데, 당시 두 사람의 격론은 작전부장실 밖에까지 들렸다고 한다.

그런데 이때, 이시와라는 분쟁이 확대되는 것을 두려워한 나머지, 병력을 순차 투입하는 졸책을 취하고 말았다. 병력을 조금씩 보낸 결과, 작전은 실패했고, 실패에 대한 책임으로 이시와라는 참모본부에서 나와야 했다.

한편, 사태는 이시와라가 우려한 대로 점점 악화되었다. 광대한 중국의 전장은 일본군 병력을 집어삼켰고, 일본은 중일전쟁을 수행하면서 대소 전비를 늘리는 이율배반적인 난제를 해결해야 했다.

일본 육군의 입장에서, 중일전쟁은 러일전쟁 이후 처음으로 수행하는 전면전이었다. 중국과 일본 모두 선전포고를 하지 않았기 때문에 국제법적으로는 전쟁이 아니었다. 그래서 사변, 즉 지나사변이라고 불렀지만, 실제로는 전쟁이었다. 전투 개시 2개월 만에 전사자가 약 5,000명이었고, 부상자는 2만 명을 넘었다. 전투는 점점 확대되었고, 상해 전선에서는 9월부터 포탄과 총탄 부족을 호소하고 있었다. 11월에는 전쟁 지휘 본부인 대본영이 설치되었다. 전쟁이 아닌데도, 대본영이 설치된 것은 이번이 처음이었다.[20] 광대한 전장에 대군을 투입했기 때문에 1937년 중에 7개 사단, 1938년 7월 중순까지 10개 사단이 증설되었고, 그 시점에 중국 전선에 파견된 병력은 23개 사단이었다. 소련에 대비한 만주·조선의 병력은 9개 사단, 일본 본토에는 불과 2개 사단

20　물론 일본 측도 이것이 사실상 전쟁 상황이라는 것을 인지하고 있었다.

만 남아 있었다.

전쟁이 장기화가 될 조짐이 보이자, 군수 물자의 동원 체제가 서서히 정비되어 갔다. 이때, 활약한 곳이 국가총동원 기관이었던 기획원企劃院이다. 기획원은 자원국(1927년 설치, 자원의 통제·운용 계획을 관장)과 내각조사국(1935년 설치)을 확대·강화한 기획청(1937년 설치, 중요 정책의 조사와 통합·조정을 담당)을 합친 기관으로, 종합적인 국력의 확충·운용과 국가총동원의 계획 및 실시를 담당했다. 주목할 만한 것은 자원국 탄생 이후, 이러한 기관에 군인이 직원으로 파견되어, 정책의 조사·입안에 참여했다는 점이다.

중일전쟁이 기획원을 탄생시킨 것은 아니었다. 그러나 중일전쟁이 기획원이 활약할 기회를 제공했다는 점은 부정할 수 없다. 사실 총동원체제를 만들기 위해서는 어느 정도 대외적 위기가 필요하다. 기획원의 대표적 성과물은 국가총동원법의 작성이었는데, 이것도 중일전쟁으로 실현되었다고 할 수 있다.

대소 동맹

육군은 중일전쟁을 조기에 해결하기 원했다. 소련을 겨냥한 군비 확장을 진행해야 했기 때문이다. 물론 그 해결은 어디까지나 육군이 원하는 것을 얻는다는 전제하에서였다. 육군은 미래의 대소전을 위해(혹은 소련의 위협에 대비하기 위해) 화북 지방의 통제 등을 중국으로부터 받아내고자 했다. 그러나 중국은 일본의 요구에 응하지 않았다. 그 결과 전쟁은 장기전으로 변해갔다.

이런 상황에서 육군은 소련과의 군사적 균형이 점점 불리해지는 것, 또 이를 기회로 소련이 중일전쟁에 개입할 수도 있다는 것을 우려했다. 1938년 여름, 조선과 소련의 국경 지대이며 산악 지방인 장고봉에서 육군은 소련의 국경 수비대를 겨냥해서 이른바 '위력 정찰'을 단행했다. 즉, 소련이 중일전쟁에 개입할 의도가 있는지를 알아보기 위해 제한된 병력(전차와 비행기는 투입하지 않음)으로 소련군을 도발·공격한 것이다. 도발은 참담한 패배로 끝났다(이른바 장고봉 사건). 그래도 상당한 희생을 치르기는 했지만, 소련의 개입 가능성이 적다는 것은 확인할 수 있었다.

이러한 상황에서 독일은 기존의 방공협정防共協定을 강화한 독일·이탈리아·일본의 동맹을 제의했다.[21] 육군은 반색하며 여기에 매달렸다. 설령 군비충실계획이 완성돼도 소련군에 대한 일본 육군의 열세는 피할 수가 없었다. 따라서 소련을 사이에 두고 독일과 동맹을 맺는다면 상당한 효과를 기대할 수 있었다. 독일이 서쪽에서 견제해주면 소련이 극동으로 보낼 수 있는 병력이 그만큼 감소하기 때문이다. 나아가 육군은 중일전쟁과 관련해서도 독일의 견제 효과를 기대했다. 독일의 견제로 소련의 군사 개입의 가능성이 한층 낮아지고, 소련의 대중 원조도 어려워질 것으로 예상했던 것이다.

하지만 진짜 문제는 따로 있었다. 독일이 제안한 동맹은 소련뿐만 아니라 영국·프랑스도 염두에 둔, 일반적인 군사동맹이었다. 그럼에도 육군은 독일의 요구를 즉시 수용했다. 영국·프랑스와 적대 관계가 되고 싶지는 않았지만, 대소 동맹의 성립을 위해 독일의 요구를 받아들이지 않을 수 없다고 판단했기 때문이다.

게다가 육군은 영국·프랑스를 겨냥해도 나름의 장점이 있다고 생각했다. 즉, 독일·이탈리아와의 동맹으로 영국·프랑스를 견제한다면, 이들 국가가

---

21 독일, 이탈리아, 일본은 이미 1936년에 방공협정, 즉 공산주의에 대항하는 협정을 맺은 상태였다. 공산주의 소련을 겨냥해서 맺은 것이다.

만주·일본 VS 소련·몽골
국경 분쟁 지도

만주리(滿洲里)

흑하

소 련

건차자도
(1937)

하이라얼

하바로프스크

노몬한(1939)

몽 골

치치하얼(齊齊哈爾)

하얼빈

만 주

신경(1932)

간도

블라디보스토크

봉천(1932)

장고봉
(1938)

금주(錦州)

북평(북경)

대련

여순(1919)

조 선

● 표시는 관동군사령부 소재지

0   400km

만주국이 세워지고, 일본군이 만주국의 국방을 담당하게 된 후부터 만주 · 일본과 소련 · 몽골 간에는 국경
분쟁이 자주 발생하게 되었다(더욱이 국경선도 애매했다). 중일전쟁 직전인 1937년 6월에는 흑룡강 위에
있는 건차자도를 둘러싸고 소련군과 만주국군이 총격전을 벌였고, 1938년 8월에는 장고봉에서 소련의 국경
수비대와 조선 주둔 일본군(조선군)이 충돌했다. 또 1939년에는 몽골군과 만주국군 간의 소규모 충돌을
계기로 노몬한 사건이 벌어졌다.

일본의 전쟁 수행을 방해하거나 중국을 도와주기는 어려울 것으로 판단한 것이다. 특히 영국에 대해서는, 기존의 권익을 존중하겠다고 약속하면서 견제하면 영국이 중국과 일본의 화평을 알선할 수도 있다고 생각했다. 물론, 해군과 외무성의 수뇌부는 육군의 주장을 강하게 반대했다.

독일이 제안한 방공협정의 강화에 대해, 당시의 히라누마 내각(1939년 1월부터 8월까지)은 논의를 거듭할 뿐 좀처럼 결론을 내리지 못했다. 방공협정 강화 문제는 육군이 외교에 개입한 가장 현저한 사례 중 하나이다. 하지만 동시에 육군의 주장이 그대로 정부에 의해 채택되지는 않았다는 것을 보여주는 사례이기도 하다. 육군이 끝까지 집요하게 동맹 체결을 주장하고, 정부에도 강하게 압력을 넣은 것은 사실이다. 그렇지만 한편으로는 육군 이외의 세력이 육군의 압력에 굴복하지 않고, 저항할 수 있었던 사실도 빠뜨리면 안 된다.

방공협정의 강화를 둘러싼 문제는 일본 육군의 당면 과제가 얼마나 심각한 것이었는가를 잘 보여준다. 그 과제란, 말할 것도 없이 중일전쟁을 빨리 해결하고 소련에 대비하는 일이었다. 게다가 일본은 독일·이탈리아와 협상을 진행하면서, 사실상 소련과 전쟁을 수행하고 있었다. 비록 국지전이었지만 말이다. 이것이 바로 유명한 노몬한 사건이다.

노몬한

노몬한 사건은 1939년 5월, 만주국과 몽골의 국경선이 애매한 후룬베이얼 초원에서 몽골군과 만주국군이 충돌한 것을 계기로 벌어졌다. 만주국군을 대신해서 관동군은 독단전행으로 몽골군 및 소련군에게 도전했고, 그 결과 완패했다. 이것이 노몬한 사건의 전말이다.

당시 소련은 몽골과 동맹을 맺고 몽골 방위를 위해 군대를 주둔시키고 있었다. 만주국과 일본과의 관계와 비슷하다고도 할 수 있다. 8월 하순까지 간헐적으로 계속된 전투에서 일본의 관동군은 소련군의 압도적인 병력과 강력한 포병 및 전차 앞에서 괴멸적인 타격을 입었다. 7월 이후 일본 측의 참전 병력은 약 6만 명이었는데, 전사자 약 8,000명, 부상자·환자·행방불명자가 약 1만 2,000명이었다. 주력인 제23사단은 인원 1만 6,000명 중 전사자·부상자·환자가 1만 2,000명을 넘었다. 연대장급에서도 전사, 전장에서 자결이 잇따랐다. 소련군·몽골군도 고전 끝에 상당한 희생자를 냈지만, 일본 측이 받은 타격은 그것을 훨씬 능가했다.

노몬한 사건의 발생과 패배에는 몇 가지 요인이 겹쳐있었다. 우선 대본영의 지시가 명확하지 않았다. 이 점을 관동군의 소장파 막료, 특히 쓰지 마사노부 소좌(36기)와 작전주임 핫토리 다쿠시로 중좌(34기)가 지적했는데, 이들은 소련군의 국경 침범이 재발하는 것을 방지하기 위해 일격을 가해야 한다고 강하게 주장했다. 그리고 대본영을 일시적으로 속여서라도 무력을 발동하려고 했다. 지휘 본부의 애매함에 더해, 현지 부대의 독단전행과 하극상이 추가된 것이다.

소련 측이 본격적인 반격에 나선다는 정보가 있기는 했지만, 관동군은 이를 진지하게 받아들이지 않았다. 쓰지를 포함한 소장파 막료들은 소련군에게 관동군의 힘을 뼈저리게 느끼도록 해서, 두 번 다시 국경을 침범하지 못하게 하고자 했다. 이들은 국경 침입 방지를 최우선으로 했을 뿐 상대에 대한 정보는 소홀히 여겼다. 작전을 우선시하고 정보를 경시하는 패턴이 시작된 셈이다(이와 같은 일본군의 패턴은 제2차 세계대전이 끝날 때까지 이어진다). 게다가 소장파 막료

노몬한 사건. 당시 발표된 이 사진의 설명에는 "탱크, 공군이 다 무어냐? 우리에겐 육탄의 자부심이 있다"라고 쓰여 있었다. 장비가 우세한 소련군에 대해 '육탄'으로 싸울 수밖에 없었던 일본군의 실정이 잘 나타나 있다. (『世界画報』)

들은 소련군의 능력을 과소평가하고 있었다. 그들은 수적으로는 소련군이 우세하지만, 수적 우위가 꼭 전력의 우위를 의미하는 것은 아니라고 판단했다.

하지만 실제로는 병력뿐만 아니라 무기의 질과 양에서도 소련 측이 우위에 있었다. 특히 대포와 전차의 차이가 컸다. 병참과 기동력도 소련 측이 우세했다. 일본군의 전차는 적 진지의 기관총을 침묵시켜 보병의 공격을 지원하기 (보병과의 협력) 위해 만들어진 경輕전차 혹은 중中전차였다. 따라서 상대 전차와의 싸움을 염두에 두고 만들어진 소련군의 중重전차를 당해낼 수 없었다. 그래도 초기에는 속사포와 화염병이 소련군 전차에 대해 효과를 보였다. 대전차 무기로 가장 크게 활약한 것이 화염병이었다는 사실은 노몬한에서 싸우던 일본군의 실태를 잘 나타내 준다. 하지만 소련군의 대비책으로 노몬한 사건 후반기에는 화염병의 효과도 사라졌다.

필승의 신념

일본군의 전투 방법에도 문제가 있었다. 이 문제를 살펴보기 위해, 먼저 육군의 군사 독트린(전투 원칙)을 담은 교범의 변천 과정을 보자. 앞에서 언급한 것처럼 러일전쟁 후, 1909년에 개정된 『보병조전』은 공격 정신과 백병총검주의를 주장했다. 그러나 이 『보병조전』은 제1차 세계대전의 교훈으로 인해 재검토되었다. 그리고 몇 가지 주목할 만한 견해가 제시되었다. 예를 들어, 제1차 세계대전에서 나타난 화력의 의의가 강조되고, 정신력을 과대하게 중시하는 기존의 『보병조전』에 대한 비판이 나타났다. 또 프랑스군이 채택한 경기관총을 중심으로 한 분대 규모의 전투 단위 즉, 전투군戰鬪群에 주목하기도 했다.

그러나 1923년에 정리된 『보병조전』 개정 초안은 이런 점을 직접 언급하지 않았다. 예를 들어 전투군 전법의 경우, 포병 화력과 기관총의 수량에 한계가 있고, 전투군을 인솔해야 하는 하사관의 능력에도 불안한 감이 있다고 해서 채택하지 않았다. 그리고 화력의 중요성을 인식하긴 했지만, 그렇다고 화력으로 백병 돌격을 대체할 수 있다고는 평가하지 않았다. 또 화력을 동반하지 않은 백병 전력은 근대적 무기 앞에서 효과를 거두기 어렵지만, 백병 전력을 동반하지 않는 화력 또한 전투의 승패를 결정짓지는 않는다고 주장했다. 그 외에 화력이 중요하다는 제1차 세계대전의 교훈을 직접 채택하지 않은 이유에 대해, 일본은 근대적 무기를 갖춘 적하고만 싸우는 것이 아니라 열악한 무기를 든 상대와도 싸워야 하기 때문이라고 설명하고 있다. 여기서 열악한 무기를 든 상대는 공산혁명 직후의 소련군 그리고 중국군을 의미했다. 둘 다 전력과 장비 면에서 열악했기 때문이다.

『보병조전』의 정식 개정은 1928년에 이루어졌다. 여기서는 제1차 세계대전의 교훈을 도입하려는 자세가 전 보다 더욱 희미해졌다. 그래도 1923년의 개정 초안에서는 제한적이나마 제1차 세계대전의 교훈을 도입하려는 자세가 있었지만 말이다. 그러나 1928년에 개정된 『보병조전』은 1909년의 『보병조전』에서 크게 벗어나지 않았고, "필승의 신념"과 "진지 고수"를 강조했다. 결국, 백병총검주의 외에 필승의 신념과 진지 고수를 추가한 셈이다. 필승의 신념은 공격 정신을 과도하게 부추기고, 정신주의를 과하게 증폭시킬 위험성이 있었다. 또 진지 고수는 무익한 희생을 늘리는 위험성이 있었다. 그리고 노몬한 사건은 그 위험성이 현실로 나타난 사례이다.

이와 같은 경향은 거의 동시기에 만들어진 『전투강요戰鬪綱要』(보병 이외에 포병, 기병 등 각 병과에 공통된 전투 원칙을 정리한 것)에서도 엿볼 수 있다. 마에하라

도오루에 의하면, 1926년에 배부된 『전투강요 초안』에는 과학 기술이나 화력 전투를 중시한 합리적 사고의 흔적이 있었다고 한다. 예를 들어 다음과 같은 부분이 포함되어 있었다.

> 승리의 기초는 정신적 위력과 물질적 위력을 결합한 전투 위력을 적에 대해 우월하게 운용하는 데 있다. 상하가 서로 신뢰하고 의지해서 지엄한 군기를 유지하고 충군애국(忠君愛國)의 지성(至誠)에서 나오는 군인 정신을 발양(發揚)하는 것이 정신적 위력의 근본이고, 자재(資材)의 정비와 함께 기술적 능력을 충실히 하고 이 것을 과학적으로 잘 응용하는 것이 물질적 위력의 근간이다.

여기서는 정신적 위력과 물질적 위력을 동등하게 취급하고 있다. 그러나, 이러한 사고방식과 그에 관한 언급은 1929년에 제정된 『전투강요』에서 자취를 감추었다. 1928년에 제정된 『보병조전』의 강령(이후, 모든 전범류의 공통 강령이 됨)에서는 "훈련을 정교하고 치밀하게 해서 필승의 신념이 강하고, 군기를 지엄하게 해서 공격 정신이 충만한 군대는 곧잘 물질적 위력을 뛰어넘어 승리를 거두게 된다"라고 되어있다. 이제는 제1차 세계대전 이전과 마찬가지로, 공격 정신이라는 정신력이 물질적 위력을 능가한다고 간주한 것이다. 공격의 중요성도 더욱 강조되었다. 사실 그 전부터 육군 측은, 공격은 전투의 목적 달성을 위한 유일한 수단이고 상황이 정말 불가피한 경우 이외에는 늘 공격을 결행해야 한다고 주장하고 있었다. 하지만 여기에 더해 『전투강요』에서는 적에게 일시적으로 기선을 제압당한 상황에서도 다시금 모든 수단을 동원해서 공격을 단행하라고 규정하게 되었다. 육군의 공격 편중 경향이 더욱 강해진 것이다.

구와타 에쓰에 의하면, 제1차 세계대전 이후 프랑스의 조전操典(일본의『보병조전』에 해당함)에서는 공격 정신과 공격 행동이 구별되어 있었지만, 일본에서는 양자 간에 구별이 없었다고 한다. 공격 정신은 항상 공격 행동을 동반하는 것으로 본 것이다. 게다가 공격 정신, 필승의 신념, 적극성 등은 단순히 군사 독트린의 영역에 그치지 않았다. 그것은 '정론正論'으로 군림했고, 그에 반하는 논의를 억눌렀다. 노몬한 사건에서 쓰지 마사노부와 핫토리 다쿠시로의 주장이 관동군의 대세가 된 것에는 이러한 요인도 있었다.

마에하라 도오루는 적극성, 공격 정신이 강조된 이유 중 하나로서, '1920년 대의 사회 풍조에 대한 반동'을 지적한다. 육군이 사회의 군대·군인 비판, 군축 등으로 군인의 사기가 침체할 것을 우려해, 사기 앙양 차원에서 더욱 적극성을 칭찬했다는 것이다. 이렇게 볼 때, 공격 정신의 강조는 단순히 군사 독트린만의 문제가 아니었다. 이제 공격 정신, 필승의 신념, 적극성 등은 '정론'이 되었다.

약점과 허세

『보병조전』이 개정되었을 무렵, 교육총감은 훈시에서 다음과 같이 지적했다.

최근, 국군의 편제와 장비를 비판하는 의견이 들리는데, 이것은 하급 장교와 병사를 동요시킬 수 있는 유해무익한 것이다. 국군의 편제와 장비가 두, 세 개의 강국과 비교해서 손색이 있는 것은 어쩔 수 없고, 그에 관해서는 연구하고 궁리할 필요가 있지만, 정신적 자질과 훈련이 우월하면 물질적 위력을 능가하고 압도해서 승리를 거둘 수 있다.

대략 이런 내용이다. 또 육대를 졸업하기 전의 참모연습여행에서 통재관統
裁官(훈련 상황을 설정하는 등, 훈련의 진행을 지도하고 심판하는 장교)이었던 한 대좌는
다음과 같은 취지로 강평을 했다고 한다. "상황 판단의 기초는 임무에 있는
것으로, 적의 정황을 과대평가하고 그러한 정황 판단을 기초로 자신의 결정
하는 것은 본래의 임무를 고려하지 않는 것이다." 그렇게 필승의 신념과 임무
는 물질적 위력과 적의 정황 판단보다 우선시 되었다. 그리고 물질적 위력과
적의 정황 판단은 더욱 경시되었다.

육군의 이러한 경향은 황도파가 전성기를 맞이했을 때, 더욱 심했다. 이에
대해 나가타 데쓰잔은 다음과 같이 비판했다.

> 근세의 물질적 위력이 얼마나 진보했는지를 이해하지 못하고 청룡도(青龍刀)를
> 휘두르는 식으로 생각하는 사람이 여전히 있다는 것, 일본인의 국민성을 과도하게
> 자신하는 사람이 많다는 것은 위험하다. 구미와 일본은 형편이 크게 다르다. 그중
> 에서도 가장 크게 차이가 나는 것은, 일본은 나라가 가난해서 생각만큼의 일을 할
> 수 없고, 이상적인 개조가 불가능하다는 것이다. 이러한 문제점을 호도하고 분칠
> 하기 위해, 억지로 추상적인 문구를 나열해서 기세를 올리는 것은 어쩔 수 없는 일
> 이다. 그러나 이것을 실제로 그렇다고 착각하는 것은 크게 주의해야 한다.

말할 것도 없이 그 후의 사태는 나가타가 우려한 대로 전개되었다. 국력의
한계 때문에 열강의 장비를 따라잡을 수 없었던 일본 육군은 그 결함과 열세
를 보충하기 위해서, 왕성한 정신력과 강한 훈련을 강조했다. 그러나 약점을

보충하기 위한 요소는 어느새 타국이 흉내를 낼 수 없는 일본 특유의 강조점으로 바뀌어 갔다.

그 후 『보병조전』은 또 한 번 개정되었다. 그 초안은 1937년에 만들어졌는데, 육군은 세력을 회복한 소련군과의 전투를 강하게 의식하며 개정을 진행했다. 중일전쟁의 발단이 된 7월 7일의 깊은 밤, 북경(북평) 교외의 노구교 근처에서 일본군은 야간 훈련을 진행하고 있었다. 그때 어디선가 총탄이 날아와서 중일전쟁의 불씨가 되었는데, 당시 진행했던 야간 훈련도 사실은 1937년의 개정 초안을 토대로 소련과의 전쟁에 대비하는 훈련이었다. 조금 과장해서 말하면, 대소전을 위한 훈련을 하다가 중국과의 전쟁을 시작한 셈이다.

그때 일본군이 야간 훈련을 한 것에는 나름의 이유가 있었다. 당시 일본 육군은 야간 행동에 익숙한 군대는 기동과 공격에 있어서, 적은 병력으로 더 큰 병력을 이길 수 있다고 판단하고 있었다. 이 때문에 훈련에서는 야간 전투가 중시되었다. 그리고 머지않아 야간 전투는 일본군의 특기 혹은 상투적인 전법으로 자리잡았다.

1937년의 개정 초안에서는 마침내 전투군 전법이 채택되었다. 최소 전투 단위인 분대가 경기관총 1정을 가질 수 있게 되었는데, 흥미로운 점은 그 경기관총에 검을 꽂고 돌격할 수도 있다는 것이다. 그렇게 일본군은 백병총검주의를 철저하게 시행했다. 하지만 막상 전투군 전법은 제대로 시행되지 못했다. 각 부대에 전투군 전법을 위한 장비가 제때에 배치되지 않았기 때문이다. 그 결과 『보병조전』은 1940년이 되어서야 정식으로 개정되었다. 노몬한 사건은 그 과정에서 일어난 것이다. 물론 노몬한에서 일본군은 크게 패했다.

노몬한 패전의 책임으로 관동군에서는 군사령관과 참모장, 대본영에서는 참모차장과 제1부장(작전부장)이 예비역에 편입되었다. 실전에 참가한 부대에서도 군사령관, 사단장, 연대장이 예편하게 되었다. 패배의 책임으로 자결로 내몰린 부대장도 있었다. 그러나 이 사건에 관해서 군법 회의는 열리지 않았고, 진짜 패전의 원인은 제대로 된 규명되지 않았다. 쓰지와 핫토리, 이 두 사람은 좌천되기는 했지만, 머지않아 다시금 역사의 무대에 등장하게 된다.

남진

노몬한 사건 중에도 중국과의 전투는 계속되었다. 일본군은 1938년 가을에 무한과 광동을 함락시켰는데, 그 후에는 본격적인 공세 작전을 실행할 힘이 없었다. 그래도 점령 지구의 경비와 잔당 소탕을 위해 상당 규모의 병력을 중국 대륙에 배치해야 했다. 1939년 가을의 병력 배치에서는 일본 본토에 5개 사단, 조선에 1개 사단, 만주에 9개 사단, 중국에 22개 사단(특설 사단 5개는 포함하지 않음)이 존재했고, 항공병력은 모두 비행 91개 중대였다.

하지만 최대의 문제는 대소 전비였다. 특히 노몬한의 패배 이후 육군은 대소 전비를 충실하게 갖추는 것이 중요하고 긴급하다는 점을 통감했다. 그래서 이시와라 작전부장이 작성한 군비충실계획을 재검토했고, 1939년 말에는 수정된 군비충실계획을 작성했다. 수정된 군비충실계획은 1944년도까지 전시 65개 사단, 비행 160개 중대를 정비하기로 했다(이듬해에는 계획 달성 연도가 1944년도에서 1946년도로 연장되었다).

이 무렵 사단 편제는 3단위제로 바뀌고 있었다. 즉, 증설 사단은 물론 기존의 사단도 1개 사단이 보병 4개 연대로 구성되는 4단위제에서, 3개 연대로 구성되는 3단위제로 전환되었던 것이다. 4단위제에서는 사단의 전시 편제 규모가 너무 컸기 때문이다. 또 1개 사단당 포병 화력의 비중을 높이려는 목적도 있었다. 노몬한에서 싸웠던 제23사단도 3단위제 사단이었다. 3단위제의 채택으로 부대의 자동차화가 진행되는 등 부분적으로 근대화가 이루어지긴 했다. 그럼에도 소련군을 당할 수는 없었다.

3단위제의 채택은 사단의 인원을 줄였다. 사단의 규모가 작아지면 상대적으로 사단을 늘리기 쉬워지기 마련이다. 그래서 일본 육군은 중일전쟁 발발 이후 거의 20개 사단을 새로 만들었다. 무리에 무리를 해서 사단을 늘린 것이다. 하지만 사단을 무한정 늘릴 수는 없었다. 그러므로 수정된 군비충실계획에서는 만주에 14개 사단을 주둔시키는 대신, 그로 인한 경비는 중국에 주둔하는 병력을 줄여서 염출하기로 했다. 또 이를 위해 중국 전선에 있는 85만의 병력을 1년 후에 50만으로 줄이기로 했다. 육군의 수뇌부는 중국 전선의 병력을 축소하면서, 동시에 사변(중일전쟁)의 해결을 시도했던 것 같다.[22]

그러나 해결의 실마리는 찾을 수 없었다. 중국 주둔 병력의 축소도 실제로는 무리였다. 게다가 중국은 두메산골 오지에 있는 중경重慶으로 정부를 옮겼다. 일본 육군이 그곳까지 진격하는 것은 불가능했다.

한편, 노몬한 사건 이후, 육군은 남쪽으로 눈을 돌리기 시작한다. 어차피 당분간은 소련군을 이길 것 같지도 않았다. 대소 전비를 확충해서 소련의 공격에 대비할 필요는 있었지만, 북방의 위협을 제거한답시고 소련을 쳐들어가는

---

22 오늘날의 입장에서 중일전쟁은 명백히 일본의 중국 침략이다. 그러나 당시의 일본은 중일전쟁을 지나사변으로 부르며, 중국과 일본의 문제라는 관점으로 바라보았다. 그리고 중국과 일본의 문제인 만큼, '지나사변의 해결'을 위해 여러 가지 협상 방안을 궁리했다. 그러나 이러한 협상은 중국이 일본 측에 막대한 양보(배상금, 영토, 자원, 시장 개방 등)를 하는 것을 전제로 한 것이다. 그러므로 일본 측이 만족하는 방향으로 타협이 이루어질 가능성은 처음부터 낮았다.

것은 단념해야 했다. 그렇게 북진을 단념했을 때 남진南進을 자극하는 사건이 터졌다. 노몬한 사건이 마무리되는 시점에서 발발한 제2차 세계대전이 바로 그것이다. 제2차 세계대전이 독일에 유리하게 전개됨에 따라 일본의 남진 가능성은 점점 현실화되었다. 1940년 5월부터 6월에 걸친 독일의 전격전 앞에 네덜란드, 벨기에, 프랑스가 항복했다. 영국의 명맥도 다한 것처럼 보였다. 그렇게 네덜란드, 프랑스(그리고 머지않아 영국도) 등 식민지 종주국이 몰락하자, 일본은 이들 국가의 동남아 식민지를 '무주공산', '진공 지대'로 간주했다.

육군은 그 '진공 지대'로 진출해서 네덜란드령 동인도(현재의 인도네시아)와 같은 자원 지대, 프랑스령 인도차이나(현재의 베트남, 라오스, 캄보디아)와 같은 전략 지대를 차지해야 한다고 주장했다. 그런데 남진을 위해서는 그곳의 종주국(영국, 프랑스, 네덜란드 등)을 항복시킨 독일의 허락과 지지가 필요했다. 그 결과 일본 내에서는 독일, 이탈리아와 동맹을 맺자는 구상이 재부상하게 되었다. 이전에는 북방의 위협(소련)에 대처하기 위한 동맹이었지만, 이번에는 남쪽으로 나아가기 위한 동맹이었다. 그러나 해군 출신의 요나이 미쓰마사米内光政가 이끄는 내각은 육군이 주장하는 남진과 독일과의 동맹에 소극적이었다.

이에 대해 육군은 요나이 미쓰마사 내각을 무너뜨리기로 했다. 그래서 내각의 일원인 육군대신을 단독으로 사직하게 한 다음, 그 후임을 구할 수 없다고 통보했다. 전가의 보도인 육군대신 지명 거부를 또다시 실행에 옮긴 것이다.[23] 결국, 요나이 내각은 총사직했다. 이는 '군부대신현역무관제'가 낳은 심각한 부작용이었다. 만약 문관이 군부대신에 취임할 수 있었다면 외부 인사를 육군대신에 임명할 수 있을 것이고, 그렇다면 육군의 허락 없이도 내각을 조직할

---

23   물론 해군도 그런 식으로 내각(혹은 예비 내각)에 압력을 행사한 적이 있기는 하다. 하지만 전반적으로는 육군 쪽이 훨씬 심했다.

수 있게 된다. 하지만 '군부대신현역무관제'라는 제도 때문에 애초에 이것은 불가능했다. 그렇게 군부, 특히 육군은 정치에 개입하며, 그 흐름을 주도했다.

대미 개전

일본 육군은 정말로 미국과 싸울 생각이 있었던 것일까? 확실히 대미 작전 계획은 있었다. 미국은 제1가상적국의 하나였기 때문이다. 그러나 군대란, 만일의 경우를 대비하는 존재이고, 만일의 경우를 대비하는 계획이 없다면 존재할 이유도 없다. 따라서 가능성이 희박하더라도 만일이 경우를 대비하기 위해 준비는 하기 마련이다. 결국, 대미 작전 계획이 있었다고 해서 육군이 진짜로 미국과 싸울 생각이 있었다고 볼 수는 없다. 게다가 육군이 생각한 대미 작전 계획은 필리핀 공략을 상정한 작은 규모에 불과했다.

사실 육군의 남진론은 무력을 써서라도 남쪽으로 나아가야 한다는 주장이 었지만, 이것은 어디까지나 미국과 싸우지 않는다는 것을 전제로 했다. 그 전제의 근거가 바로 '영미가분英美可分론'이다. 이것은 영국과 미국을 나누어 생각해서 "영국과의 전쟁은 불가피하지만, 설령 영국과 전쟁을 하게 되더라도 미국이 참전하지는 않을 것이다"라고 하는 주장이다.

이후 일본은 독일과 동맹을 맺는 한편, 프랑스령 북부 인도차이나에 군대를 진주시켜 해당 지역을 점령했다. 남진을 실행에 옮긴 것이다. 하지만 남진 이후의 사태는 육군의 예상을 크게 빗나갔다. 미국과 영국의 결속은 단단했고, 양국은 보조를 맞추며 일본에 압력을 가했다. 결국, '영미가분론'은 틀린 것이었고 그 반대 의견인 '영미불가분론'이야말로 현실이었던 셈이다.

그러자 일본 측도 다시금 자신들의 물질적 국력을 생각하게 되었고, 그 결과, 일본은 미국과 영국을 상대로 장기전을 수행할 힘이 없다는 결론을 내렸다. 즉, 만약 이대로 남진해서 동남아시아를 장악하려 한다면, 영국과 충돌하게 되고 그러면 거의 필연적으로 미국과도 싸워야 하는데, 그것은 일본의 국력을 넘어서는 일이기 때문에 적어도 당분간은 충돌을 피해야 한다고 생각한 것이다.

이렇게 해서 육군은 다시금 남쪽에서 북쪽으로 눈을 돌렸다. 이때 갑자기 터진 것이 1941년 6월의 독소전쟁이다. 사실 일본은 1941년 4월에 소련과 중립조약을 맺은 바 있었다. 불과 2개월 전에 중립조약을 체결했음에도 불구하고, 육군(특히 참모본부)은 외상(외무대신) 마쓰오카 요스케(1880~1946)[24]와 함께 독일에 호응해서 소련을 공격해야 한다고 주장했다. 사실 독일의 공격으로 시작된 독소전쟁은 일본의 입장에서 배신행위에 가까웠다. 그 전까지 독일은 일본 측에, 소련과 일본 간의 협조를 알선한다고 자칭하며 소련을 향한 전쟁 준비를 철저히 숨겼기 때문이다. 그러나 육군은 또다시 독일의 눈부신 승리에 현혹되어 버렸다.

육군은 관특연(관동군특종연습)이라는 이름의 대소전 준비에 착수했다. 그래서 85만 명이라는 어마어마한 병력(그 전까지는 35만 명이었는데, 50만 명을 추가로 증원한 것임)이 만주에 집결했다. 독일군의 공격으로 소련이 무너질 조짐이 보이면, 즉시 독소전쟁에 참전할 태세를 갖춘 것이다. 하지만 소련이 무너질 조짐이 보이지 않았기 때문에 대소전을 결단할 수 없게 되었다.

---

24 일본의 외교관, 정치가이다. 친독일파로서 일본의 삼국동맹 체결을 주도하고, 나치 독일과 협력하며 외교 활동을 전개했다. 그 때문에 일본이 수행한 세계적인 규모의 침략 전쟁에 커다란 역할을 했다고 평가받는다. 제2차 세계대전 후 A급 전범으로 체포되어, 재판 중에 병사했다.

당시 일본은 대소전 준비와 함께 프랑스령 남부 인도차이나에 군대를 진주시켰다. 북부에 이어 남부도 무력으로 점령한 것이다. 이에 미국은 일본에 대해, 석유 수출 금지와 재미在美 일본 자산의 동결이라는 강경 수단으로 맞섰다. 이제 미일 관계는 긴장 관계로 바뀌었고, 위기 상황은 더욱 깊어졌다. 그러자 육군은 또다시 북쪽에서 남쪽으로 눈을 돌렸다.

당시 미국과 일본의 국력 격차는 누가 봐도 현격했다. 석탄, 석유, 철강, 자동차 등 어디를 보아도 미국의 국력은 압도적이었다. 일본 육군의 군인들도 이를 모를 리가 없었다. 충분히 알고 있었다. 그것을 알면서도 전쟁에 운명을 맡긴 것이다.

군인들은 군사력으로 미국을 이길 수 없다는 것을 알고 있었다. 그들의 계획은 다음과 같았다. '전쟁이 시작되면 일본은 동남아시아의 전략 요충지를 확보해 장기 불패의 태세를 만드는 한 다음, 중국을 굴복시킨다. 그리고 이와 동시에 영국을 굴복시키려는 독일과 협력하고, 이를 통해 미국의 전쟁 의지를 무너뜨린다.' 대략 이런 시나리오였다. 요컨대, 대미 전쟁의 핵심은 미국이 전쟁에 염증을 느끼도록 하는 것이었다. 그리고 이를 위해 독일이 영국을 무너뜨리기를 기대하는 것이었다. 결국, 승리의 여부는 미국의 여론과 독일의 분투에 달린 것이었다.

하타노 스미오에 의하면, 당시 육군성과 참모본부의 소장파 막료들은 미국의 거대한 국력을 알았지만, 그 국력이 전력화되기까지는 상당한 시간이 걸릴 것으로 예측했다고 한다. 그 사이에 일본이 장기 불패의 태세를 구축하면 된다고 막료들은 계획을 짰을 것이다. 언뜻 보기에는 합리적인 것 같지만, 사실은 무척이나 위태로운 계산법이었다. 미국의 국력이 전력화되기까지 걸리는 시간도, 영국의 패배도, 신속하게 장기 불패의 태세를 구축하는 것도, 무슨 대단한 근거가 있는 것이 아니었다. 그 대부분은 희망적인 관측에 불과했다.

　더욱이 중일전쟁의 와중에 근거 없는 자신감마저 생겨나고 있었다. 중일전쟁과 함께 일본의 군사비는 크게 팽창했다. 그리고 이와 함께 육군 전력도 최소한 양적으로는 대폭 증강되었다. 중일전쟁 이전에 17개 사단, 20여만 명이었던 병력이, 거의 4년 반이 지난 태평양전쟁 개전 시점(1941년 12월)에서는 51개 사단, 210만 명으로 불어나 있었다. 항공 병력은 비행 148개 중대였다. 사실 그 병력의 대부분은 만주와 중국 전선에 못 박혀 있었다. 그래도 육군은 과거 「국방방침」에서 규정한 소요 병력보다 훨씬 많은 병력을 보유하게 되었다. 그렇게 늘어난 대규모 병력이 미국과의 전쟁을 결정하는 토대가 되었음에 틀림이 없다.

　미국과의 협상이 위태롭게 된 1941년 10월 중순, 대본영 육군부 제20반(전쟁지도반)의 하라 시로 소좌(44기)는 업무 일지에 다음과 같이 썼다.

　　전쟁은 피해야 한다. 육군은 해군·정부보다도 더 대미 전쟁을 원하지 않는다. 그렇지만 지나사변의 완수를 위해서는 100년 전쟁도 불사하는 육군의 충정을 어찌하랴.

　하라 소좌의 생각에도 미국과의 전쟁은 피해야 하는 것이었다. 하지만 중국과의 전쟁에서 막대한 희생을 치렀는데, 중일전쟁과 관련해서 미국에 양보하는 것은 더욱 피해야 하는 중대 문제였다.

　미국과 일본의 전쟁, 즉 태평양전쟁이 시작될 즈음. 중일전쟁으로 인한 일본의 전사자는 약 18만 4,000명, 부상자는 대략 32만 명이었다고 한다. 전쟁 기간이 다르기에 일률적으로 비교할 수는 없지만, 중일전쟁의 전사자와 부상자는 러일전쟁의 그것을 능가했고 그때까지 일본이 체험한 전쟁 중에서도 가장 많았다. 미국과의 협상 과정에서 육군의 군인들은 중국으로부터의 조기 철병에 강하게 반대했다. 조기 철병에 반대하면서 그들은 곧잘 "영령에게 어떻게 변명하시겠습니까?"라고 말했다. 중일전쟁에서 많은 희생자가 나왔으니, 희생된 영령들을 생각해서라도 순순히 중국에서 물러나면 안 된다는 것이었다.

그 후, 하라 소좌는 일본이 미국에 양보해서 대미 협상이 성공하기보다는, 협상이 결렬되어 부득불 전쟁에 이르게 되기를 소망했다.

1. 전쟁의 파탄

전쟁 지도

제2차 세계대전의 주요 참전국에는 각각 그 나라를 대표하는 지도자가 있었다. 미국의 프랭클린 루스벨트, 소련의 스탈린, 독일의 히틀러, 영국의 처칠, 이탈리아의 무솔리니, 중국의 장개석, 프랑스의 드골이 그 예이다. 그런데 일본의 경우, 전쟁을 이끈 지도자가 뚜렷하게 눈에 들어오지 않는다. 굳이 말하자면 쇼와 천황(히로히토 천황), 도조 히데키를 꼽을 수 있겠지만, 다른 나라 지도자와 비교해서 별로 두드러지지 않다.

이는 다른 나라의 전쟁 지도자가 좋든 나쁘든 강력한 리더십을 발휘했는데 반해, 일본의 천황과 도조는 그런 리더십을 발휘하지 못했다는 것을 의미

도조 히데키. 육군의 강경책을 대표하던 도조는 육군대신을 거쳐 태평양전쟁 직전에 수상이
되었다. 수상이 된 후에도 육군대신을 겸하는 것은 물론, 참모총장까지 겸직하는 등 전쟁
수행을 앞장서서 지휘했다. 하지만 그 과정에서 독재적인 방법으로 권력을 행사하고 반대파
를 억압했기에, 내부의 반발을 사기도 했다.
(https://ko.wikipedia.org/wiki/%EB%8F%84%EC%A1%B0_%ED%9E%88
8%EB%8D%B0%ED%82%A4#/media/File:Tojo2.jp)

한다. 먼저, 입헌 군주인 천황의 역할은 자신이 신임한 책임자들(수상, 그 밖의 각료, 참모총장, 군령부총장 등)이 합의한 결정을 재가裁可하는 것이었다. 천황이 자신의 개인적 의사를 정치 과정에 반영시키는 것은 극히 드문 경우였다.[1]

그러면 도조 히데키는 어땠을까? 그는 수상 이외에 육상, 군수상[2](게다가 한때는 내무대신까지)을 겸했고, 심지어는 참모총장까지 겸임했다. 그리고 이러한 겸임을 바탕으로 '헌병 정치'라고 불리는 억압적인 정치를 시행했다. 물론, 정권 비판도 강제로 막았다. 그러나 이러한 도조조차도 자신의 직무 외의 다른 부처에는 개입할 수 없었다. 예를 들어, 도조는 해군 문제에 개입하는 것이 불가능했다. 수상이며 육상(육군대신)이었던 도조는 육상 자격만으로는 작전·통수에 관여할 수 없었기 때문에 고육지책으로 참모총장을 겸직했다. 그러나 이것이 얼마나 실효성이 있었는지는 의문이다.

당시 일본에 강력한 리더십을 발휘하는 지도자가 없었다는 것은 결국, 통합적인 전쟁 지도가 없었다는 것으로 귀결된다. 각국의 전쟁 지도자가 전쟁을 어떻게 수행할지에 대해 대전략大戰略, Grand Strategy을 제시했는 데 비해, 일본에서는 그러한 전략 구상·비전을 보여주는 리더가 나타나지 않았다. 따라

---

1   일본의 침략전쟁, 특히 태평양전쟁에서 쇼와 천황이 어떠한 역할을 했는가에 대해서는 일본 학계에서도 의견이 분분하다. 메이지 헌법대로라면 천황의 역할은 입헌 군주적인 측면이 강하다. 그러나 만주사변 이후 일본 내에서는 여러 정치세력이 이합집산하고, 군부의 영향력이 확대되었다. 그래서 천황이 각 정치세력의 조정, 통수대권 등을 통해 중요 사항에 대해 최종 결정자의 역할을 했을 가능성은 존재한다. 물론, 기본적으로는 천황이 자신의 의사를 강하게 피력하는 것은 금기시되었다. 그러므로 천황이 어디까지 영향력을 행사했는가에 대해서는 애매한 면이 많고, 해석에 따라 다른 결론이 도출된다. 가령, 일본의 대표적인 군사사 연구자이며, 오랫동안 천황의 전쟁 책임을 연구했던 야마다 아키라(山田朗)는, 천황은 대원수(大元帥)로서 자신의 역할에 충실했고, 최종적인 정보를 보고 받았으며, 중요 사항을 결정할 수 있었다고 평가한다. 山田朗, 『昭和天皇の軍事思想と戦略』, 校倉書房, 2002 참조.
2   항공기 생산을 중심으로 군수산업을 관장하던 군수성(軍需省)의 장관.

서 전쟁 지도는 하나의 대전략에 근거해서 통합적으로 이루어지지 않고, 그때그때 각 기관의 요구나 주장을 조정하는 형태로 이루어졌다.

다른 나라의 전쟁 지도에도 분파주의가 없었던 것은 아니었다. 전쟁 수행에 임하는 기관과 부대가 각각의 이해나 요구를 주장하면 그 과정에서 다툼과 마찰이 생기는 법이다. 그렇지만 다른 나라의 경우, 그러한 분파주의·다툼·마찰이 대전략을 구현하는 전쟁 지도자의 리더십을 통해 완화·통합되었다. 이와 비교해 일본에서는 관계기관 간의 힘의 역학관계, 그때그때의 상황에 따라 조정이 이루어질 뿐이었다. 그러므로 통합의 원칙이 없었고, 전체를 통합하는 일관된 방침을 도출할 수도 없었다.

전쟁을 수행하는 기관 사이에 벌어진 다툼, 마찰, 분파주의를 가장 잘 보여주는 것이 육군과 해군의 대립이었다. 예를 들면, 하와이 기습이나 동남아시아 진주 등 제1단작전이 거의 성공리에 끝나자, 다음에 어떻게 해야 할지 제2단작전을 둘러싸고 논쟁이 벌어졌다. 해군은 전쟁의 주도권을 유지하고, 적에게 반격의 기회를 주지 않기 위해 지속적인 공격을 주장했다. 그리고 하와이 공략과 호주 공략을 추진했다. 반면, 육군은 전쟁 이전의 계획에 따라 제1단작전을 통해 얻은 동남아시아 및 남서 태평양의 광대한 지역을 확고하게 해서 장기 불패의 태세를 갖출 것을 주장했다.

결국, 육군과 해군은 타협했고 그 결과 미드웨이 작전이 시행되었다. 하지만 미드웨이 작전은 참담한 결과로 끝났고, 오히려 전세가 연합군에게 유리해지는 계기가 되었다. 일본 해군이 패배했다는 사실은 육군 당국자에게도 전해졌다. 그러나 패배의 규모와 실태는 알려지지 않았다고 한다. 해군의 패배가 육군에게 제대로 전해지지 않는 현실 앞에서 효과적인 전쟁 지도는 무리였다. 전쟁 지도를 둘러싼 육군과 해군의 대립·다툼은 항공기 생산을 위한 군수 물자의 배분에서도 드러났다. 강대한 권한을 가진 도조 수상도 해군의 주장을 무조건 누를 수는 없었다.

중일전쟁의 발발과 전시체제의 강화 속에서 육군의 발언력과 정치적 영향력이 점점 강해졌던 것은 사실이다. 태평양전쟁이 시작되고 나서는 그 정도가 더욱 강해졌다. 당시 육군은 최대의 정치세력이었다. 하지만 종합적인 시야를 통해 국력의 여러 요소를 결집·통합해야 하는 전쟁 지도는 육군 혼자서는 불가능했다. 아마 육군 자신도 그렇게까지 할 생각은 없었을 것이다.

육군은 태평양전쟁 이전과 마찬가지로 전쟁 수행에 조금이라도 관련이 있는 문제라면 통수권을 내세우며 간섭했다. 그리고 자신들의 요구를 강요했다. 그 결과, 전쟁 지도는 육군의 혹은 해군의 작전 요구로 강행되는 경우가 많았다. 그렇게 전쟁 지도는 단편적인 작전에 의해 왜곡되었다. 결국, '전쟁 지도'는 '작전 주도'가 되고 말았다.

주도권의 상실

그렇다면 육군은 어떻게 전쟁을 수행했을까? 먼저, 일본 육군이 소련(러시아)에 대비하는 군대였다는 점을 이해하도록 하자. 앞에서 언급한 것처럼, 육군은 태평양전쟁 이전에 이미 필리핀에서 미군과 싸우는 것을 골자로 한 작전계획을 세운 바 있었다. 또, 육군은 1940년 이후 남방 작전과 관련된 각종 계획과 준비를 본격적으로 세우기 시작했다. 남진을 적극적으로 추진하게 된 것이다. 그럼에도 불구하고 일본 육군은 교범, 훈련, 전법 등 군사 조직으로의 근간을 대소전에 맞추고 있는 군대였다. 공교롭게도 해군은 미국과의 개전에 적극적이지 않았음에도 미 해군과 대치하게 되었고, 육군은 국책으로서 미국과의 진쟁을 추진하면서도 소련군과 달리 미군을 부차적인 적으로 보고 있었다(물론, 육군은 나중에 전혀 예상하지 못했던 지역에서, 부차적으로 여겼던 미군과 격렬하게 싸우게 되지만).

개전 초기에 육군은 홍콩, 필리핀, 말레이, 싱가포르, 버마, 보르네오, 자바 등을 점령하는 제1단작전을 실행에 옮겼다. 당시의 병력 배치는 일본 본토 4개 사단, 조선 2개 사단, 만주 13개 사단, 중국 22개 사단(홍콩 공략을 위한 1개 사단을 포함), 남방 10개 사단이었다. 이 병력 배치를 보면, 육군은 남방(동남아시아)에서 작전을 전개하면서도, 주력 부대를 중국과 만주에 배치하고 있다. 태평양전쟁이 시작된 시점에서 육군의 주적은 미군이 아니었고, 주전장도 남방이 아니었다.

제1단작전은 거의 성공리에 끝났다. 일본 측은 사전에 충분한 준비를 한 다음, 준비가 부족한 적의 의표를 찔러 급습했다. 게다가 초기 일본군의 상대는 주로 식민지인으로 구성된 군대였다. 그들은 사기가 낮았고 병력도 열세였다. 그 때문에 일본 육군은 주력 부대를 만주와 중국에 두면서, 그리 많지 않은 병력으로 손쉽게 승리를 거둘 수 있었다. 동남아시아의 서전에서 거둔 손쉬운 승리, 중국 전선에서의 연속적인 승리는 이후 재앙을 초래하는 한 원인이 되었다.

제1단작전이 종료된 후, 육군은 남방에서 일부 병력을 철수시키려고 했다. 미국과의 전쟁은 해군의 몫으로 생각하고, 남방 및 남태평양의 요충지를 확보하는데 필요한 병력만을 남겨두려고 한 것이다. 그리고 국민당 정부의 수도인 중경을 공략하려고 했다. 육군은 중국 대륙을 자신들의 주된 싸움터라고 생각한 것이다. 그러나 1942년 후반, 과달카날, 뉴기니의 전황이 뜻대로 풀리지 않자, 중경 작전은 중지되었다. 그렇게 제1단작전의 성공으로 얻었던 전쟁의 주도권은 효과적으로 활용되지 못한 채, 사라져 갔다.

.

과달카날

태평양전쟁에서 과달카날 전투는 육전의 전환점이라고 불린다. 과달카날에서 일본 육군은 처음으로 미군과 본격적인 전투를 벌였다. 과달카날은 남서 태평양의 솔로몬제도 남부에 있는 섬으로 일본에서 직선거리로 4,000킬로미터 이상 떨어져 있다. 당시에는 거의 알려지지 않은 섬인데, 그런 섬에서 미군과 일본군은 격렬한 사투를 벌였다. 전투의 전개는 다음과 같다.

1942년 8월, 일본 해군은 미국과 미군의 기지가 된 호주와의 연락을 차단하기 위해 과달카날에 비행장을 설치했다. 미군은 그 비행장이 호주에게 미치는 위협을 중요하게 보고 비행장을 빼앗았다. 일본군 측은 비행장을 탈환하기 위해 여러 차례에 걸쳐 육군 부대를 파견해 탈환을 시도했다. 그러나 탈환 작전은 모두 실패로 끝났고, 이듬해 2월, 일본군은 어쩔 수 없이 철수했다. 이것이 과달카날 전투의 흐름이다. 과달카날에 상륙한 약 3만 명의 장병 중, 철수할 수 있었던 병력은 약 1만 명 남짓에 불과했다. 전사자 2만 1,000명 중, 전투에서 쓰러진 사람은 5,000명 정도로 나머지는 병사病死 혹은 아사였다고 한다. 과달카날을 가리키는 '아도餓島'라는 표현은 전투의 실상을 잘 말해주고 있다.

과달카날 전투를 살펴보면, 태평양전쟁에서 나타난 일본 육군의 전술적 특징이 거의 다 나타나 있다. 앞으로의 일을 예고라도 하는 듯이 말이다. 먼저,

보급의 한계를 보자. 과달카날은 가장 가까운 일본군 기지인 라바울[3]에서 1,000킬로미터나 떨어져 있었다. 그곳에서 소수의 수송선을 이용해 미군의 제공권을 돌파해서 병력과 무기·탄약 등을 운반하는 것은 지극히 어려운 작업이었다. 수송선을 이용하면 대부분 미군의 공격으로 격침되었기 때문에 주로 구축함과 잠수함을 이용했다. 그러므로 보급품은 충분하지 못했고, 중화기도 조금밖에 운반할 수 없었다.

그래도 일본군은 반복해서 공격을 시도했다. 장비와 무기가 부족한데도 왜 공격을 반복했을까? 그 이유는 노몬한 사건 때와 거의 비슷했다. 적의 병력을 너무나도 과소평가했고, 적에 대한 정찰 판단도 불충분하고 주관적이었다. 정글에서의 작전 행동을 해본 적이 없었고, 모처럼 도착한 소수의 중화기도 운반이 어려워 효과적으로 사용할 수 없었다. 각 부대는 정글 속에서 방향을 잃었고, 그 때문에 부대 간의 연락도 원활하지 않았다. 기세를 올리며 감행하는 모처럼의 공격도 야간 행군, 백병총검주의를 시도하다가 적의 압도적인 화력 앞에 무너졌다. 게다가 식량 등의 보급이 끊어져서 체력의 약해지고 이로 인해 말라리아 등의 병에 걸리는 사람이 늘어났다. 최종적으로는 굶주림으로 인해 대량의 아사자가 나왔다.

어째서 노몬한에서의 실패가 반복된 것일까? 그 당시 참담할 정도로 피해가 났는데, 왜 육군은 같은 실패를 반복했던 것일까? 본질적으로 일본 육군이 실패에서 뭘 배우려고 하지 않아서였을까? 어쩌면 육군은 미군과 소련군은 다르다고 생각했을지도 모른다. 즉, 자신들의 전법이 소련군에게는 먹히지 않았지만, 그 후 중국군에게는 충분히 통용되었고, 태평양전쟁의 서전 단계

---

3   라바울(Rabaul). 파푸아뉴기니 뉴브리튼섬의 중심지.

에서도 문제가 없었기 때문에, 이번에도 잘 통할 것이라는 낙관·희망적인 관측을 가졌던 것 같다.

또 『보병조전』, 『전투강요』, 『작전요무령』, 『통수강령』 등의 교범을 통해, 공격 정신·백병총검주의로 철저히 교육·훈련을 받았기 때문에, 다른 전투 방법을 몰랐던 이유도 있을 것이다. 사실 일본 육군의 지휘관들은 적에 대한 정확한 판단보다도 필승의 신념과 임무를 우선시해야 한다는 명제를 깊이 간직하고 있었다. 물질적 위력보다 정신적 위력이 중시되었던 셈이다. 그 결과, 정신적 위력이 우위에 있으면 병력의 격차도, 대포나 중기관총 등의 물질적 위력도 두려워할 필요가 없다는 정신주의가 도처에서 나타났다.

앞에서 언급한 것처럼, 공격 정신, 필승의 신념, 적극성 등은 군사 독트린을 넘어 '정론'이기도 했다. 그것은 노몬한 사건 때와 마찬가지로 보급 상황, 적에 대한 정찰 판단을 중시하는 신중론을 억눌렀다. 과달카날 전투 당시, 참모본부 작전과장은 핫토리 다쿠시로, 작전반장은 쓰지 마사노부였다. 둘 다 노몬한 사건 당시 활약한 인물이다. 쓰지 마사노부는 대본영에서 현지로 파견되어 이번에도 역시 적극론을 주장하며 현지 부대를 이끌었다.

'정론'으로서 공격 정신과 필승의 신념은 육군의 인사 평가에도 연결되어 있었다. 요컨대, 공격 정신과 필승의 신념을 지나칠 정도로 강조하는 군인은 높은 평가를 받았고 좋은 보직을 얻었다. 또한, 그 지나친 정론 때문에 잘못을 저질러도 그 페널티는 일시적인 좌천에 불과했다. 핫토리와 쓰지도 그런 경우였다.

합리적인 계산?

과달카날에서의 실패 원인에 대해서는 이제껏 육군의 오만, 정신주의와 같은 비합리성이 강조되는 경우가 많았다. 그러나 기쿠자와 겐슈는 이와는 다른 흥미로운 해석을 제시하고 있다. 새로운 해석을 약간 단순하게 설명하면 다음과 같다. 육군의 백병총검주의는 그 무기 체계나 교육 시스템, 조직 편성 등과 분리할 수 없을 정도로 연결되어 있었다. 그러므로 육군은 전투 방법을 바꾸어서 얻을 수 있는 편익(이익)보다도, 바꾸는 데 필요한 비용이 더 크다고 판단했다. 그런 의미에서 당사자들은 나름 합리적으로 계산해서 노몬한, 과달카날에서 백병총검주의를 실행했다. 물론, 객관적 합리성은 떨어진 판단이었지만 말이다.

확실히 '백병총검주의'라는 전투 방식을 바꾸려면 무기 체계, 교육 시스템, 조직 편성 등을 바꾸어야 했다. 그리고 그에 따라 막대한 비용이 소요되었을 것이다. 특히 무기의 경우, 더 좋은 무기로 교체할 수 없어서 백병총검주의를 유지한 측면도 없지 않다. 만약 백병총검주의를 근본적으로 바꾸었다면 "지금까지의 교육은 무엇이었고, 지금까지의 희생은 무엇 때문이었나?"라는 비판이 생겨났을 것이다. 이것도 일종의 비용이다. 또 전투 방식의 근본적인 변화는 일시적으로 조직에 혼란을 초래하기도 한다. 이것도 비용이 된다.

실제로, 노몬한 사건 후, 사건에 관한 연구 위원회가 조직되어, 무기와 전술의 개선을 주장하는 보고서가 작성되기도 했다. 그러나 보고서는 서류 창고로 들어가고 말았다. 보고서의 내용이 너무나도 이단적이어서 육군 중추부의 노여움을 산 것도 아니었고, 아무짝에도 쓸모가 없어서 무시당한 것도 아니었다. 보고서의 내용을 채택하면 전투 방식을 전면적으로 바꾸어야 하는

데, 그러면 그 여파가 너무 크고 막대한 비용이 든다고 판단했기 때문이다.

이러한 계산은 육군 중추부에서 한 것이다. 현지에서 그런 계산을 하고, 백병총검 돌격을 감행했을 리는 만무하다. 지금까지의 교육·훈련, 과거의 성공 체험, '정론'으로서의 적극성·공격 정신 등이 있었기 때문에 현지 부대는 조건반사적으로 백병총검 돌격을 일종의 돌파구로써 채택·감행했을 것이다.

그렇다면 또 다른 문제가 남는다. 기존의 전투 방식으로는 이길 수 없다는 것이 명백해졌고, 게다가 막대한 희생자까지 나왔다. 그럼에도 육군 중추부는 전투 방식 변경에 따른 비용만 중요하게 생각한 나머지, 이제는 통하지 않는 전투 방식을 끝까지 고집했다. 도대체 그 이유는 무엇 때문이었을까? 전쟁의 승리를 추구하는 군대가 그렇게 하면 안 되는데도 말이다. 중일전쟁 이후 질질 끄는 장기전을 수행하다 보니 전투 조직으로서의 감각이 마비되어 버린 탓이었을까? 혹은 타성에 젖었던 탓이었을까?

아마 육군 중추부에서는 전투 방식 변경에 따른 비용을 중요하게 생각하는 동시에, 당분간은 근본적인 변경 없이도, 운용을 잘하면 어떻게든 대응할 수 있다고 판단했던 것 같다. 만약 그런 식으로 판단을 했다면, 그것은 육군의 중추부가 현장의 실정도 모르고, 적에 대해서도 몰랐다고 결론을 내릴 수 있다. 1943년 9월, 마침내 교육총감은 교육·훈련의 중점을 소련군이 아닌 미군으로 전환하도록 지시했다. 육대(육군대학교) 교육도 1944년이 되어서야 대미 전투법으로 바뀌었다고 한다. 그 전까지는 대소 전투법으로 생도들을 교육했기 때문이다. 물론, 그 대소 전투법이란 것도 노몬한 사건에 비추어 본다면 효과적이었는지 의문이긴 하지만 말이다.

38식 보병총

육군은 과달카날의 패배 이후에야 남태평양을 주전장이라고 인식하게 되었다. 그래서 1943년 후반부터 육군 병력이 본격적으로 태평양 전선에 파견되었다. 같은 해 9월 시점에서 육군 전체 70개 사단 중, 남방(동남아시아)에 13개 사단, 남태평양에 5개 사단이 파견되어 있었다. 그러나 개구리 뛰기Leapfrog 작전을 이용한 미군의 반격으로 각 부대는 전선이 북쪽으로 옮겨지는 가운데 낙오하는가 하면, 수송선을 타고 전선으로 향하는 도중 수장되기도 했다.

전투의 주도권은 미국 측으로 옮겨갔고, 이제 육군은 태평양의 도서들을 방어하기 위해 싸워야 했다. 그러나 태평양전쟁 이전의 육군은 도서 방어전을 생각해본 적이 없었다. 원래 방어전 자체가 서툴렀다. 공격에 편중된 군대였기 때문이다. 미군은 육해공이 한 덩어리가 되어 강습상륙했고,[4] 여기에 대응할 수 있는 전술이 육군에는 없었다. 그러한 미군에 대응하기 위해 전투 방식을 바꾼 것은 앞에서 언급한 것처럼, 과달카날 전투 후 상당한 시간이 지난 뒤였다.

무기에서도 일본군의 열세는 명백했다. 일본 육군의 기술 수준이 정체되어 있었다는 것을 보여주는 사례로는 러일전쟁 직후에 채택된 38식(메이지 38년식, 즉 1905년식) 보병총이 자주 인용된다. 하지만 그것은 좀 가혹한 평가이다. 당시에는 38식 보병총이 생산되고 있지 않았기 때문이다. 그 대신 새로운 99식(진무神武 기원 2599년식, 즉 1939년식) 소총이 생산되고 있었다. 그러나 새로운 총은 각 부대에 널리 퍼져 있지 않았다. 여전히 보병의 대부분은 38식 보병총을

---

4   강습상륙이란 적의 저항을 돌파하고 해안에 상륙하는 것을 말한다.

쓰고 있었던 것이다.

가토카와 고타로는 태평양전쟁의 일본 육군이 제1차 세계대전의 무기로 싸웠다고 말한다. 더 정확히 표현하면, 일본 육군은 제2차 세계대전이 되어서야 제1차 세계대전 수준의 무기를 갖추게 된 것이다. 하지만 이미 주요 강국의 무기는 그보다 앞서 있었다. 보병총이 아니라 자동소총의 시대가 되어 버린 것이다.

육군의 무기 기술 수준이 낙후된 이유를 일본의 공업(또는 과학 기술의 수준)의 탓으로 돌리는 것은 좀 지나친 면이 있다. 일본 해군은 이른바 제로센(0식 함상전투기), 전함 야마토大和로 대표되는 세계적인 수준의 무기를 개발하고 이를 실용화했다(무기의 완성도를 지나치게 강조한 면이 있긴 했지만). 결국, 육군의 무기 개발이 뒤떨어졌던 이유는 무기의 질적 향상보다, 사단의 수를 유지하고 늘리는 데 급급했기 때문이 아닐까?

미군은 막대한 양의 포격으로 일본군을 놀라게 했다. 반면, 보급에 고심하던 일본군은 거의 매번 포탄과 탄약을 절약해야 했다. 미군의 우위는 그러한 물량뿐만이 아니었다. 기관총, 대포, 전차 등, 무기의 질적 수준도 일본 측을 압도했다. 전투 방식도 수륙 양용의 도서 상륙 작전 등에서 볼 수 있듯이 일본 측을 능가했다.

이처럼 미국은 각종 물적 조건에서 일본을 앞섰다. 이를 고려한다면, 실제로 일본 육군은 상당히 잘 싸웠다고 볼 수 있다. 그러나 뉴기니, 마킨, 타라와, 콰잘레인, 사이판, 괌, 티니언, 펠렐리우, 레이테, 루손, 이오섬, 오키나와에서 일본 육군은 패배를 거듭했다. 개별 부대의 선전도 종종 있었다. 하지만 그것은 미군에게 출혈을 강요해서, 반격 속도를 조금 늦추었을 뿐이다. 일단 패색이 짙어지자, 국지전의 승리를 통해 전략적 성과를 거두는 일은 불가능해졌다.

2. 군기의 붕괴

장교 교육의 변모

1937년의 노구교 사건 당시 일본 육군은 17개 사단·이십 수만 명에 지나지 않았다. 그러나 1945년의 패전 당시에는 169개 사단(보병 사단은 169개였지만 그 외에 4개 전차사단 등이 있었음)·547만 명이라는 규모로 늘어나 있었다. 물론 이 숫자를 그대로 받아들일 수는 없다. 독립혼성여단을 개편해서 연대 편제를 생략하고, 오로지 치안 유지를 임무로 한 사단이 20개가 넘었기 때문이다. 전선에서 전력을 크게 소모하고 형체만 있는 사단도 적지 않았다. 더구나 전쟁 말기에 급조된 사단에는 충분한 무기가 없었다. 그럼에도 불구하고, 8년간 군인의 숫자가 20배로 부풀어 올랐다는 사실은 무시할 수 없다. 이러한 규모는 평시의 육군과 전시의 육군과의 차이를 단적으로 보여준다. 급격히 늘어난 것은 하사관과 병사뿐만이 아니다. 장교도 그랬다. 중일전쟁 이전인 1936년에 1만 1,000명 정도였던 육군 장교(보병, 기병, 포병, 공병, 항공병, 보급병, 헌병 등의 병과 장교)는 1939년에 6만 7,000명, 1945년의 패전 당시에는 25만 명까지 불어나 있었다. 육군은 이렇게 많은 수의 장교를 어떻게 보충했을까?

우선, 원래의 보충원인 육군사관학교를 보자. 앞에서 언급한 것처럼, 육사 군사학교 입학자는 군축으로 인해 일시적으로 200명대까지 줄었지만, 1928년 중에 300명대를 회복하고, 그 후에도 계속 증가해서 1936년에는 600명을 넘었다. 다음 해인 1937년에는 무려 1,800명이 입학했는데, 이는 군비충실계획에 수반된 조치였던 것 같다. 같은 해 7월, 중일전쟁이 발발하자 육군은 연

말에 또 한 번 2,300명을 입학시키기도 했다.

육사는 1937년에 큰 변화를 겪었다. 일단, 육사 자체가 이치가야에서 가나가와현의 자마로 이전했다. 이치가야에는 육사 예과가 육군 예과 사관학교로 바뀌어서 남게 되었다(1941년에는 이곳도 사이타마현의 아사카로 이전하게 된다). 또한, 항공병과의 사관후보생은 도코로자와의 분교로 옮겨갔고, 이듬해에는 도요오카에 항공사관학교가 설립되었다. 또 군축 당시 폐지된 도쿄 이외의 유년학교는, 육사의 정원이 늘어남에 따라 1936년부터 1939년에 걸쳐서 다시 세워졌다.

그 후, 육군 예과 사관학교는 매년 2,400명 정도의 생도를 받아들였는데, 태평양전쟁 개전 후인 1943년에는 2,800명, 1944년에는 4,700명, 1945년에는 5,000명의 생도를 받아들였다. 군대의 규모가 커졌을 뿐만 아니라, 격렬한 전투로 인해 장교의 손실이 늘어나서 보충이 필요했기 때문이다. 단, 1943년 이후에 육군 예과 사관학교에 입학한 생도들은 육사를 졸업하지 못한 상태로 1945년의 패전을 맞이하게 된다. 1928년부터 1945년의 패전까지 육사 졸업자(40기부터 58기 그리고 항공사관학교 졸업자를 포함함)는 약 1만 8,000명이었다.

육사의 팽창과 더불어 육사의 성격과 교육 내용은 어떻게 변했을까? 예전에는 경제적으로 유복하고 학업이 우수한 도시의 소년이 군사학교보다 고등학교 등으로 진학하는 경향이 강했다. 그러나 사회 분위기가 전시체제로 흘러감에 따라 군사학교로의 진학이 늘어났다. 이렇게 보면, 같은 사관후보생이라도 시대에 따라 그 성격이 다른 것 같다.

교육 내용의 경우, 국사 교육의 변화가 주목할 만하다. 앞에서 언급한 것처럼 육사의 교육은 거의 군사학 쪽이었다. 그러므로 여기서 언급하는 교육은 예과 사관학교에서의 교육이다. 예과 사관학교가 독립한 1937년, 국사 교과서가 바뀌어 첫머리에 "대일본은 신의 나라이다"라는 말이 실렸다. 황국사관[5]

을 강조한 것이다. 그 전에는 객관적 사실을 중요하게 여겼는데, 이후에 정신
교육·사상교육에 중점을 두게 된 결과였다(민주주의 사조에 대한 반동 때문인지는
모르겠지만). 사실 1935년 무렵부터, 황국사관으로 유명한 도쿄제국대학 교수
히라이즈미 기요시의 문하생이 국사 교육을 담당하게 되었는데, 그 영향하에
서 교과서도 바뀐 것이다.

그 이전에도 육사를 졸업한 청년 장교 중에서 히라이즈미가 주재하는 학원
에 출입해서 그의 역사학에 감화를 받은 사람이 있었다. 일본이 항복할 때, 이
를 막는 쿠데타에 참가한 이다 마사타카(45기), 하타나카 겐지(46기)가 그런 경
우이다. 물론, 히라이즈미가 쿠데타를 용인한 것은 아니다. 하지만 그의 황국
사관과 국수주의가 그 자신과 그 문하생을 통해 육사 출신의 소장파 장교들에
게 큰 영향을 미친 것은 틀림없는 사실이다. 패전 전후에 일부 소장파 장교들
을 통해 나타났던 광신주의도 따지고 보면, 군사학교에서의 국체론·국수주
의 교육에도 그 원인이 있었다. 그 단적인 예가 프롤로그에서 소개했던, 패전
당시 항공사관학교, 예과 사관학교에서 나타났던 철저한 항전 움직임이다.

간부후보생

1920년 이후, 육사의 정규 교육 이외에 장교를 양성하는 코스가 생겼다.
하사관 중에서 우수한 사람을 소위 후보자로 뽑고, 이들을 육사에서 교육시

---

5   황국사관(皇國史觀). 일본의 역사를 현인신(現人神)인 천황이 대대로 다스리는 신국
     (神國)의 역사로 정의하는 역사관이다. 극단적인 일본 우월론으로 연결된다. 근대 일
     본에서 제국주의와 함께 성행했다.

켜 장교로 임관하게 하는 제도였다. 이러한 제도를 만든 이유는 첫째, 하사관에서 장교가 되는 길을 열어서 하사관들의 사기를 고무시키는 것, 둘째, 당시 육사의 정원이 줄어들고 있는 상황에서 하사관을 통해 소위 후보자를 보충하기 위해서였다. 이 제도를 통해 장교가 된 사람은 총 9,000명 정도에 달한다. 하지만 전쟁 때문에 부족해진 장교를 보충하기에는 아직 부족한 숫자였다.

여기서 효과를 발휘한 것이 간부후보생 제도였다. 이것은 학교 교련의 검정에 합격한 사람이 현역병으로 1년간 입대해서 훈련을 받은 다음, 일정 기간의 견습 사관 근무를 거쳐, 예비역 소위로 임명되는 코스로, 1927년에 1년 지원병제를 계승해서 만들어진 제도였다. 1933년에는 간부후보생이 장교 요원要員인 갑종 간부후보생과 하사관 요원인 을종 간부후보생으로 나뉘게 되었고, 1년 지원병제하에서 시행되었던 식비 및 피복비 등의 자기 부담 제도가 없어졌다.

갑종 간부후보생의 채용은 평시에는 연간 4,000명 정도였는데, 중일전쟁 발생 후인 1938년에는 5,600명, 다음 해인 1939년에는 1만 1,000명으로 급증했다. 이들은 대부분 예비역 소위로 임관하고, 즉시 소집되었다. 특히 하급 지휘관(위관급)에서 간부후보생 출신이 차지하는 비중은 컸다. 전체 장교 중 현역 장교가 차지하는 비율은 1939년 36%, 1945년 15%였으며, 중위와 소위에서는 각각 21%와 13%를 차지했다. 그리고 그 외에는 대부분 간부후보생 출신으로 이루어진 예비역 장교들(소집된 예비역 장교들)이었다.

간부후보생 제도에서 눈길을 끄는 것은 육군이 후보생의 현역병 복무(1938년 이후에는 복무 기간이 4개월이 되었음)를 끝까지 고수했다는 점이다. 해군의 경우, 예비 사관은 병兵으로 복무하지 않았다. 이들은 해군병학교를 졸업한 정식 장교에 준하는 대우를 받았다. 육군과는 다른 셈이다. 더구나 육군은 장교의 부대 배속 근무도 시행하고 있었는데, 왜 이러한 근무를 필수로 고집했을까? 아마도 현장이나 말단의 고생을 체험하게 하려고 했던 것 같다. 여기에서 나타나듯이 육군은 해군과 비교해서 민주적 측면, 더 정확히 말하면 사회적 평등에 민감했다고 볼 수 있다. 그러나 이 때문에 고등교육을 받은 사람은 병역을 지원할 때 해군을 지망하는 경우가 많았다.

간부후보생의 현역병 근무를 고집하던 육군의 정책은 1943년이 되어서야 바뀌었다. 조종사 부족으로 고민하던 육군은 '특별조종 견습사관' 제도를 만들었다. 고등학교·전문학교 이상의 재학생·졸업생이 '특별조종 견습사관'에 지원하면 이들을 채용해서, '견습 사관'이라는 계급(하사관의 일종인 조장曹長과 동등)을 부여하는 제도였다. 다음 해인 1944년에는 '특별갑종 간부후보생' 제도를 만들어서 조종사뿐만 아니라, 그와 동등한 학력을 가진 사람을 '견습 사관'으로 대우하도록 규정을 고쳤다. 물론, 이러한 제도는 이른바 '학도 출진'을 노린 조치이기도 했다.

원래 대학생 등의 학생은 징집 연기가 인정되었다. 그리고 졸업 후에 징병 검사를 받아도 검사관의 배려로 징집되지 않는 경우가 보통이었다. 그러나 그 우대 조치는 1943년 10월에 폐지되었다. 그 결과 징병 연령에 도달한 학생은 모두 징병 검사를 받았고, 이를 근거로 학생들도 징집되게 되었다. 이것이 학도 출진이다. 그래도 이과 학생에 대해서는 입영 연기란 특례 조치가 시행되었다. 따라서 징집된 학생들은 주로 문과 학생이었다.

'학도 출진' 즉, 학생이 학도병으로 전쟁터에 나가는 것은 대개 비장한 이미지로 그려진다. 또 전쟁의 비참한 장면으로 거론되기도 한다. 그런데 미국이나 영국에서는 학생들이 전쟁이 시작되자 앞다투어 군대에 지원했고, 그 때문에 조금 과장해서 말하면 대학이 텅 비게 되었다고 한다. 반면, 일본 대학생들의 태도는 달랐다. 그들이 육군을 지원한다면 겨우 간부후보생이 된다고 해도, 한동안은 현역병으로서 악명 높은 내무반 생활을 해야 했다. 어쩌면 이 점이 학생들로 하여금 군 입대를 주저하게 했는지도 모른다. 입대를 기피하는 학생들의 태도는 군대에 대한 일본 문민 엘리트의 태도를 잘 보여준다. 중일전쟁과 태평양전쟁에서 그러했듯이, 문민 엘리트와 군대는 좀처럼 섞이지 못했다.

어쨌든 학도 출진은 당시 장교가 부족했음을 보여주는 사례의 하나이다. 장교가 모자랐기 때문에 학생에 대한 우대 조치는 폐지되었고, 이에 따라 학생들의 입대가 늘어났다. 그리고 학생들의 입대가 늘어남에 따라 장교 중, 간부후보생 출신자가 차지하는 비중도 커졌다. 특히 하급 지휘관의 경우 그 비중은 더욱 컸다. 하지만 그들은 장교 중에서 가장 높은 손실률을 기록한 존재이기도 했다. 즉, 가장 많은 희생자를 냈던 것이다.

병력 팽창

병력의 대규모 동원은 어떻게 이루어졌을까? 이것은 징병의 현역 징집률을 높임으로써 이루어졌다. 현역 징집률은 1933년에는 20%였지만, 1937년에는 23%, 1940년에는 47%, 1944년에는 68%가 되었다. 원래 징병 검사에서는 장정을 체격에 따라 갑甲, 을乙, 병丙(이상 합격), 정丁(불합격), 무戊(징병 연기)로 나누었고, 갑종과 을종을 현역에 적합하다고 평가했다. 평시에는 갑종이라도 전원이 현역으로 입대하지는 않았는데, 중일전쟁 이후에는 을종까지 현역으로 입대하게 되었다. 더욱이 1943년 말에는 징병 연령이 한 살 낮아졌고 이에 따라 1944년에는 19세와 20세의 장정이 새롭게 현역으로 징집되었다. 그러나 현역 징집만으로는 충분치 않았다.

1927년의 병역법에 따르면, 육군의 상비병역은 현역 2년, 그것을 마친 뒤 예비역이 5년 4개월이었다. 그리고 그 후에는 10년의 후비병역으로 편입되었다(1941년에 후비병역이 폐지되고, 예비역이 15년 4개월로 늘었다). 또 상비병역이 부족한 경우에 소집되는 보충병역은 1939년, 복무 기간이 기존의 12년 4개월에서 17년 4개월로 연장되었다. 마찬가지로 1939년에는 사범학교 졸업생에게 적용되어 온 단기현역병 제도가 폐지되어, 교사에 대한 특례도 없어졌다.

결국, 현역만으로는 부족하게 되자 예비역은 물론, 후비병역, 보충병역인 사람도 소집하게 된 것이다. 병사 전체에서 차지하는 현역병의 비율은 1939년에 60%였던 것이, 1944년 말에는 40%로 낮아지고, 패전 직전에는 15%에도 미치지 못하게 되었다. 반면, 후비병역을 포함한 예비역, 보충병역의 비율은 높아졌다. 그리고 그만큼 병사들의 연령도 높아졌다.

전진훈

쇼와 시대의 육군은 군기가 부족했다는 비판을 받곤 한다. 그리고 그것은 군대를 급격히 팽창시킨 결과라는 지적을 받는다. 예를 들어, 예비역·후비역병, 보충병은 사회의 분위기에 너무나 많이 젖어있었기 때문에 현역병처럼 순순히 군대의 규율에 따르지 않았다는 것이다. 그리고 이와 관련해서, 장교의 수가 만성적으로 부족해서 원래 소좌, 대위가 맡아야 할 대대장의 직위를 중위가 맡아야 했다는 지적도 있다. 또 하급 장교에서 간부후보생 출신이 차지하는 비중이 높아졌기 때문에, 장교의 질이 낮아지고 리더십이 저하되었다고 하는 주장도 있다.

그러나 사실은 중일전쟁이 시작되기 전, 즉 평시에도 육군의 군기는 견고하지 못했다. 예를 들어, 1925년부터 1931년까지 군법회의에서는 적지 않은 수의 대상 상관범(상관을 대상으로 범죄를 저지른 군인)을 재판했다. 그 원인이 어디에 있는지를 단정하기란 쉽지 않다. 사회 풍조 때문이었을 수도 있고, 아니면 사회 변화에 제대로 대응하지 못했던 육군의 경직성 때문이었을 수도 있다. 또는 민주주의와 자유주의가 진행되는 사회에서 징병제를 유지하려면 그 정도의 군기 위반은 어쩔 수 없는 것인지도 모른다.

그 결과, 앞에서 언급한 것처럼 1921년의 「군대내무서」는 시류에 영합해서 군기를 해이하게 했다고 평가받았다. 그래서 1934년에 개정이 이루어졌다. 1934년에 개정된 「군대내무서」에서는 '자각적'이라거나 '자주심自主心'과 같은 단어가 삭제되었다. 이와 동시에 군대 내무의 완화·자유화가 부정되었다. 이해에 기초를 둔 복종이란 표현도 사라졌다. 부조리한 처우에 대한 고소는 남용을 막는다는 이유로 일부 규정이 삭제되기도 했다.

요컨대, 군대 내무는 엄격하고 경직된 방향으로 흘러갔다고 볼 수 있다. 내무 규정이 지나치게 엄격하고 부자연스러우면 현실과의 괴리를 크게 하는 법이다. 그러면 결국에는 지킬 수 없는 규정이 되어 버린다. 「군대내무서」의 개정을 통해 군기를 강화하려는 의도는 역효과를 낳았다. 실제로는 지키지 못할 규칙을 형식적으로는 지켰다고 하기 위해, 외면적인 구색 맞추기가 늘어났기 때문이다.

평시에 국내에서도 준수할 수 없는 규정을 전시에, 그것도 전장에서 지키기 어려운 것은 당연하다. 원래 군기의 이완은 외지에서 근무하는 부대에서 더 많이 나타났다. 그런데 전장이나 점령지에서는 그것이 한층 더 악질적인 형태로 재현되었다. 「군대내무서」는 군대 내의 규율과 전장에서의 복종·충절·용감성 등을 강조했지만, 전장이나 점령지에서 주민을 어떻게 대하는지를 규정하고 있지는 않았다. 그 때문에 전투라는 비정상적이고 흥분된 상황에서 군인들의 폭력과 욕망은 더욱 노골적으로 드러났다.

그러한 군기 이완을 방지하기 위해 1941년 1월, 도조 히데키 육상은 전진훈戰陣訓을 하달했다. 전진훈은 "살아서 포로의 치욕을 당하지 말고, 죽어서 죄과의 오명을 남기지 말라"라는 구절로 유명하지만, 원래는 전장에서의 도덕을 향상시키려는 목적으로, 그 구체적인 행동의 기준을 제시하기 위해 만들어졌다. 하지만 "황군의 본분을 생각하고, 자비로운 마음으로 무고한 주민을 사랑하고 보호해야 한다", "혹시라도 주색에 마음을 빼앗기거나, 혹은 욕정에 휩싸인 나머지 본심을 잃어버려 황군의 위신을 손상하고, 봉공奉公의 몸을 그르쳐서는 안 된다"라는 식의 훈계가 구체적인 행동 기준이 될 수 있었는지는 의문이다.

1943년에는 「군대내무서」가 「군대내무령」으로 바뀌었다. 아마도 「군대내무서」의 운용 경험, 그리고 이에 대한 반성에 기초해서 바꾸었을 것이다. 그러나 막상 「군대내무령」의 내용에는 그러한 반성의 흔적을 전혀 볼 수 없다. 절대적인 복종을 반복해서 강조하고, 평상시에 지켜야 할 법한 세세한 규정을 쌓아 놓았을 뿐이다.

군기 이완 문제는 조금도 나아지지 않았다. 전진훈도, 「군대내무령」도 거의 영향을 미치지 못했다. 대 상관범은 전쟁 중에도 계속 증가했다. 약탈·강간죄의 경우, 군법회의에 부쳐진 건수만 봐도 러일전쟁과 비교가 안 되었다 (중일전쟁 발발부터 1939년 말까지, 군법회의에서는 약탈 및 약탈로 인한 사상죄로 400명을

군법회의 처형 인원 중 대(對) 상관범의 수(명)

연도	총합	항명	상관에 대한 폭행 및 협박	상관 모욕
1925	15	0	14	1
1926	22	3	12	7
1927	39	8	25	6
1928	43	11	21	11
1929	41	15	20	6
1930	29	13	8	8
1931	21	5	13	3
1932	20	통계 누락	통계 누락	통계 누락
1933	26	〃	〃	〃
1934	23	〃	〃	〃
1935	36	〃	〃	〃
1936	37	〃	〃	〃

출전 : 1931년까지는 吉田裕, 「昭和恐慌前後の社會情勢と軍部」, 『日本史研究』 219号를, 1932년 이후는 藤原彰, 『日本軍事史』(上) (日本評論社)를 참고했음.

넘게 처벌했고, 강간 및 강간으로 인한 사상죄로 300명을 넘게 처벌했다). 1942년에는 육군 형법을 개정해서 강간죄를 명시하게 했는데, 군기 이완, 그중에서도 일본군에 의한 강간 사건을 줄이기 위해서였을 것이다. 하지만 효과가 있었는지는 의문이다. 참고로 1937년 12월의 남경사건[6]에서 일본군은 무수히 많은 강간을 저질렀다. 이때 너무나도 많은 강간 건수에 놀란 육군은 이후 업자를 통해 위안소를 운용하게 했다.[7]

---

6   남경사건(南京事件). '남경대학살'로 불리기도 한다. 중일전쟁이 한창 진행되던 1937년 12월, 일본군은 남경을 함락시키고 중국의 투항 군인과 포로 그리고 민간인을 대량으로 학살했다. 또 이 과정에서 방화, 약탈, 강간이 무수히 자행되었다. 통계에 따라 다르지만 학살된 사람의 숫자는 대략 20~30만 명 정도로 추정된다고 한다. 일본군의 홀로코스트를 상징하는 대표적인 사건이다.

7   이것은 훗날 일본군 성노예 문제와도 연결된다. 특히 여성의 모집에서 위안소 운영까지의 전 과정에서 일본 정부가 개입했는지, 여성들이 강제로 연행되었는지의 문제가 중요한데, 오늘날까지 일본 정부는 일본 정부의 개입과 강제 연행을 부인하며, 국가적인 책임을 회피하고 있다. 즉, 일본군 성노예 문제 자체를 인정하지 않고, 이를 민간업자(위

전쟁의 이념

장병들은 무엇을 위해, 또 무엇을 의지하며 싸웠을까? 일반적으로는 병사들이 학교 교육과 병영에서의 내무교육을 통해 국체의 존엄함과 천황의 신성함을 철저히 배웠고, 그 가르침대로 국가와 천황을 위해 싸웠다고 보는 시각이 많다. 그러나 최근의 실증적 연구에 따르면, 이것은 그렇게 단순하지 않다.

예를 들어, 가와노 히토시는 어떤 사단의 생존자와 인터뷰 조사를 했다. 이 조사를 토대로 가와노는 병사들의 전투 의지를 지탱해준 가장 중요한 요소는 천황, 국가에 대한 절대적인 헌신이 아니라 전우애, 특히 상관과 부하 간의 유대감이었다고 밝히고 있다. 그리고 다음으로는 향토와 가문의 명예, 가족에 대한 애정이었다고 한다.

확실히 제2차 세계대전 이후, 일본에서는 전우회가 번성했다. 이를 생각하면, 가와노의 주장에는 수긍이 가는 부분이 많다. 병사들은 '유구한 대의'와 '신국 일본'에 대한 헌신, '현인신'으로서 천황에 대한 충성을 위해 싸운 것이 아니었다. 전투의 공포심을 극복하고 병사들을 싸우도록 한 원동력은 전우들 간의 연대 의식이었다. 따라서 그런 연대 의식이 강하게 유지되는 한, 군기 문란(특히, 상관에 대한 범죄)은 일어나기 어려울 것이다.

가와노에 따르면, 병사들의 전투 의지를 지탱해 준 최대의 요소가 전우와 상관·부하 간의 유대감이라는 것은 비단 일본에만 나타나는 현상이 아니다. 제2차 세계대전 당시의 미군, 독일군에게도 거의 같은 경향이 나타난다고 한다. 그들 역시 민주주의, 나치즘과 같은 이념이 아니라 전우를 위해 싸웠다.

안소 운영업자)와 피해 여성의 자유로운 계약과 그 이행의 문제로 간주하는 것이다.

그래도 "무엇 때문에 싸우는 것인가?"라는 이념은 중요하다. 그것이 명확하지 않으면 장병들은 허무해질 수 있다. 전쟁의 이념은 장병의 전투 의지를 뒷받침하는 최대의 요소가 아니다. 하지만 전투 방식에 영향을 끼치는 것은 사실이다. 이념이 없으면, 전쟁은 단지 싸움을 위한 싸움으로 전락하기 마련이다. 그리고 이것은 때때로 적의 포로·비전투원에 대해 불법행위를 서슴지 않는, 이른바 더러운 싸움이 벌어지는 토대가 된다.

특히 중일전쟁이 그랬다. 당시 일본군 병사들은 무엇 때문에 중국과 싸우는지를 알지 못했다. 혹자는 남경사건(남경대학살)의 원인으로, 그 직전에 일본군이 상해 전선에서 힘겹게 싸웠기 때문에 반감이 쌓여 있었다고 지적한다. 또 패주한 중국군이 군복을 벗어 던지고 주민 속으로 들어갔기 때문에 그런 중국군 병사의 꼼수에 대해 일본군 장병들이 분개했다고 주장하기도 한다. 하지만 무엇 때문에 중국과 싸우는지를 이해하고 있었다면, 그러한 반감·분개는 억제될 여지가 있다. 반면, 왜 싸우는지를 모르는 군대는 반감·분노의 감정을 그대로 분출하기 마련이다.

청일전쟁과 러일전쟁에서 일본군은 명확한 전쟁 목적을 가졌고, 이것은 장병들의 군기를 지탱해준 중요한 요소가 되었다. 그러나 중일전쟁에서는 그 반대의 상황이 벌어졌던 것이다.

전투에서의 패배

전투에서의 패배도 군기 이완의 원인이 되었다. 태평양전쟁의 서전에서 화려한 승리를 거둔 뒤, 일본군은 연전연패했다. 이 연속적인 패배는 군대의 사기와 군기에 영향을 미쳤다. 사실, 연속적인 패배 이전에는 군대의 급격한 팽창·장교의 질적 저하가 군기 이완에 큰 영향을 주지 못했다. 이기고 있을 때는 그런 결함이 별로 표면화되지 않았기 때문이다. 그러나 연속적인 패배 이후에는 군대의 급격한 팽창·장교의 질적 저하가 군기 이완을 증폭시켰다.

중국 주둔 부대에서는 장기간의 주둔으로 인한 타성이 군기의 이완을 초래했다. 심지어 남방으로의 전출이 결정된 병사가 비관한 나머지 반항해서 폭력 사태가 벌어지기도 했다. 남방으로의 전출이 죽음과 직결한다고 생각할 정도로 전선에서의 패배가 심각했기 때문이다. 사실 러일전쟁 후반에도 격렬한 전투와 막대한 희생자 때문에 탈영병이 많이 발생했다. 어쨌든 힘겨운 싸움에서는 병사들의 이탈과 동요가 심해지기 마련이다.

결국, 일본군의 군기는 연속적인 패배를 견뎌낼 수 없었다. 다이쇼 데모크라시 시기에 혼마 마사하루 대위는 제1차 세계대전 말기에 독일군이 붕괴한 원인의 하나로서, 절대적 복종을 토대로 한 군기는 취약하다고 지적했다. 이것은 제2차 세계대전의 일본군에게도 통하는 측면이 있다. 원래 일본군의 군기는 나폴레옹전쟁 당시의 전쟁 방식을 상정하는 한편, 기계적·절대적 복종을 추구하는 것이었다. 병사들을 내무교육으로 구속했던 이유의 하나도 기계적·절대적 복종의 추구였다.

그러나, 제1차 세계대전의 교훈으로 그러한 절대적 복종으로는 새로운 전쟁에서 효과적으로 싸울 수 없다는 것을 알게 되었다. 그래서 명령·복종 관계 속에서 자각, 자주성을 추구하게 되었다. 하지만 그러한 생각은 성과를 거두지 못하고, 반대로 절대적 복종이 이전보다도 더 강조되게 되었다.

절대적 복종의 궁극적 대상은 전진훈이 "황군 군기의 진수는 황공하옵게도 대원수 폐하를 섬기는 절대 순종의 숭고한 정신에 있다"라고 한 것처럼, 명백

지역별 군법회의 처형 인원(명)

연도	일본 본토	만주	중국	남방	합계	그중 상관을 대상으로 범죄를 저지른 군인
1937 (7월 이후)	290	54	177	통계 누락	521	78
1938	769	343	1,085	"	2,197	317
1939	954	492	1,476	"	2,923	270
1940	1,063	706	1,350	"	3,119	202
1941	1,320	899	1,081	4	3,304	341
1942	1,849	101	1,245	753	4,868	360
1943	1,905	900	1,320	856	4,981	421
1944 (11월까지)	2,484	980	1,308	814	5,586	420

출전 : 大濱徹也・小沢郁郎編, 『帝国陸海軍事典』(同成社) ; 大江志乃夫, 『天皇の軍隊』(小学館) ; 纐纈厚, 『軍紀・風紀に関する資料)』(不二出版)

히 천황이다. 천황에 대한 충성은 앞에서 언급한 것처럼, 최종적으로 항복 절차의 시행을 원활하게 하기는 했지만, 장병들의 전투 의지로서는 부차적인 요인이었다. 그렇다고 주입식 교육을 한다고 천황에 대한 충성이 내면화될리도 없다. 그렇게 볼 때, "천황에 대한 충성・절대적인 복종만으로 군기가 유지되는 것은 아니다"라고 할 수 있다.

후생성[8]의 통계에 따르면, 태평양전쟁(1941년 12월 이후)의 전사자는 육군 약 150만 명, 해군 약 50만 명이라고 한다. 그런데 육군의 경우, 특히 주목해야 할 것이 있다. 후지와라 아키라[9]가 지적한 것처럼, 전투로 인한 사망자보다 병으로 인한 사망자가 더 많았다는 사실이다. 그들의 대부분은 영양 부족으

---

8   후생성(厚生省). 사회복지, 사회보험, 공중위생을 주관하는 부처로, 한국의 보건복지부와 유사하다. 2001년, 후생노동성이 설치됨에 따라 폐지되었다.

9   후지와라 아키라(藤原彰, 1922~2003). 일본 근현대사 연구의 권위자로, 일본 현대사와 군사사 연구를 개척한 것으로 유명하다. 특히 그의 대표적인 저서 『일본군사사』는 일본군에 대한 종합적인 연구서로 이름이 높다. 한국어판으로는 2013년에 제이앤씨에서 출판된 책과 1994년에 시사일본어사에서 출판된 책이 있다.

로 인해 기아에 시달렸고, 그 때문에 체력이 약해지면서 전염병·풍토병에 걸려 사망했다. 결국, 질병으로 인한 사망자의 상당수도 넓은 의미에서는 아사자에 해당한다고 볼 수 있다.

전투로 인한 사망자보다 기아로 인한 사망자가 많았다는 것은, 육군의 작전이 얼마나 무모했는가를 잘 보여준다. 기아에 시달리고 아사자가 속출하는 상황에서 군기 유지는 불가능했다. 그리고 군기가 무너지면 그것은 이미 군대가 아니었다. 그러한 극한의 상황에서는 천황에 대한 충성도, 절대적인 복종도 아무 의미가 없었다.

종언

1945년 8월 9일의 깊은 밤, 포츠담선언 수락의 여부를 두고 어전회의[10]가 열렸다. 포츠담선언을 받아들여 연합군에 항복하느냐 마느냐의 문제였다. 의견은 완전히 둘로 갈려 평행선을 달렸다. 회의는 다음 날 새벽까지 이어졌다. 마침내 스즈키 간타로(1867~1948) 수상이 천황에게 결단을 청했다. 천황은 포츠담선언에는 '충성스럽고 용맹한' 군대의 무장 해제 등 견디기 어려운 내용이 포함되어 있지만, 더 이상 전쟁을 계속하는 것은 국민을 힘들게 할 뿐이라고 하면서 포츠담선언의 수락을 결정했다. 이때 천황은, 철저 항전·본토 결전을 주장하는 육군에 대해, 지바현의 구주쿠리하마[11]의 방비마저 되어있지

---

10 어전회의(御前會議). 국가의 중대사를 논의하기 위해 천황의 출석하에 열리는 최고 수뇌부 회의.
11 구주쿠리하마(九十九里浜). 이곳은 수도권의 해안가로서 도쿄에 근접한 곳이다. 따라서 연합군의 상륙 가능성이 있는 곳이었다.

『승조필근(承詔必謹)』
항복 후 근위사단 사령부가 발행한 신문(이치가야 주둔지 이치가
야 기념관 소장)

않은 현실을 지적했다. 그리고 태평양전쟁이 시작된 이래, 군이 말한 것과 실제 상황이 빈번하게 틀렸다고 비판했다.

이는 육군이 절대적 충성의 대상인 천황의 신뢰를 잃었다는 것을 의미했다. 천황 본인에게 직접 들었으니 너무나 확실한 것이었다. 이와 같은 천황의 불신 표명은 이후 철저한 항전을 주장하던 군 상층부의 기세를 약하게 했다. 그리고 군은 '승조필근承詔必謹'(조칙을 받들어 삼가고 조심한다는 뜻)의 방침을 세웠다. 프롤로그에서 언급한 것처럼, 천황의 통수대권과 군인의 천황에 대한 충성은 전쟁의 최종 단계에서 패배를 받아들이도록 하는 것에 크게 공헌했다.

약 70년 전, 일본 육군은 2만 명도 안 되는 치안 유지군으로 출발했다. 그후, 유럽의 근대적 군대를 모델로 해서 국토방위군, 원정군으로 성장을 거듭했다. 일본의 근대화 초기 단계에서 군은 기술·교육·문화 등 근대화를 선도했다. 그래서 근대화의 상징이 되기도 했다.

그러나 사회가 근대화되고 그 영향이 군에까지 미치게 되었을 때, 육군은 여기에 제대로 대응하지 못했다. 군은 사회의 근대화에서 사회 풍조의 악화라는 부정적인 측면만을 보았을 뿐, 자각·자주성에 기초한 군기를 만들어내지 못했다.

정치 과정이 복잡해지고 정당이 정치 권력의 주체로 올라서자, 관료 조직으로서의 군은 정당 세력의 침투로부터 자신의 기득권을 지키는 데에만 급급했다. 그 후 정당 정치가 제대로 성숙해지기 전에 쇠퇴하자, 군은 강대한 압력 단체가 되어 정치에 영향력을 행사하기 시작했다. 그리고 스스로를 정치를 초월한 존재로 여기며, 정치에 개입했다.

사회의 근대화뿐만 아니라 총력전이란 문제에 대해서도 군은 제대로 대응하지 못했다. 총력전을 수행할 물질적 능력에 한계가 있었음에도 불구하고,

군은 그것을 정신력이라는 이름으로 포장했다. 또 총력전 수행을 위해 스스로를 혁신하기보다는 국가 시스템 자체를 바꾸려고 했다. 그렇게 해서 군은 국가 개조·총동원체제 구축에 집착했는데, 그러한 노력은 정작 스스로를 정체시켰다. 결국, 정체의 대가는 대단히 비쌌고, 태평양전쟁에서 그 대가를 톡톡히 지불해야 했다.

이치가야다이에서 피어오르는 연기

1945년 8월 15일 오전 9시가 넘어가는 시각, 도쿄의 이치가야다이 위에서 연기가 피어올랐다. 그곳의 옛 육군사관학교 건물에는 태평양전쟁 개전 직후에 이미 육군성과 참모본부가 옮겨와 있었다. 연기는 그곳 안뜰에서 피어오르고 있었다.

그 연기는 육군의 기밀서류를 태우는 불길에서 나오고 있었다. 아마도 포츠담선언을 수락하고 육군이 그 결정을 받아들이는 것으로 대세가 굳어졌을 때, 본격적인 소각을 시작한 것 같다. 이미 전날 오후에 중요 서류를 반출해서 소각하다가 잠시 중단했었는데, 15일에 소각을 재개한 것이다. 참고로 8월 14일 밤에는 육군성의 위병과 경비 헌병이 종적을 감추었다고 한다. 연합군이 다음 날 아침에 도쿄만에 상륙해서 전투가 시작될 것이라는 유언비어가 퍼졌기 때문이라고 한다. 이것은 육군 중앙부마저 군기가 이완되어 있었다는 것을 여실히 보여준다.

8월 15일 정오에는 천황의 항복 선언 방송이 있었다. 그 와중에도, 이후에도 서류들은 여름의 태양 아래에서 계속 불탔다. 태워도 다 태울 수 없을 정도의 서류가 산더미처럼 쌓여 있었다.[12] 동맹통신同盟通信의 기자 모리모토 지로가 이치가야를 들르니 재가 산처럼 쌓여 있었다. 불태우기 위해 층층이 쌓아 올린 서류와 책더미 속에서 그는 『크로폿킨 전집』과 웹스터 사전을 찾았다.

이치가야다이에서 오른 연기는, 70년이 넘는 육군의 과거를 매장하고 청산하는 것 같았다고 한다.

---

12 전체적으로 막대한 서류가 소각되었지만, 특히 육군과 해군 관계의 서류가 많이 소각되었다. 연합군이 전쟁 책임을 물을까 두려워했기 때문에 군사 관련 서류를 우선적으로 태운 듯하다. 어쨌든 이로 인해 근대 일본의 공문서가 대규모로 소각되었는데, 오늘날의 입장에서 이것은 막대한 양의 사료가 사라진 것을 의미한다.

참고문헌

본서를 집필할 때 직접 참고한 문헌만을 실었다. 원래는 인용 혹은 참고한 부분에 문헌명을 표시해야 하지만, 번거로움을 피하고 가독성을 높이기 위해 책 후반부에만 문헌목록을 실었다.

이 책 전체와 관련된 문헌

生田惇, 『日本陸軍史』, 教育社歷史新書, 1980.

大江志乃夫, 『天皇の軍隊』(小学館ライブラリー 昭和の歴史3), 小学館, 1994.

大濱徹也, 『天皇の軍隊』, 教育社歷史新書, 1978.

_____, 『近代民衆の記録8 兵士』, 新人物往来社, 1978.

大濱徹也・小沢郁郎編, 『帝国陸海軍事典』, 同成社, 1984.

加登川幸太郎, 『三八式歩兵銃－日本陸軍の七十五年』, 白金書房, 1975.

_____, 『陸軍の反省』上・下, 文京出版, 1996.

河辺正三, 『日本陸軍精神教育史考』, 原書房, 1980.

北岡伸一, 「政治と軍事の病理学」, 『アステイオン』21号, 1991.

熊谷光久, 『日本軍の人的制度と問題点の研究』, 国書刊行会, 1994.

黒羽清隆, 『軍隊の語る日本の近代』上・下, そしえて, 1982.

桑田悦, 「近代日本統合戦史概説(素案)」, 統合幕僚学校, 1984.

_____, 『攻防の論理』, 原書房, 1991.

髙橋三郎, 「旧日本軍の組織原理」, 濱口恵俊・公文俊平編, 『日本的集団主義』, 有斐閣, 1982.

髙橋正衛, 「軍隊教育への一考察」, 『思想』624号, 1976.

永井和, 『近代日本の軍部と政治』, 思文閣出版, 1993.

中村好寿, 『二十一世紀への軍隊と社会』, 時潮社, 1984.

秦郁彦編, 『日本陸海軍総合事典』, 東京大学出版会, 1991.

原剛・安岡昭男編, 『日本陸海軍事典』, 新人物往来社, 1997.

広田照幸, 『陸軍将校の教育社会史』, 世織書房, 1997.

藤原彰,『天皇制と軍隊』, 青木書店, 1978.

_____,『日本軍事史(戦前篇)』上, 日本評論社, 1987.

松下芳男,『日本陸海軍騒動史』, 土屋書店, 1974.

_____,『改訂 明治軍制史論』上・下, 国書刊行会, 1978.

村上一郎,『日本軍隊論序説』, 新人物往来社, 1973.

百瀬孝,『事典 昭和戦前期の日本』, 吉川弘文館, 1990.

山崎正男編,『陸軍士官学校』, 秋元書房, 1970.

山田朗,『軍備拡張の近代史』(歴史文化ライブラリー18), 吉川弘文館, 1997.

由井正臣・藤原彰・吉田裕校注,『軍隊 兵士』(日本近代思想大系 4), 岩波書店, 1989.

毎日新聞社編,『日本陸軍史』(一億人の昭和史別冊 日本の戦史) 別巻1, 毎日新聞社, 1979.

サミュエル・ハンチントン、市川良一訳,『軍人と国家』上・下, 原書房, 1978~1979.

Edward J. Drea, "In the Army Barracks of Imperial Japan", *Armed Forces and Society* 15-3, 1989.

Samuel E. Finer, *The Man on Horseback : The Role of the Military in Politics*(rev. ed.), Penguin Books, 1976.

Roger F. Hackett, "The Military : Japan", Robert E. Ward・Dankwart A. Rustow eds., *Political Modernization in Japan and Turkey*, Princeton University Press, 1964.

Yoshihisa Nakamura and Ryoichi Tobe. "The Imperial Japanese Army and Politics", *Armed Forces and Society* 14-4, 1988.

Bruce D. Porter, *War and the Rise of the State : The Military Foundation of Modern Politics*, Free Press, 1994.

프롤로그

清水幾太郎,『日本よ国家たれ』, 文藝春秋, 1980.

秦郁彦,『昭和史の謎を追う』(下), 文藝春秋, 1993.

林茂 編,『日本終戦史』(上), 読売新聞社, 1962.

半藤一利,『日本のいちばん長い日(決定版)ー運命の八月十五日』, 文藝春秋, 1995.

제1장 탄생

1. 국군의 창설

淺川道夫,「維新政権下の議事機関にみる兵制論の位相」,『政治経済史学』356号, 1996.

_____,「辛末徴兵に関する一研究」,『軍事史学』32巻 1号, 1996.

坂田吉雄,『明治政治史』, 福村出版, 1972.

髙橋茂夫, 「天皇陸軍の胎生」, 『軍事史学』 1卷 3号・4号, 1965・1966.

＿＿＿＿＿, 「明治四年鎮台の創設」, 『軍事史学』 13卷 4号・14卷 1号, 1978.

松島秀太郎, 「戊辰徴兵大隊 覚書」, 『軍事史学』 23卷 2号, 1987.

由井正臣, 「明治初期の建軍構想」, 『軍隊 兵士』 (日本近代思想大系 4), 岩波書店, 1989.

2. 봉건제의 극복

大江志乃夫, 『徴兵制』, 岩波新書, 1981.

大島明子, 「いわゆる竹橋事件の'余波'について」, 『軍事史学』 32卷 3号, 1996.

加藤陽子, 『徴兵制と近代日本』, 吉川弘文館, 1996.

澤地久枝, 『火はわが胸中にあり』, 文春文庫, 1987.

竹橋事件百周年記念出版委員会 編, 『竹橋事件の兵士たち』, 現代史出版会, 1979.

坂野潤治, 「廃藩置県への道」, 「明治六年の政変とその余波」, 井上光貞・永原慶二・
　　　児玉幸多・大久保利謙編, 『日本歴史大系4 近代I』, 山川出版社, 1987.

3. 군기의 확립

淺川道夫, 「維新政権下の陸軍編制過程にみる軍紀形成の一考察」, 『政治経済史学』
　　　375号・376号, 1997.

梅渓昇, 「軍人勅諭成立史の研究」, 『大阪大学文学部紀要』 8卷, 1961.

＿＿＿＿, 『増補 明治前期政治史の研究』, 未来社, 1978.

大久保利謙 編, 『西周全集』 第3卷, 宗高書房, 1966.

大原康男, 「明治建軍史の一側面」, 『国学院大学日本文化研究所紀要』, 42輯, 1978.

慶應義塾 編, 『福澤諭吉全集』 第5卷, 岩波書店, 1959.

佐藤徳太郎, 「軍人勅諭と命令服従」, 『軍事史学』 11卷 1号, 1975.

日本史籍協会 編, 『木戸孝允日記』(2)(日本史籍協会叢書 75), 東京大学出版会, 1967.

原田統吉, 「西周と軍人勅諭」, 『歴史と人物』, 1974年 2月号.

平田俊春, 「明治軍隊における'忠君愛国'の精神の成立」, 『軍事史学』 13卷 2号, 1977.

明治文化研究会 編, 『明治文化全集第二六卷(軍事篇・交通篇)』, 日本評論社, 1967.

亘理章三郎, 『軍人勅諭の御下賜と其史的研究』, 中文館書店, 1932.

제2장 성장

1. 전문직으로의 길

石光真人 編, 『ある明治人の記録－会津人柴五郎の遺書』, 中公新書, 1971.

遠藤芳信, 「士官候補生制度の形成と中学校観」, 『軍事史学』 13巻 4号, 1978.

春日豊, 「工場の出現」, 『岩波講座 日本通史17 近代 2』, 岩波書店, 1994.

鎌田澤一郎, 宇垣一成 述, 『松籟清談』, 文藝春秋新社, 1951.

篠原宏, 『陸軍創設史』, リブロポート, 1983.

上法快男 編, 『陸軍大学校』, 芙蓉書房, 1973.

角田順 校訂, 『宇垣一成日記』(I), みすず書房, 1968.

西岡香織, 「建軍期陸軍士官速成に関する一考察」, 『軍事史学』 25巻 1号, 1989.

柳生悦子, 『史話 まぼろしの陸軍兵学寮』, 六興出版, 1983.

2. 국토방위

浅野祐吾, 『帝国陸軍将校団』, 芙蓉書房, 1983.

大澤博明, 「明治'統合参謀本部'の生成と解体」, 『法学雑誌』(大阪市立大学) 33巻 4号, 1987.

_____, 「月曜会事件の再検討」, 『法学雑誌』(大阪市立大学), 35巻 1号・2号, 1988.

奥村房夫監修, 『近代日本戦争史 第一編 日清・日露戦争』, 同台経済懇話会, 1995.

黒野耐, 「明治期における日本軍の戦略思想の変遷」, 『政治経済史学』 349号, 1995.

桑田悦, 「日清戦争前の日本軍の大陸進攻準備説について」, 『軍事史学』 30巻 3号, 1994.

白井雅高, 「帝国議会開設期の陸軍兵備論争」, 『軍事史学』 24巻 2号, 1988.

土居秀夫, 「月曜会事件についての一考察」, 『軍事史学』 17巻 2号, 1981.

村瀬信一, 「いわゆる'月曜会事件'の実相について」, 『日本歴史』 384号, 1980.

渡辺幾治郎, 『基礎資料 皇軍建設史』, 共立出版, 1944.

3. 대외 전쟁

飛鳥井雅道, 「近代天皇像の展開」, 『岩波講座 日本通史17 近代2』, 岩波書店, 1994.

一ノ瀬俊也, 「兵営の'秩序'と軍隊教育」, 『九州史学』 118・119号, 1997.

大江志乃夫, 『日露戦争の軍事史的研究』, 岩波書店, 1976.

_____, 『日露戦争と日本軍隊』, 立風書房, 1987.

大原康男, 『帝国陸海軍の光と影』, 日本教文社, 1982.

須山幸雄, 『天皇と軍隊 明治篇』, 芙蓉書房, 1985.

永井和, 「人員統計を通じてみた明治期日本陸軍」, 『富山大学教養部紀要(人文・社会
　　　科学編)』18巻 2号・19巻 2号, 1985・1986.

秦郁彦, 『日本人捕虜』(上), 原書房, 1998.

＿＿＿＿, 「旅順虐殺事件」, 東アジア近代史学会編, 『日清戦争と東アジア世界の変
　　　容』(下), ゆまに書房, 1997.

原剛, 「日清戦争における本土防衛」, 『軍事史学』30巻 3号, 1994.

檜山幸夫, 「日清戦争と日本」, 東アジア近代史学会編, 『日清戦争と東アジア世界の変
　　　容』(上), ゆまに書房, 1997.

＿＿＿＿, 『日清戦争－秘蔵写真が明かす真実』, 講談社, 1997.

Ｔ・フジタニ, 「近代日本における群衆と天皇のページェント」, 『思想』797号, 1990.

藤村道生, 『日清戦争』, 岩波新書, 1973.

室山義正, 『近代日本の軍事と財政』, 東京大学出版会, 1984.

제3장 난숙

1. 정당의 도전

雨宮昭一, 『近代日本の戦争指導』, 吉川弘文館, 1997.

今井清一, 「大正期における軍部の政治的地位」, 『思想』399号・402号, 1957.

木坂順一郎, 「軍部とデモクラシー」, 『国際政治』38号, 1969.

北岡伸一, 『日本陸軍と大陸政策』, 東京大学出版会, 1978.

纐纈厚, 『近代日本の政軍関係－軍人政治家田中義一の軌跡』, 大学教育社, 1987.

小林道彦, 「'帝国国防方針'再考」, 『史学雑誌』98編 4号, 1989.

＿＿＿＿, 「日露戦後の軍事と政治」, 『思想』814号, 1992.

小林幸男, 「海軍大臣事務管理問題顚末」, 『法学』(近畿大学) 12巻 1号, 1963.

原奎一郎編, 『原敬日記』第5巻, 福村出版, 1965.

坂野潤治, 「大正政変」, 『日本歴史大系4 近代I』, 山川出版社, 1987.

蚣木繁, 『陸軍大臣木越安綱』, 河出書房新社, 1993.

室山義正, 「帝国国防方針の制定」, 「日露戦後の軍備拡張問題」, 『日本歴史大系4 近代
　　　I』, 山川出版社, 1987.

2. 사회의 도전

浅野和生, 『大正デモクラシーと陸軍』, 慶應通信, 1994.

一ノ瀬俊也, 「大正デモクラシー期における兵士の意識」, 『軍事史学』 33巻 4号, 1998.

遠藤芳信, 「陸軍将校による教育学研究」, 『軍事史学』 9巻 4号・10巻 1/2合併号, 1974.

_____, 『近代日本軍隊教育史研究』, 青木書店, 1994.

大江志乃夫, 『国民教育と軍隊』, 新日本出版社, 1974.

黒澤文貴, 「大正デモクラシー期陸軍研究のための一作業」, 『現代史研究』 32号, 1985.

_____, 「軍部の'大正デモクラシー'認識の一断面」, 近代外交史研究会編, 『変動期の日本外交と軍事』, 原書房, 1987.

榊原貴教, 「はじめに―明治四十年代の国民と将校」, 『近代日本軍隊関係雑誌集成 目録Ⅱ』, ナダ書房, 1992.

信夫清三郎, 『大正政治史』, 勁草書房, 1968.

鈴木健一, 「陸・海軍将校における国史教育」, 加藤章ほか編, 『講座 歴史教育1 歴史教育の歴史』, 弘文堂, 1982.

竹山護夫・前坊洋, 「明治末年における明治国家の分極・拡散・稀薄化」, 『日本歴史大系4 近代Ⅰ』, 山川出版社, 1987.

戸部良一, 「転換期における軍人の意識構造」, 佐瀬昌盛・石渡哲編著, 『転換期の日本そして世界』, 人間の科学社, 1995.

野村乙二朗, 『石原莞爾』, 同成社, 1992.

松下芳男, 『日本軍事史雑話』, 土屋書店, 1977.

吉田裕, 「日本の軍隊」, 『岩波講座 日本通史17 近代2』, 岩波書店, 1994.

3. 총력전의 도전

黒澤文貴, 「第一次世界大戦の衝撃と日本陸軍」, 滝田毅編, 『転換期のヨーロッパと日本』, 南窓社, 1997.

黒野耐, 「第一次大戦と国防方針の第一次改定」, 『史学雑誌』 106編 3号, 1997.

_____, 「大正軍縮と帝国国防方針の第二次改定」, 『日本歴史』 599号, 1998.

佐藤鋼次郎, 『軍隊と社会問題』, 成武堂, 1922.

髙橋秀直, 「陸軍軍縮の財政と政治」, 『年報・近代日本研究』 8号, 1986.

佃隆一郎, 「田中国重豊橋師団長の軍縮観」, 『愛大史学』 3号, 1994.

土田宏成, 「陸軍軍縮時における部隊廃止問題について」, 『日本歴史』 569号, 1995.

戸部良一,「第一次大戦と日本における総力戦論の受容」,『新防衛論集』7巻4号, 1980.

原暉之,『シベリア出兵』, 筑摩書房, 1989.

廣瀬豊,『軍紀の研究』, 武士道研究会, 1982.

藤原彰,「軍縮会議と日本陸軍」,『歴史評論』336号, 1978.

松田徳一,『嗚呼軍縮』, 二酉社, 1924.

山口利昭,「国家総動員研究序説」,『国家学会雑誌』, 92巻3・4号, 1979.

吉田裕,「第一次世界大戦と軍部」,『歴史学研究』460号, 1978.

_____,「日本帝国主義のシベリア干渉戦争」,『歴史学研究』490号, 1981.

Leonard A. Humphreys, "Crisis and Reaction : The Japanese Army in the 'Liberal' Twenties", *Armed Forces and Society*, Vol. 5, No. 1, 1978.

제4장 변용

1. 국가 개조

河野仁,「大正・昭和期における陸海軍将校の出身階層と地位達成」,『大阪大学教育社会学・教育計画論研究集録』7号, 1989.

_____,「大正・昭和期軍事エリートの形成過程」, 筒井清忠編,『'近代日本'の歴史社会学』, 木鐸社, 1990.

高橋正衛,『昭和の軍閥』, 中公新害, 1969.

_____,『増補改版 二・二六事件』, 中公新書, 1994.

_____,『現代史資料5 国家主義運動2』, みすず書房, 1964.

竹山護夫,「陸軍青年将校運動の展開と挫折」,『史学雑誌』78編6号・7号, 1969.

筒井清忠,『昭和期日本の構造』, 講談社学術文庫, 1996.

永井荷風,『摘録 断腸亭日乗』(上), 岩波文庫, 1987.

秦郁彦,『新装版 軍ファシズム運動史』, 原書房, 1980.

吉田裕,「昭和恐慌前後の社会情勢と軍部」,『日本史研究』219号, 1980.

2. 막료 정치

有末精三,『政治と軍事と人事』, 芙蓉書房, 1982.

五百旗頭真,「陸軍による政治支配」, 三宅正樹・秦郁彦・藤村道生・義井博,『大陸侵攻と戦時体制』(昭和史の軍部と政治2), 第一法規出版, 1983.

佐々木隆,「陸軍'革新派'の展開」,『年報・近代日本研究』1号, 1979.

佐藤賢了, 『大東亜戦争回顧録』, 徳間書店, 1966.

藤村道生, 「国家総力戦体制とクーデター計画」, 三輪公忠編, 『再考・太平洋戦争前夜』, 創世記, 1981.

吉田裕, 「満州事変下における軍部」, 『日本史研究』238号, 1982.

読売新聞社 編, 『昭和史の天皇16』, 読売新聞社, 1971.

3. 대소 군비

北岡伸一, 「陸軍派閥対立(1931〜35)の再検討」, 『年報・近代日本研究』1号, 1979.

黒野耐, 「昭和初期陸軍における国防思想の対立と混迷」, 『政治経済史学』379号, 1998.

桑田悦, 「'旧日本陸軍の近代化の遅れ'の一考察」, 『防衛大学校紀要 人文・社会科学編』34輯, 1977.

軍事史学会 編, 『大本営陸軍部戦争指導班 機密戦争日誌』(上), 錦正社, 1998.

照沼康孝, 「宇垣陸相と軍制改革案」, 『史学雑誌』89編12号, 1980.

波多野澄雄, 『幕僚たちの真珠湾』, 朝日選書, 1991.

半藤一利, 『ノモンハンの夏』, 文藝春秋, 1998.

防衛庁防衛研修所戦史室, 『大本営陸軍部1』(戦史叢書), 朝雲新聞社, 1967.

防衛庁防衛研修所戦史部, 『陸軍軍戦備』(戦史叢書), 朝雲新聞社, 1979.

前原透, 「昭和期陸軍の軍事思想」, 『軍事史学』26巻1号, 1990.

読売新聞社 編, 『昭和史の天皇15』, 読売新聞社, 1971.

에필로그

1. 전쟁의 파탄

安部彦太, 「大東亜戦争の計数的分析」, 近藤新治編, 『近代日本戦争史 第四編 大東亜戦争』, 同台経済話会, 1995.

NHK取材班 編, 『ガダルカナル 学ばざる軍隊』(太平洋戦争 日本の敗因 2), 角川文庫, 1995.

菊澤研宗, 「軍事組織の歴史的経路依存性の分析」, 『防衛大学校紀要(社会科学分冊)』76輯, 1998.

桑田悦, 「用兵思想からみた大東亜戦争」, 『近代日本戦争史 第四編 大東亜戦争』, 同台経済話会, 1995.

戸部良一・寺本義也・鎌田伸一・杉之尾孝生・村井友秀・野中郁次郎, 『失敗の本

　　　質－日本軍の組織論的研究』, 中公文庫, 1991.

服部卓四郎, 『大東亜戦争全史』, 原書房, 1965.

林三郎, 『太平洋戦争陸戦概史』, 岩波新書, 1951.

2. 군기의 붕괴

飯塚浩二, 『日本の軍隊』, 評論社復初文庫, 1968.

尾川正二, 『死の淵を歩いて－私の戦争観』, 大阪国際平和センター, 1991.

河野仁, 「日中戦争における戦闘の歴史社会学的考察」, 軍事史学会編, 『日中戦争の諸
　　　相』(『軍事史学』33巻2/3合併号), 錦正社, 1997.

纐纈厚 編, 『軍紀・風紀に関する資料』, 不二出版, 1992.

秦郁彦, 『南京事件』, 中公新書, 1986.

_____, 『昭和史の謎を追う』(上), 文藝春秋, 1993.

藤原彰, 「日本軍の餓死について」, 『歴史地理教育』534号, 1995.

森元治郎, 『ある終戦工作』, 中公新書, 1980.

역자 후기

본서는 오랫동안 방위대학교에서 교편을 잡았던 도베 료이치 교수의 저작 『역설의 군대逆説の軍隊』의 한국어판이다. 일본의 방위대학교는 자위대의 간부 양성 기관으로, 한국의 사관학교에 해당한다. 방위대학교 교원으로서 저자는 옛 일본군의 조직·전략에 관해 연구를 해왔는데, 그 결과물의 하나가 바로 『역설의 군대』이다.

한국에서도 그렇지만 일본에서도 옛 일본군의 이미지는 상당히 부정적이다. 그 대표적인 이미지가 천황에 대한 맹목적인 충성, 극단적인 정신주의, 군국주의, 집단 자살, 민간인 학살 등이다. 따라서 이미지가 좋을 리 없다. 하지만 도베 교수는 여기서 '왜?'라는 질문을 던진다. 과연 옛 일본군은 처음부터 그랬을까? 도베 교수의 대답은 '아니오'이다. 처음부터 그렇지는 않았다는 것이다. 도베 교수는 처음 일본군은 엘리트 집단으로서 근대화를 선도했고, 나름의 합리성을 가지고 조직이 갖추어졌다고 주장한다. 그리고 합리성과 함께 출발한 일본군이 어떻게 광신주의와 함께 무너졌는지 그 과정을 서술하고 있다.

모쪼록 본서를 통해 일본과 일본사를 더 깊이 이해했으면 좋겠다. 또 본서를 통해 옛 일본군과 관련한 한국사의 문제(일제강점기, 군국주의, 일본군 성노예 문제 등)에 대한 이해도 깊어졌으면 하는 바람도 있다.

이 책을 번역하는 데 있어서 도움을 주신 분들이 있다. 먼저 책의 출판을 허락해주신 소명출판의 박성모 대표님께 감사드린다. 그리고 바쁜 와중에도 공동 번역에 응해주신 이승혁 선생님에게도 감사드린다. 이승혁 선생님이 까다로운 문장과 인명·지명을 먼저 번역해주시지 않았더라면 애초에 번역을 하려는 엄두도 못 냈을 것이다. 또 작업의 시작과 끝에서 조언을 해주는 김영준 군과 김재홍 군에게도 고마움을 표하고 싶다. 마지막으로 늘 역자를 격려해주시는 부모님께도 감사드린다.

역자를 대표해서

윤현명

인명 찾아보기

주제어 찾아보기